JN028790

# 放課後児童支援員
# 都道府県認定資格
# 研修教材

## 認定資格研修のポイントと講義概要

放課後児童支援員認定資格研修教材編集委員会＝編著

第3版

中央法規

# はじめに

　ここに、放課後児童支援員都道府県認定資格研修（以下、「認定資格研修」）における教材となる『認定資格研修のポイントと講義概要』を発刊できることをうれしく思っています。

　この「認定資格研修」は今年度から新たに実施されるものであり、講師・受講者・研修実務者すべてが共通理解をもって取り組む必要があります。また、「認定資格研修」は、国が項目・科目及び時間数を定めており、教材についても「研修カリキュラムを適切に実施する上で適当なものを使用」（「都道府県認定資格研修ガイドライン」以下、「研修ガイドライン」）とされていることから、都道府県に共通する研修教材が求められています。

　「認定資格研修」の内容は、「新たに策定した基準及び放課後児童クラブ運営指針に基づく放課後児童支援員としての役割及び育成支援の内容等の共通の理解を得るため、職務を遂行する上で必要最低限の知識及び技能の習得とそれを実践する際の基本的な考え方や心得を認識してもらうことを目的として実施する」（「研修ガイドライン」）とされています。したがって、講義内容を、放課後児童健全育成事業の設備及び運営に関する基準（以下、「設備運営基準」）及び放課後児童クラブ運営指針（以下、「運営指針」）並びに「研修ガイドライン」に基づいたものにするための教材を用意する必要があります。つまり、本来の「認定資格研修」の目的に即して全国共通の水準をもった研修を実現するためには、全国に共通するスタンダードな教材が必要とされているのです。

　その場合、今後、国において作成される予定の「放課後児童クラブ運営指針解説書」がその基本になると考えられますが、その完成にはしばらく時間を要するようです。また、解説書が出ても、その内容を6分野16科目にわたる研修科目に配分して講義、学習していくためには、やはり、一定のガイドブックなるものが必要と思われます。さらに、都道府県における「認定資格研修」の講師予定者を対象に、国が実施する全国研修の教材も必要とされています。

　本書は、以上の目的に資するために作成されました。国の「運営指針」、「認定資格研修」の策定に携わったメンバーを中心に「放課後児童支援員認定資格研修教材編集委員会」を構成し、新しくスタートした「認定資格研修」制度の研修体系とその趣旨

に準拠した教材を作成する取り組みが進められたのです。はじめての試みですので、まずは、16科目各講義について「研修ガイドライン」に記載された講義の主な内容と「設備運営基準」や「運営指針」の記述とを講義ごとに突合させ、そのうえで学習の参考となるわかりやすい解説を加えることといたしました。

こうしてできあがったのが本書です。本書は、「運営指針」がそうであるように、全国で共通理解とすべき事項を中心に記述しています。場合によっては物足りないと考えられるところもあるかと思います。その際には、より高い内容やスキルを求めていただければ幸いです。そういう意味では「教科書・テキスト」というよりは、「認定資格研修内容に関するハンドブック」といった意味合いの書です。

なお、これまで述べてきたとおり、本書の作成は、きわめて公共性の高い作業といえます。そして、その教材である「設備運営基準」「運営指針」「研修ガイドライン」は、すべて国により作成されています。したがって、「編集委員会」は印税・原稿料等は一切受領せず、その分を定価に反映させ、購読者に還元することといたしました。

本書が、「認定資格研修」の講師、受講者、研修実務者等にとって有益なものとなるよう心から願っています。また、本書が研修教材に終わることなく、すべての職員、保護者の方々、さらには、小学校教諭、児童館職員、放課後子供教室関係者など子どもの育成関係者に幅広く読まれることにより、放課後児童クラブの活動、ひいては、子どもたちの豊かな放課後生活の保障のためにいささかでも寄与できるならば、私たちにとってこれ以上の喜びはありません。

最後に、本書末尾に編集委員会のメンバーと各章各項目の執筆者名を記載しておりますが、内容については、編集委員会で十分に検討されたものであることをお断りしておきたいと思います。また、国や都道府県の研修に間に合わせるため、厳しい日程にご協力いただき、校正等にご尽力いただいた中央法規出版の池田正孝部長、吉金卓哉課長並びに吉本文子氏に心より感謝申し上げます。

平成27年7月

放課後児童支援員認定資格研修教材編集委員会委員長　柏女　霊峰

※　本書第3版では、第3部に最新の法令・通知を収載し、第2部において、その内容に基づき令和5年4月時点で施行されている分について反映しています。

# 目　次

## 第3部　関係法令・通知 …………………………………………………135

# 第**1**部

# 認定資格研修を
# 理解するために

# 第1章 子ども・子育て支援新制度と放課後児童クラブ

## 1. 放課後児童クラブの課題

　障害のある子どもを含むすべての子どもたちの豊かな放課後生活の保障は、児童健全育成の大きなテーマです。放課後生活の保障に関しては、保護者の育児と就労支援の視点からも放課後児童クラブに注目が集まっており、子ども・子育て支援新制度においても改革の主要なテーマとされています。

　子ども家庭福祉政策全体にわたって目を通すと、児童期、特に前半部分が政策のエアポケットになっています。その一例が、子どもからみた「小1プロブレム」、保護者からみた、いわゆる「小1[1]、小4の壁」といえるでしょう。

　就学前の子どもたちは遊びと生活を通して発達保障が行われていますが、小学校に入学すると、教科教育を通して発達の保障が行われていくこととなります。極端にいえば、それまであった遊びと生活が切り取られてしまい、子ども自身が就学前の保育の場から学校生活にスムーズに移っていくことができない場合があります。これが「小1プロブレム」です。このほかにも、3年生終了後に放課後児童クラブが利用できなくなり、家庭養育基盤の弱い子どもや、自立に支援を必要とする子どもたちが支援を得にくくなる「小4の壁」も指摘されています。子どもからみた「小1プロブレム」と保護者からみた「小1、小4の壁」、この二つの問題の克服が必要とされています。

　一方、放課後児童クラブの課題は山積しています。具体的には、「設置か所数の不足の解決」「大規模化の解消」「地域の安心・安全が損なわれつつある現状が、活動時間・内容における行動・自由の制限に影響していることの改善」「専用室、静養室の確保」、さらには、「職員体制の整備と待遇改善」「利用児童の多様化、特に障害のある子どもや家庭養育基盤の脆弱な子どもの増加への対応」「学校（教育）との連携不足の改善」「希薄化する保護者との協力関係の改善」などが指摘されています。大規模化によるクラブ室での事故の増加も報告されています。貧困家庭の子どものための利用料助成と財政支援が進んでいないという現実もあります。

---

1　子どもが小学校に入学すると、保護者がこれまで勤めてきた仕事を辞めざるを得ない状況となることが「小1の壁」と言われている。

# 2. 放課後児童クラブの課題への対応

こうした状況を受け、71人以上の放課後児童クラブ[2]の分割、放課後児童クラブガイドラインの策定（平成19年10月）などの改革が行われてきましたが、財源不足や施策が開始されてからの歴史的経過もあり、十分な効果を上げているとは言い難いのが実情です。なにより、需要の多さと設置か所数の不足、劣悪な職場環境が、この問題の解決を遅らせているのです。

放課後児童クラブの運営の充実を考える際、まず第一に、欠くことのできない「保障すべきいくつかの原理」を確認することが必要となります。具体的には、「①切れ目のない支援」「②さまざまな養育基盤の弱い子どもたちに向けた親子の絆の形成と紡ぎ直しをしていく専門職の関わり」「③保護者と子ども両者への多様な人との関わりの保障」の3点です。

第二に、学齢期の子どもの豊かな放課後生活を保障するために、子どもの社会生活の現状に対する正しい理解、特に、児童期の子どもの発達特性に関する正しい理解と、それに基づく適切な配慮が求められます。それには、発達支援の視点[3]が必要です。

第三に、保護者や家庭を取り巻く社会や地域の現状を把握し、理解することが必要といえます。現在、保護者の就労形態の多様化が進み、家庭の養育基盤・機能が弱体化する傾向があります。生活保護の受給割合も増えています。加えて、地域のつながりの希薄化等が進行し、地域の安心・安全が阻害されている現状もみられます。こうしたなかで、いわゆる「小1、小4の壁」問題が起こると、それが大きな生活課題として浮かび上がりやすくなります。

これらのことは、放課後児童クラブの充実を考えるうえで欠くことのできない視点だといえます。

# 3. 放課後児童クラブの充実のために

放課後児童クラブの充実のためには、以下の三つの視点に立った方策が必要となります。まず、第一には、「量的・質的整備」があげられます。これまで政府は、平成22年1月に策定した子ども・子育てビジョンにおいても整備目標を定めていますが、それでは不十分です。平成20年2月の新待機児童ゼロ作戦においては小学校低学年児童の60％に放課後児童クラブを保障するとしており、これによる

---

2 平成26年5月1日現在、71人以上の放課後児童クラブは全体の7.6％であり、国は71人以上の放課後児童クラブに対する補助金の削減を行っているが、この割合は、都市部を中心にあまり減少していない。

3 たとえば、小学校低学年から高学年にかけて大人の意味・比重が変化していくこと、保護者との垂直的な絆をもとにして友人との水平的な関係を通して社会性を学ぶ時期であること、特に低学年は好奇心や興味が安全意識に勝ってしまうことなどに対する配慮が必要とされる。

と、現在の約2倍の数の整備が必要な計算になります。また、整備の際には、「子どもの育ちの保障の資源」「保護者の子育て支援の資源」「地域再生の資源」の三つに配慮する必要があります。養育基盤の不安定な子どもたちが一定割合存在することを考慮すると、ソーシャルワーク的な視点が特に大切になってきます。

　第二に、障害のある子どもの放課後生活を豊かにしていくという視点も欠かせません。平成24年4月に施行された改正障害者自立支援法・改正児童福祉法では、障害のある子どもの豊かな放課後生活を保障するための放課後等デイサービスや保育所等訪問支援事業が施行されています。放課後児童クラブにおける障害児加算の増額、保育所等訪問支援などの専門的支援の充実とともに、放課後等デイサービスの充実も大きな課題といえます。なにより、子ども・子育て支援新制度を後方支援する専門的な障害児支援策の充実・強化が必要とされます。なお、放課後等デイサービスを充実させることが、放課後児童クラブから障害のある子どもを排除することにつながってしまっては本末転倒です。両事業の役割分担を図るとともに、放課後児童クラブ自体の障害児支援機能を強化することが必要でしょう。

　第三に、学校教育との有機的連携の確保が求められます。学校にはさまざまな豊かな設備があり、スクールソーシャルワーカーやスクールカウンセラー、養護教諭などのさまざまな専門職が配置されていますし、保健室もあります。学校との緊密な連携の確保は、放課後児童クラブの喫緊の課題といってもよいでしょう。

# 4. 子ども・子育て支援新制度と 放課後児童クラブの基準

　子ども・子育て支援新制度の創設に伴い、放課後児童健全育成事業は、子ども・子育て支援法第59条第5号に規定する地域子ども・子育て支援事業として整理されました。対象は小学生であり、小学校4年生以上も対象になることが明記されました。市町村が地域のニーズ調査等に基づき実施する旨が法定化され、市町村子ども・子育て支援事業計画に量的整備等の基盤整備が規定されています。また、事業の質の確保を図るため、平成24年8月の児童福祉法の一部改正により、厚生労働省が定める基準を踏まえ、市町村が条例を定めることとされました。国の基準としては、職員の資格、員数、施設、開所日数・時間などについて規定し、資格、員数などが従うべき基準として規定されています。さらに、利用手続きは市町村が定めることとし、利用のあっせん、調整も行うことになりました。

　政府は、平成25年5月に社会保障審議会児童部会に放課後児童クラブの基準に関する専門委員会（柏女霊峰委員長）を設置し、省令で定める設備及び運営に関する基準について審議を行った結果、同年12月25日に報告書が公表されました。これに基づいて、平成26年4月に「放課後児童健全育成事業の設備及び運営に関する基準」（平成26年厚生労働省令第63号。以下、「設備運営基準」）が公布さ

れています。

　この「設備運営基準」は、「児童福祉施設の設備及び運営に関する基準」（昭和 23 年厚生省令第 63 号）に準拠しています。参酌基準である支援の単位（集団の規模）は、おおむね 40 人以下までとされ、そこに、有資格者（「設備運営基準」第 10 条第 3 項のいずれかに該当する者であって、知事が行う研修を修了した者）である放課後児童支援員を 2 名以上配置することとしています（ただし、その 1 人を除き、補助員をもってこれに代えることができます）。主な基準は、表 1-1 のとおりです。

■表 1-1　放課後児童クラブの主な設備運営基準

## 放課後児童クラブの設備運営基準について

○　放課後児童クラブの質を確保する観点から、子ども・子育て関連 3 法による児童福祉法の改正により、放課後児童クラブの設備及び運営について、厚生労働省令で定める基準を踏まえ、市町村が条例で基準を定めることとなった
○　このため、「社会保障審議会児童部会放課後児童クラブの基準に関する専門委員会」における議論を踏まえ、平成 26 年 4 月に「放課後児童健全育成事業の設備及び運営に関する基準」（平成 26 年厚生労働省令第 63 号）を策定・公布した

※職員のみ従うべき基準（他の事項は参酌すべき基準）

＜主な基準＞

### 支援の目的（参酌すべき基準）（第 5 条）

○　支援は、留守家庭児童につき、家庭、地域等との連携の下、発達段階に応じた主体的な遊びや生活が可能となるよう、児童の自主性、社会性及び創造性の向上、基本的な生活習慣の確立等を図り、もって当該児童の健全な育成を図ることを目的として行わなければならない

### 職員（従うべき基準）（第 10 条）

○　放課後児童支援員（※ 1）を、支援の単位ごとに 2 人以上配置（うち 1 人を除き、補助員の代替可）

※ 1　保育士、社会福祉士等（「児童の遊びを指導する者」の職員の資格を基本）であって、都道府県知事が行う研修を修了した者（※ 2）

※ 2　平成 32 年 3 月 31 日までの間は、都道府県知事が行う研修を修了した者に、修了することを予定している者を含む

### 開所日数（参酌すべき基準）（第 18 条）

○　原則 1 年につき 250 日以上

※　その地方における保護者の就労日数、授業の休業日等を考慮して、事業を行う者が定める

### 設備（参酌すべき基準）（第 9 条）

○　専用区画（遊び・生活の場としての機能、静養するための機能を備えた部屋又はスペース）等を設置
○　専用区画の面積は、児童 1 人につきおおむね 1.65 ㎡以上

### 児童の集団の規模（参酌すべき基準）（第 10 条）

○　一の支援の単位を構成する児童の数（集団の規模）は、おおむね 40 人以下

### 開所時間（参酌すべき基準）（第 18 条）

○　土、日、長期休業期間等（小学校の授業の休業日）
　　→　原則 1 日につき 8 時間以上
○　平日（小学校授業の休業日以外の日）
　　→　原則 1 日につき 3 時間以上

※　その地方における保護者の労働時間、授業の終了時刻等を考慮して事業を行う者が定める

### その他（参酌すべき基準）

○　非常災害対策、児童を平等に取り扱う原則、虐待等の禁止、衛生管理等、運営規程、帳簿の整備、秘密保持等、苦情への対応、保護者との連絡、関係機関との連携、事故発生時の対応　など

厚生労働省資料（2015 年 7 月）

# 5. 放課後子ども総合プランと 少子化社会対策大綱

　放課後児童クラブは、設置数の増加は著しいのですが、同時に登録児童数も大幅に増加しているため（平成 26 年 5 月 1 日現在、2 万 2084 か所、登録児童数約 93 万 6000 人）、量的にはまだまだ充足されていません。そのため、71 人以上の大規模なクラブも存在し、また、登録できない子どもも、平成 26 年度は 9945 人いました。

　これらの実情を受け、平成 26 年 7 月、国は、平成 27 年度から同 31 年度末を達成年度とする 5 年間の「放課後子ども総合プラン」を策定しました。これは、5 年間で放課後児童クラブの受け皿を新たに約 30 万人分整備すること、新規開設分の約 8 割を小学校内実施とし、全小学校区で一体的に又は連携して実施し、うち 1 万か所以上は一体型で実施することを目指すものです。その際には、放課後児童クラブで生活する子どもたちのウェルビーイングを確保することが最大の課題となり、その基準の確保が必要とされます。

　なお、この視点は平成 27 年 3 月に閣議決定された少子化社会対策大綱にも引き継がれ、大綱では、平成 31 年度末までに 122 万人分の放課後児童クラブを整備するとしています。

# 6.「設備運営基準」策定の背景と趣旨、 放課後児童クラブ運営指針の策定

　放課後児童クラブはその歴史的な経緯[4] から、どちらかといえば多様性を包み込む政策が取られてきました。そのため、放課後児童健全育成事業の法定化後も最低基準は策定されず、平成 19 年に策定された放課後児童クラブガイドラインは、より良い方向に導くためのいわば誘導基準という位置づけで、技術的助言としての局長通知として策定された経緯があります。国においては、放課後児童クラブガイドラインに基づき、事業の運営にあたって必要な基本的事項を示すことで、各市町村における質の向上を図るための取り組みを進めてきました。

　この間、放課後児童クラブに対するニーズの増大や運営の多様化、大規模化等が著しくなり、登録で

---

4　放課後児童クラブは、歴史的には、昭和 30 年代初頭から母親の就労の増加にともなって、いわゆる「鍵っ子」が社会問題として取り上げられるようになり、自主運営や市区町村の単独補助による事業が全国的に広がっていった。昭和 51 年から、留守家庭児童対策や健全育成対策として厚生省（現・厚生労働省）による国庫補助が開始され、平成 10 年度から施行された改正児童福祉法によって放課後児童健全育成事業として法定化された。こうした経緯もあって、放課後児童クラブの事業主体や運営は多様であり、画一的な改善は難しい状況にあった。

きない子どもも増え続け、もはや、その多様性を放置できない状況になっています。そうした状況を背景として、今般、国として放課後児童クラブの基準を策定し、質の確保と運営の平準化を図ることにしたのです。

　平成 24 年の児童福祉法の改正にともない、市町村は、国が省令で定める「設備運営基準」を踏まえて条例で基準を定めなければならないこととされました。その際、その運営の多様性を考慮に入れ、放課後児童クラブにおいて子どもに保障すべき生活環境や運営内容の水準を明確化し、事業の安定性及び継続性を確保していくことが必要とされることとなりました。これを受け、平成 27 年 4 月からは、各市町村において策定された条例に基づき、放課後児童クラブが運営されています。

　「設備運営基準」の策定にあたっては、放課後児童クラブは子どもが学校で過ごす時間より長時間過ごすことを踏まえて、地域子ども・子育て支援事業ではあるものの児童福祉施設としての機能や基準を求めるべきとの考えから、児童福祉施設の設備及び運営に関する基準に準拠すべきとされました。つまり、事業の基準ではあるものの、施設について決められていることの多くについて、しっかりと担保すべきだと考えたわけです。この考えに基づき、「設備運営基準」第 5 条（放課後児童健全育成事業の一般原則）第 1 項において、放課後児童健全育成事業における支援の目的が、「放課後児童健全育成事業における支援は、小学校に就学している児童であって、その保護者が労働等により昼間家庭にいないものにつき、家庭、地域等との連携の下、発達段階に応じた主体的な遊びや生活が可能となるよう、当該児童の自主性、社会性及び創造性の向上、基本的な生活習慣の確立等を図り、もって当該児童の健全な育成を図ることを目的として行われなければならない」と規定されました。この規定を根拠として、次章で述べる放課後児童クラブ運営指針が策定されたのです。

# 7. 放課後児童支援員の認定資格研修

　「設備運営基準」の規定に基づき、放課後児童支援員（受講は義務）の研修カリキュラムが定められ、平成 27 年度から放課後児童支援員認定資格研修[5] が開始されています。放課後児童支援員認定資格研修のカリキュラムは、6 分野、16 科目、24 時間（1 科目 90 分）で構成されています。6 分野は、①放課後児童健全育成事業（放課後児童クラブ）の理解（3 コマ）、②子どもを理解するための基礎知識（4 コマ）、③放課後児童クラブにおける子どもの育成支援（3 コマ）、④放課後児童クラブにおける保護者・学校・地域との連携・協力（2 コマ）、⑤放課後児童クラブにおける安全・安心への対応（2 コマ）、⑥放課後児童支援員として求められる役割・機能（2 コマ）です。なお、補助員が受講することが望まし

---

5　平成 27 年 5 月 21 日付雇児発 0521 第 19 号厚生労働省雇用均等・児童家庭局長通知「職員の資質向上・人材確保等研修事業の実施について」に基づく事業である。

いとされている子育て支援員研修（放課後児童コース）は、14科目17時間（うち、8科目8時間が子育て支援員基本研修科目、6科目9時間が放課後児童コース科目）とされています。

（柏女　霊峰）

# 第2章 放課後児童クラブ運営指針の策定の背景と意義

## 1. 放課後児童クラブ運営指針策定の経緯

　放課後児童クラブについては、「放課後子ども総合プラン」に基づく量的な拡充が図られるなかで、質の確保・向上を図っていくことが必要となりました。そして、放課後児童健全育成事業の設備及び運営に関する基準（以下、「設備運営基準」）に沿った条例が各市町村において定められるとともに、運営に関する具体的な内容については、改めて国として指針等で提示する必要があるとされました。さらに、放課後児童クラブには、対象児童の高学年への拡大、職員の質の確保、障害のある子どもの受け入れ体制の充実、安全対策の充実等、近年の状況変化等から改めて考慮すべき課題も山積しています。これらの必要性を踏まえて、新たな運営指針の策定が必要とされました。

　運営指針は、厚生労働省の委託研究事業によって設置された「放課後児童クラブガイドラインの見直しに関する委員会（柏女霊峰委員長）（事務局：みずほ情報総研株式会社。以下「委員会」）」で原案作成が実施されました。委員会は実践現場や行政の実務者や有識者の 11 名で構成され、平成 26 年 9 月末から平成 27 年 2 月半ばまでの約 5 か月で、これまでの国の基準やガイドラインとその策定のための研究成果、自治体のガイドライン、全国団体の運営指針等を参考に、全国でほぼ合意されている範囲の内容を基本として、集中討論により作成されました。

　その後、政府においてパブリックコメントを実施し、その結果を踏まえて「内閣府子ども・子育て会議」への報告や「放課後児童クラブの基準に関する専門委員会」による検討を経て平成 27 年 3 月「放課後児童クラブ運営指針」（以下「運営指針」）として公布されました。

　これまでのガイドラインは厚生労働省雇用均等・児童家庭局長通知であり、14 項目、約 2400 字で構成されるいわば技術的助言でした。今回作成された「運営指針」も局長通知で技術的助言であることには変わりはありませんが、保育所保育指針（約 1 万 8000 字）と同じ 7 章立て、文字数もほぼ同じ 1 万 7000 字強により策定されています。つまり、この「運営指針」のモデルは保育所保育指針や児童養護施設運営指針などといえます。

# 2. 「運営指針」の意義と内容の特徴

　「運営指針」の実践的目的や意義は、以下の4点にまとめられます。すなわち、①多様な人材によって運営される放課後児童クラブ、放課後児童支援員としてのアイデンティティの共有化、②研修と連動させることにより、職員の資質向上に資するものとすること、③放課後児童クラブ運営の平準化、④放課後児童クラブの支援に関する社会に対しての説明責任（社会にひらくこと）、です。このほか、放課後子供教室等他の事業と一体的に実施する場合のよりどころともなると考えられます。

　内容の特徴は、政府の作成した概要版[1]も踏まえて整理すると、3つの視点と5つのポイントにまとめられます。3つの視点は、以下のとおりです。

① 　「最低基準」としてではなく、望ましい方向に導いていくための「全国的な標準仕様」として作成したこと。

② 　放課後児童クラブが果たすべき役割を再確認し、その役割及び機能を適切に発揮できるよう内容を規定したこと。

③ 　異なる専門性を有して従事している放課後児童支援員等が、子どもと関わる際の共通認識を得るために必要となる項目を充実させたこと。

　また、内容の5つのポイントは以下の点に整理することができます。

❶ 　放課後児童クラブの特性である「子どもの健全な育成と遊び及び生活の支援」を「育成支援」と定義し、その「育成支援」の基本的な考え方等を第1章総則に新たに記載したこと。

❷ 　児童期の発達の特徴を3つの時期区分ごとに整理するとともに、子どもの発達過程を踏まえて、集団のなかでの子ども同士の関わりを大切にして「育成支援」を行う際の配慮すべき事項等を第2章に新たに記載したこと。

❸ 　放課後児童クラブにおける「育成支援」の具体的内容を子どもの立場に立った観点から網羅的に記載するとともに、障害のある子どもや特に配慮を必要とする子どもへの対応については、受け入れにあたってのより具体的な考え方や留意点なども加味して第3章に新たに記載したこと。

❹ 　保護者との連携、協力関係の大切さ、学校や児童館、地域、関係機関などとの連携などの必要性や他の事業と連携して実施する場合の留意点などについて、第3章、第5章において詳しく記載したこと。

❺ 　運営主体が留意すべき点として、子どもや保護者の人権への配慮、個人情報や守秘義務の遵守及び事業内容の向上に関することなど、放課後児童クラブの社会的責任と職場倫理等について、第4章、第7章に新たに記載したこと。

---

1 　厚生労働省「放課後児童クラブ運営指針の概要」2015　厚生労働省ホームページより

今後は、この「運営指針」が、放課後児童支援員認定資格研修や補助員に受講が推奨される子育て支援員の専門研修（放課後児童コース）、さらには現任研修等によって幅広く理解され、事業運営と職員の質向上に活用されることが望まれます。また、そのために、今後、「運営指針」の解説書なども作成されることが望まれます。なお、「運営指針」の策定と同時期に、放課後等デイサービスガイドライン[2]が通知として発出されています。両者のよりよい関係と役割分担が可能となることにも期待したいものです。

# 3. 「運営指針」の構成及び各章の概要

「運営指針」は、第1章から第7章までの構成で、放課後児童クラブにおける「育成支援」の内容や運営に関する基本的な事項と留意すべき事項などを網羅的に定めています。各章の概要は、以下のとおりです（目次は表2-1のとおり）。

① 「第1章 総則」

放課後児童クラブ運営指針の趣旨と育成支援の基本的な考え方を示し、全体像を理解できる内容を規定している。

② 「第2章 事業の対象となる子どもの発達」

児童期（6 〜 12 歳）の発達の特徴を3つの時期区分ごとに整理し、育成支援にあたって配慮すべき内容を規定している。

③ 「第3章 放課後児童クラブにおける育成支援の内容」

育成支援を行うにあたって子どもが主体的に過ごし、一人ひとりと集団全体の生活を豊かにしていくために必要となる育成支援の具体的な方法や、障害のある子どもなどに適切に対応していくために留意すべきこと、保護者との信頼関係の構築などの内容を規定している。

④ 「第4章 放課後児童クラブの運営」

「設備運営基準」に基づく職員体制や集団の規模等の具体的な内容を規定している。

⑤ 「第5章 学校及び地域との関係」

連携にあたっての情報交換等の必要性や方法等の内容を規定している。

⑥ 「第6章 施設及び設備、衛生管理及び安全対策」

「設備運営基準」に基づく施設及び設備の環境整備と、感染症や事故などへの対応方法等の具体的な内容を規定している。

---

2 平成27年4月1日付障発0401第2号厚生労働省社会・援護局障害保健福祉部長通知「放課後等デイサービスガイドラインについて」

**■表2-1　放課後児童クラブ運営指針の目次**

第1章　総則
  1. 趣旨
  2. 放課後児童健全育成事業の役割
  3. 放課後児童クラブにおける育成支援の基本

第2章　事業の対象となる子どもの発達
  1. 子どもの発達と児童期
  2. 児童期の発達の特徴
  3. 児童期の発達過程と発達領域
  4. 児童期の遊びと発達
  5. 子どもの発達過程を踏まえた育成支援における配慮事項

第3章　放課後児童クラブにおける育成支援の内容
  1. 育成支援の内容
  2. 障害のある子どもへの対応
  3. 特に配慮を必要とする子どもへの対応
  4. 保護者との連携
  5. 育成支援に含まれる職務内容と運営に関わる業務

第4章　放課後児童クラブの運営
  1. 職員体制
  2. 子ども集団の規模（支援の単位）
  3. 開所時間及び開所日
  4. 利用の開始等に関わる留意事項
  5. 運営主体
  6. 労働環境整備
  7. 適正な会計管理及び情報公開

第5章　学校及び地域との関係
  1. 学校との連携
  2. 保育所、幼稚園等との連携
  3. 地域、関係機関との連携
  4. 学校、児童館を活用して実施する放課後児童クラブ

第6章　施設及び設備、衛生管理及び安全対策
  1. 施設及び設備
  2. 衛生管理及び安全対策

第7章　職場倫理及び事業内容の向上
  1. 放課後児童クラブの社会的責任と職場倫理
  2. 要望及び苦情への対応
  3. 事業内容向上への取り組み

⑦ 「第7章　職場倫理及び事業内容の向上」

　　運営主体の責務と放課後児童支援員等の倫理意識の自覚、研修等の事業内容向上の取り組み内容を規定している。

# 4. 「運営指針」の読み方

(1)「運営指針」策定にあたって留意した事項

　　「運営指針」の作成にあたって、原案を作成した委員会が重視した考え方は下記のとおりです。

① 　放課後児童クラブの多様な実態を踏まえ、「最低基準」としてではなく、「望ましい方向に誘導していくための現実的な基準」という視点に立って作成した。

② 　放課後児童クラブの特性である「子どもの健全な育成と遊び及び生活の支援」をいかに担保するかということを重視した。

③ 　子どもの視点に立ち、子どもにとってどういう放課後生活が用意されなければならないかという観点から、放課後児童クラブが果たすべき事業役割や保障すべき機能を記述した。

④ 　子どもの発達過程、子どもの家庭生活なども考慮して、放課後児童支援員等が子どもとどのような視点で関わることが重要であるかを示すことを目指した。

⑤ 　放課後児童クラブの運営主体が配慮すべき点として、子どもの人権への配慮、権利擁護、個人情報・守秘義務の遵守や専門性の向上に関することなど、現場の放課後児童支援員等の取り組みや職業倫理に関することについても盛り込んだ。

⑥ 　放課後児童クラブにおける育成支援の内容に関わる主な事項については、「設備運営基準」等で定められている内容についても盛り込み、より丁寧に書き込んだ。

(2)「運営指針」で使用した用語について

　　なお、「運営指針」で使用した用語については、委員会の議論では以下のとおりとしました。

① 　放課後児童健全育成事業を行う職員は、「放課後児童支援員」（「設備運営基準」第10条第1項）とし、「補助員」を含む場合は「放課後児童支援員等」とした。なお、「職員体制」等慣用として使われている用語はそれによった。

② 　「児童」については「子ども」で原則統一したが、個別名称や熟語（「児童期」など）についてはそのまま用いている。

③ 　放課後児童支援員が行う「子どもの健全な育成と遊び及び生活の支援」を総称して「育成支援」と表現した。また、実際の場面では、＜見守る＞＜手助けする＞＜教える＞＜一緒に行動する（遊ぶ）＞等多様な側面が考えられるが、それらを示す言葉としては「援助」を用いた。なお、「育成支援」

を含めた放課後児童健全育成事業の役割を表す言葉としては「支援」を用いた。

④　放課後児童クラブに新たに登録して入る場合を「入室」、放課後児童クラブを辞めることを「退室」と表現した。子どもが日々放課後児童クラブに来て帰る状況については、「来所（あるいは出席）」並びに「帰宅（あるいは退席）」と表現した。

# 5. 放課後児童クラブの今後のあり方をめぐって

「設備運営基準」の作成にあたり、放課後児童クラブの基準に関する専門委員会は、7回にわたって審議を続けてきました。そのなかでは、「子どもの最善の利益を保障するための質の確保、向上」と、もう一方で、「地域の実情に応じた多様性に対する配慮」の二つを両立させなければなりませんでした。高すぎる基準（質）を設定すれば、切り捨てられるクラブが多くなりますし、低すぎる基準を設定すれば、基準としての意味がなくなり、質を向上させることにもつながりません。いわば、二つの谷の狭い尾根を歩くかのような作業でした。

また、財政負担者の意見をどうくみ取るかも大きな課題でした。基準を高くすることは事業主や保護者の負担を大きくすることにつながります。非常に厳しい状況のなかで、「設備運営基準」ができたのだと思います。この基準はまだまだこれから高められていく必要がありますが、そこで生活しなければならない子どもの視点を中心に、その生活を守り、安心・安全を確保する視点に立って、尾根を歩きながら作成されたということだけは事実といえます。

そうはいっても、まだまだ義務教育や就学前教育・保育施設の基準に比べ、放課後児童クラブの基準は子どもの過ごす時間の長さにかんがみて著しく低いものです。「設備運営基準」や「運営指針」を活用して、今後、国・自治体、放課後児童クラブを行う運営主体、放課後児童支援員等がそれぞれ事業内容を向上させる努力をすることにより、総体としての放課後児童健全育成事業の質の向上が図られていくことを心から願いたいと思います。

（柏女　霊峰）

# 第3章 認定資格研修の意義と内容

## 1. 認定資格研修の意義

　認定資格研修は、放課後児童クラブで子どもの育成支援にあたる職員を「放課後児童支援員」として認定するために、国によって定められた研修を実施することを都道府県に義務づけたものであり、次のような特色があります。

　第一に、放課後児童支援員認定資格研修は公的（行政）責任で実施されます。「子ども・子育て支援新制度」（平成27年4月施行）において、放課後児童クラブの質の向上のために放課後児童支援員研修が都道府県に義務づけられました。

　第二に、放課後児童支援員認定資格は、都道府県が行う研修を修了した者に付与されます。認定資格研修の対象者は、放課後児童健全育成事業の設備及び運営に関する基準（以下、「設備運営基準」）第10条第3項の該当者（保育士、社会福祉士及び教員免許のある人と高卒以上2年以上の現場経験のある指導員等）です。ただし、研修の受講には5年間の経過措置が設けられています。

　第三に、放課後児童支援員認定資格研修は、「放課後児童支援員に係る都道府県認定資格研修ガイドライン」（平成27年5月。以下「認定資格研修ガイドライン」）に添って実施されなければなりません。認定資格研修では、16科目・計24時間を受講することになっており、「認定資格研修ガイドライン」には各科目の名称、ねらい、ポイント、主な内容、講師要件及び研修実施の方法等が示されています。

　この認定資格研修が創設された背景には、放課後児童クラブで子どもの育成支援をする職員の資質の向上のための研修システムの整備が必要な社会的状況があります。第1・2章に述べられているように、放課後児童クラブをめぐる近年の政策と制度には大きな変化があり、研修に関しても新たな展開が図られています。

　認定資格研修は、放課後児童クラブ職員研修の大きな柱であり、公的責任で実施される初めての全国的・標準的研修です。制度上は「設備運営基準」第10条第2項において、放課後児童支援員を支援の単位ごとに2人以上配置（うち1人を除き、補助員の代替可）することになり、放課後児童支援員の認定が必要となったことに対応するものです。こうした経緯を経て、放課後児童支援員として必要な基本的生活習慣の習得の援助、自立に向けた支援、家庭と連携した生活支援等に必要な知識・技能を習得し、新たに策定された「設備運営基準」及び「運営指針」に基づく育成支援の内容等の共通理解を得て、

有資格者となるための研修（「認定資格研修」）を実施することになりました。

　認定資格制度ができる以前の長い間、公私さまざまな機関によって実施されてきた放課後児童クラブ職員研修の実績は大きいものでした。しかし、全国的、標準的という尺度からみると、研修の頻度が地域によって異なっていたり、受講機会の個人差があったりしたことも否定できないでしょう。

　平成27年4月に発足した認定資格研修制度は、地域事情等は勘案するとしても、放課後児童クラブの質の向上という尺度から、全国各地で大きな格差が生じないようにすることを目指しています。認定資格研修の対象となるすべての者は、5年間の経過措置の期間に、所定の研修を受講して、放課後児童支援員として認定されることになります。これまで多様な形態で展開されてきた研修に加えて、放課後児童支援員認定資格研修が実施されることによって、全国すべての放課後児童クラブの子どもたちが標準化された育成支援を受けることができるようになることの意義は大きいといえます。

# 2. 認定資格研修の内容

　認定資格研修は「認定資格研修ガイドライン」に沿って実施される必要があります。「認定資格研修ガイドライン」の策定に先立って、2014（平成26）年度に9回にわたり「放課後児童クラブの質の向上のための研修企画検討会」（以下、「研修企画検討会」）が開催されました。ここでは、都道府県が実施する認定資格研修に関して、研修科目・時間数及び実施方法等についての議論が行われました。さらに、これまで実施されてきた研修（現任研修）を含めた研修体系に関する都道府県と指定都市・中核市・区市町村及び事業者の役割等についても検討されました。認定資格研修の要点は次のとおりです。

① 認定資格研修の目的

　この研修は、新たに策定された「設備運営基準」及び「運営指針」に基づいて、放課後児童支援員としての役割及び育成支援の内容等の共通理解を得るため、職務を遂行するうえでの必要最低限の知識及び技能の習得とそれを実践する際の基本的な考え方や心得が認識されることを目的としています。

② 認定資格研修の対象者

　認定資格研修の対象者は、一定の知識及び技能を有すると考えられる「設備運営基準」第10条第3項の該当者を基本としています。なお、「設備運営基準」に規定されている資格保持者には研修科目の一部免除が可能であることや、5年間（平成32年3月31日までの間）に研修修了予定であることが認められています。免除科目については第3部関係法令・通知の「放課後児童支援員等研修事業実施要綱」を参照してください。

③ 認定資格研修の実施主体

　研修の実施主体は都道府県ですが、都道府県が認定資格研修を実施するうえで適当と認めた市区町

村、民間団体等に一部委託することもできます。

④　認定資格研修の実施内容

　1 回の研修の定員はおおむね 100 名程度までを想定していますが、柔軟な対応も可能です。研修項目・科目及び時間数等の詳細については第 2 部に譲りますが、16 科目について各 90 分の研修が予定されており合計 24 時間です。1 回の研修期間は、原則として 2 〜 3 か月以内で実施することが基本となっていますが、場合によっては 6 か月の範囲内であれば 2 期に分けて実施することも可能です。研修教材は研修カリキュラムを適切に実施するうえで適当なものを使用します。また前述したように、受講生が既に取得しているいくつかの資格については、研修科目の一部免除が認められています。免除の考え方としては、国が定めた公的資格の養成課程における科目の履修によって、認定資格研修科目と同等の基礎的な知識を既に有していると認められる科目についてのみ免除を行うこととしました。その他、既修了科目の取り扱いや修了評価などについても定められています。

⑤　実施手続きと認定等事務

　実施手続きについては、受講の申し込み及び受講資格の確認、受講者本人の確認、受講場所、修了の認定・修了証の交付について記されています。また、認定等事務については、認定者名簿の作成、管理、修了証の再交付等、認定の取り消しに関する事項の他、研修会参加費用などについて定められています。

　上記のように、「認定資格研修ガイドライン」には、実施主体である都道府県が認定資格研修を円滑に実施するための必要事項が示されていますので、研修の提供者だけでなく、受講者一人ひとりがその内容をよく理解しておくことによって研修効果が高まるでしょう。

# 3. 認定資格研修と放課後児童クラブに従事する者の研修体系

　平成 26 年度「研修企画検討会」で、放課後児童クラブに従事する者の研修体系について次のような方向が示されました。第一に、認定資格研修と資質の向上を図るための研修を併行して実施していかなければならない状況において、これまで都道府県が実施してきた資質の向上を図るための研修を、区市町村もその役割を担うことによって、より身近な場所で効果的かつ効率的に研修が実施できる体制が整備されていくことが望ましいということです。第二に、事業者の責務として、職員の資質の向上のための研修機会確保の義務があり、ここには、職場内での教育訓練（OJT）のみならず、職場を離れての研修（OFF-JT）を含めた現任研修の機会を確保することが望まれます。第三に、放課後児童クラブに従事する者の研修体系が構築されなければならないということです。そこでは、放課後児童クラブに従事する者として備えるべき資質、子どもの育成支援に必要な専門知識、学校・地域との連携及び運営管理

と職場倫理等について、初任者研修、中堅者研修及びリーダー研修ごとに適切で明確な内容を積み上げていくことが必要です。その他、電子的情報技術を研修に導入することや、子育て支援専門研修（放課後児童コース）を補助員新任研修に活用すること等についての意見も出されました。

　認定資格研修は放課後児童クラブの職員研修において唯一のものではなく、その他の研修と併せて行う総合的研修体系のなかに位置づけられることでその効果が発揮できます。つまり、放課後児童クラブにおける育成支援にとっては、16科目（24時間）の認定資格研修と併行して、地方自治体や民間団体による独自性のある充実した研修が実施されることが重要です。

# 4. 認定資格研修への期待

　放課後児童支援員の認定資格研修が開始された現在、研修を取り巻く環境は大きく変わり、研修内容、講師の選択、受講率、評価の仕方など一つひとつの課題を克服しながら、新たな研修体制を構築していくことが求められています。本章のまとめにかえて、認定資格研修によって開かれる新しい状況において期待されることを述べておきます。

　一つ目として、放課後児童支援員同士及び補助員との協働・指導関係の強化・構築の必要の高まりです。平成27年度創設の「子育て支援員制度」において、基本研修と専門研修（放課後児童コース）を受講した者は放課後児童クラブの補助員となることができることになりました。前述の検討会では子育て支援員の専門研修（放課後児童コース）の科目等についても審議しましたが、育成支援の現場での補助員と支援員との職務分担は明確ではなく、多くの課題があります。認定資格研修を修了した者には、職場内で他の職員との良好な協働・指導関係（職場内研修）を先導する任務が課せられています。

　二つ目は、すべての受講生が認定資格研修に積極的に臨み、研修成果を放課後児童クラブ内外の環境改善のために活用し、放課後児童クラブ発展の推進力となることが望まれることです。「運営指針」には、「放課後児童支援員は常に自己研鑽に励み、子どもの育成支援の充実を図るために、必要な知識及び技能の修得、維持及び向上に努めなければならない」「放課後児童クラブの運営主体は、放課後児童支援員及び補助員に対し、その資質の向上のために職場内外の研修の機会を確保しなければならない」と記されています。研修実施主体や担当講師の熱意と工夫により充実した研修体制が作られ、すべての受講者が主体的に喜びをもって参加する認定資格研修の広がりによって、放課後児童クラブは子どもの健全な育成支援の場としての機能を高め、保護者、学校及び地域の人々をつなぎ、支える場になるでしょう。

（松村　祥子）

第2部

# 放課後児童支援員認定資格研修の講義内容

# 第2部のみかた

## 第2部の構成

　第2部は、「放課後児童支援員に係る都道府県認定資格研修の項目・科目」に沿って、研修科目ごとに ［ねらい］［ポイント］［主な内容］［ポイント解説］を記しています。本書第3版では、令和5年4月時点で施行されている法令・通知を反映しています。

【ねらい】　その科目で学ぶことを要約して示しています。

【ポイント】　その科目の講義目的と、講義の対象となる法令・設備運営基準・運営指針等を示しています。

【主な内容】　その科目で示されている項目ごとに運営指針等の該当する部分を紹介しています。

【ポイント解説】　［主な内容］の補足事項や運営指針等の記述に関わる具体例などを紹介しています。

＊第2項目の研修科目（④⑤⑥⑦）は、法令、設備運営基準、運営指針等に直接準拠した科目ではありません。したがって、【主な内容】についての記述は他の項目の科目と異なっています。

＊偶数頁上段のインデックス 保育士 等は、免除対象を示しています。

## 第2部で用いる用語

　第2部では、次の項目について以下のとおりに用語を統一して記述しています。

認定資格研修　放課後児童支援員都道府県認定資格研修

設備運営基準　放課後児童健全育成事業の設備及び運営に関する基準

　　　　　　　（平成26年厚生労働省令第63号）

運営指針　放課後児童クラブ運営指針

　　　　　　　（平成27年雇児発0331第34号厚生労働省雇用均等・児童家庭局長通知）

放課後児童クラブ　放課後児童健全育成事業を行う場所

育成支援　放課後児童クラブにおける子どもの健全な育成と遊び及び生活の支援

＊法令・通知の文章は原文のままに表記しています（法（児童福祉法を指す）、基準（設備運営基準を指す）など）。

# 科目一覧

項目1　放課後児童健全育成事業（放課後児童クラブ）の理解

科目
1

# 放課後児童健全育成事業の目的及び制度内容

## ねらい

➡放課後児童健全育成事業（放課後児童クラブ）の目的について理解している。

➡放課後児童健全育成事業の役割について理解している。

➡放課後児童健全育成事業に関する法律、政省令及び通知等について理解している。

## ポイント

➡主に、児童福祉法第6条の3第2項、設備運営基準第5条第1項、運営指針第1章の2及び放課後児童支援員認定資格研修事業（都道府県認定資格研修ガイドライン）の内容に基づいて学び、放課後児童健全育成事業の目的、役割及び制度の内容について理解を促す。

## 主な内容

### 1. 放課後児童健全育成事業の目的及び役割

●児童福祉法及び設備運営基準における放課後児童健全育成事業の目的

●設備運営基準及び運営指針における放課後児童健全育成事業の役割

## 児童福祉法第6条の3第2項

　この法律で、放課後児童健全育成事業とは、小学校に就学している児童であって、その保護者が労働等により昼間家庭にいないものに、授業の終了後に児童厚生施設等の施設を利用して適切な遊び及び生活の場を与えて、その健全な育成を図る事業をいう。

## 設備運営基準第5条第1項

　放課後児童健全育成事業における支援は、小学校に就学している児童であって、その保護者が労働等により昼間家庭にいないものにつき、家庭、地域等との連携の下、発達段階に応じた主体的な遊びや生活が可能となるよう、当該児童の自主性、社会性及び創造性の向上、基本的な生活習慣の確立等を図り、もって当該児童の健全な育成を図ることを目的として行われなければならない。

## 運営指針第1章2

- 放課後児童健全育成事業は、児童福祉法（昭和22年法律第164号。以下「法」という。）第6条の3第2項に基づき、小学校（以下「学校」という。）に就学している子ども（特別支援学校の小学部の子どもを含む。以下同じ。）であって、その保護者が労働等により昼間家庭にいないものに、授業の終了後（以下「放課後」という。）に児童厚生施設等の施設を利用して適切な遊び及び生活の場を与え、子どもの状況や発達段階を踏まえながら、その健全な育成を図る事業である。
- 放課後児童健全育成事業の運営主体及び放課後児童クラブは、児童の権利に関する条約の理念に基づき、子どもの最善の利益を考慮して育成支援を推進することに努めなければならない。
- 放課後児童健全育成事業の運営主体及び放課後児童クラブは、学校や地域の様々な社会資源との連携を図りながら、保護者と連携して育成支援を行うとともに、その家庭の子育てを支援する役割を担う。

## 2. 設備運営基準の内容

●設備運営基準と市町村が定める設備運営基準条例の役割
●設備運営基準の構成と事業運営に関する基本的な事項

### 児童福祉法第34条の8の2第1項及び第2項

- 市町村は、放課後児童健全育成事業の設備及び運営について、条例で基準を定めなければならない。この場合において、その基準は、児童の身体的、精神的及び社会的な発達のために必要な水準を確保するものでなければならない。
- 市町村が前項の条例を定めるに当たつては、内閣府令で定める基準を参酌するものとする。

### 設備運営基準第1条第2項

　設備運営基準は、市町村長（特別区の区長を含む。以下同じ。）の監督に属する放課後児童健全育成事業を利用している児童（以下「利用者」という。）が、明るくて、衛生的な環境において、素養があり、かつ、適切な訓練を受けた職員の支援により、心身ともに健やかに育成されることを保障するものとする。

### 設備運営基準第2条

　法第34条の8の2第1項の規定により市町村が条例で定める基準（以下「最低基準」という。）は、利用者が、明るくて、衛生的な環境において、素養があり、かつ、適切な訓練を受けた職員の支援により、心身ともに健やかに育成されることを保障するものとする。

　※第1部第1章「表1-1　放課後児童クラブの主な設備運営基準」（→ p.5）参照

# 3. 運営指針の内容

●運営指針の役割
●運営指針の構成と主な内容

---

**運営指針第 1 章 1**

- この運営指針は、放課後児童健全育成事業の設備及び運営に関する基準（平成 26 年厚生労働省令第 63 号。以下「基準」という。）に基づき、放課後児童健全育成事業を行う場所（以下「放課後児童クラブ」という。）における、子どもの健全な育成と遊び及び生活の支援（以下「育成支援」という。）の内容に関する事項及びこれに関連する事項を定める。
- 放課後児童健全育成事業の運営主体は、この運営指針において規定される支援の内容等に係る基本的な事項を踏まえ、各放課後児童クラブの実態に応じて創意工夫を図り、放課後児童クラブの質の向上と機能の充実に努めなければならない。

---

# 4. 放課後児童支援員認定資格研修事業の内容

●放課後児童支援員認定資格制度の目的
●放課後児童支援員認定資格研修事業の主な内容

---

**設備運営基準第 10 条第 3 項**

放課後児童支援員は、次の各号のいずれかに該当する者であって、都道府県知事又は地方自治法（昭和 22 年法律第 67 号）第 252 条の 19 第 1 項の指定都市若しくは同法第 252 条の 22 第 1 項の中核市の長が行う研修を修了したものでなければならない。

一 ～ 十　略

## 放課後児童支援員等研修事業実施要綱 I 1

- 本事業は、「放課後児童健全育成事業の設備及び運営に関する基準」（平成 26 年厚生労働省令第 63 号。以下「基準」という。）に基づき、基準第 10 条第 3 項の各号のいずれかに該当する者が、放課後児童支援員として必要となる基本的生活習慣の習得の援助、自立に向けた支援、家庭と連携した生活支援等に必要な知識及び技能を習得し、有資格者となるための都道府県知事又は指定都市市長若しくは中核市市長（以下「都道府県知事等」）が行う研修（以下「認定資格研修」という。）の円滑な実施に資するために実施するものである。
- 認定資格研修は、一定の知識及び技能を有すると考えられる基準第 10 条第 3 項の各号のいずれかに該当する者が、放課後児童健全育成事業（放課後児童クラブ）に従事する放課後児童支援員として必要な知識及び技能を補完し、新たに策定した基準及び放課後児童クラブ運営指針（平成 27 年 3 月 31 日雇児発 0331 第 34 号厚生労働省雇用均等・児童家庭局長通知）に基づく放課後児童支援員としての役割及び育成支援の内容等の共通の理解を得るため、職務を遂行する上で必要最低限の知識及び技能の習得とそれを実践する際の基本的な考え方や心得を認識してもらうことを目的として実施するものである。

# 【ポイント解説】

### (1) 放課後児童健全育成事業の目的及び役割

　放課後児童健全育成事業（放課後児童クラブ）については、平成 26 年 5 月には、クラブ数は 2 万 2084 か所、登録児童数 93 万 6452 人と過去最高となった一方で、利用できなかった児童（待機児童）数は 9945 人と 3 年連続で増加しました。また、保育所と比べると開所時間が相対的に短いため、子どもが小学校に入学すると、これまで勤めてきた仕事を辞めざるを得ない状況となる、いわゆる「小 1 の壁」の問題が課題としてあげられています。

　こうした状況のなかで、国は大きな制度改正を行い、平成 27 年 4 月から、改正後の児童福祉法に基づいて、対象となる子どもの年齢を「おおむね 10 歳未満」から「小学校に就学している」子どもとするとともに、子ども・子育て支援法により、市町村は、市町村子ども・子育て支援事業計画（5 年を 1 期）に従って、地域子ども・子育て支援事業として放課後児童健全育成事業を実施する責務を有することとなりました。さらに、放課後児童クラブの質を確保

する観点から、職員の資格、員数、施設、開所日数・開所時間、集団の規模や一般原則などを定めた「放課後児童健全育成事業の設備及び運営に関する基準」(以下「設備運営基準」という。)を平成26年4月に策定しました。市町村はこれを踏まえて設備及び運営に関する基準を条例で定めて、この条例に基づきながら放課後児童健全育成事業を実施することになります。

こうした一連の子ども・子育て支援新制度における制度改正の経緯や内容を踏まえたうえで、放課後児童健全育成事業の目的及び役割を理解していく必要があります。


## (2) 放課後児童健全育成事業の設備及び運営に関する基準の内容

設備運営基準を策定するために国が設置した「社会保障審議会児童部会・放課後児童クラブの基準に関する専門委員会」では、設備運営基準を策定するにあたって留意することとして、次のことが指摘されました。

「放課後児童クラブは、これまで多様な形態で運営され、各地域におけるニーズを満たしてきたことから、今後、新たな基準を策定するうえで、現に事業を行っている放課後児童クラブが着実に質の改善に向けた努力を積み重ねて行けるよう、全体的な質の底上げを図りつつも、一定の経過措置等の検討が必要である」

「放課後児童クラブに求められる機能としては、児童と保護者が安心して利用できる居場所として相応しい環境を整備していくことが適当である。そのためには、安全面に配慮し、児童が自らの危険を回避できるよう自己管理能力を育てていくとともに、児童の発達段階に応じた主体的な生活や遊びが可能となるよう支援を行うことが適当である。また、放課後児童クラブにおける児童の様子を家庭に伝え、日常的な情報交換を行うことにより児童を見守る視点を家庭と放課後児童クラブとで補い合うことで、保護者が安心して子育てと就労を両立できるよう支えることが適当である。放課後児童クラブは、こうした機能・役割を持って、児童の発達・成長と自立を促し、健全な育成を図る事業であるということを明確に位置付けるべきである」

この指摘を踏まえて、設備運営基準の冒頭に、趣旨、目的及び事業の一般原則が盛り込まれることになりました。

市町村が条例で定める設備運営基準は、「利用者が、明るくて、衛生的な環境において、素養があり、かつ、適切な訓練を受けた職員の支援により、心身ともに健やかに育成されることを保障するもの」であって、最低基準としての性格をもつものです。

設備運営基準第3条第2項に、「市町村は、最低基準を常に向上させるように努めるものとする」、同第4条第1項及び第2項において、「放課後児童健全育成事業者は、最低基準を超えて、常に、その設備及び運営を向上させなければならない」「最低基準を超えて、設備を有し、

又は運営をしている放課後児童健全育成事業者においては、最低基準を理由として、その設備又は運営を低下させてはならない」としています。このことから、市町村及び放課後児童健全育成事業者は、質の向上を図るために、条例の内容を常に念頭に入れながら事業運営にあたる必要があります。

### (3)　放課後児童クラブ運営指針の内容

　平成 19 年に「放課後児童クラブガイドライン」が国において策定され、運営するにあたって必要な基本的事項を示すことで、各市町村における質の向上を図るための取り組みが進められてきました。平成 24 年には、子ども・子育て支援新制度を構成する子ども・子育て関連 3 法が制定され、そのなかの改正された児童福祉法に基づいて、平成 26 年 4 月に設備運営基準が策定され、全国的な一定水準の質の確保に向けた取り組みがより一層進められることになりました。

　平成 27 年 4 月からは、設備運営基準を踏まえて策定される各市町村の条例に基づいて放課後児童クラブが運営されているため、その運営の多様性を踏まえつつ、放課後児童クラブにおいて集団の中で子どもに保障すべき遊び及び生活の環境や運営内容の水準を明確化し、事業の安定性及び継続性を確保していくことが必要になりました。このため、平成 27 年 3 月に「放課後児童クラブガイドライン」の見直しを行い、国として新たに運営及び設備に関するより具体的な内容を定めた、事業者（運営主体）及び実践者向けの「放課後児童クラブ運営指針」が策定されました。

　その詳細な内容につきましては、第 1 部第 2 章をご覧ください。

### (4)　放課後児童支援員認定資格研修事業の内容

　設備運営基準第 10 条第 3 項において、放課後児童支援員となるためには、「都道府県知事が行う研修」（認定資格研修）を修了しなければならない」こととされており、認定資格研修は、新たな設備運営基準や運営指針に基づいて放課後児童支援員としてのアイデンティティ、役割及び育成支援の内容等の共通の理解を得るために、職務を遂行するうえで必要最低限の知識及び技能の習得とそれを実践する際の基本的な考え方や心得を認識してもらうことを目的として実施するものです。このため、放課後児童クラブに現在従事している者にも受講を課すことになっていますので、この認定資格研修は、現在都道府県等が実施している放課後児童指導員等の資質の向上を図るための研修（現任研修）とは性格を異にするものであるとの共通の認識をもち、それを前提としたうえで、受講してもらうことが必要です。

# 科目 2 放課後児童健全育成事業の一般原則と権利擁護

## ねらい

➡放課後児童健全育成事業の一般原則について理解している。

➡放課後児童クラブにおける権利擁護及び法令遵守の基本について理解している。

➡子ども家庭福祉の理念と子どもの権利についての基礎を学んでいる。

## ポイント

➡主に、児童福祉法第 33 条の 10、第 33 条の 11 及び第 33 条の 12、児童の権利に関する条約、設備運営基準第 5 条、第 12 条、第 14 条、第 16 条、第 17 条及び第 19 条、運営指針第 1 章の 3（4）の内容に基づいて学び、放課後児童健全育成事業の一般原則及び権利擁護、法令遵守の基本と子ども家庭福祉の理念について理解を促す。

## 主な内容

### 1. 放課後児童健全育成事業の一般原則の内容

●設備運営基準における放課後児童健全育成事業の一般原則の内容

●設備運営基準における権利擁護及び法令遵守の内容

## 設備運営基準第 5 条第 1 項

　放課後児童健全育成事業における支援は、小学校に就学している児童であって、その保護者が労働等により昼間家庭にいないものにつき、家庭、地域等との連携の下、発達段階に応じた主体的な遊びや生活が可能となるよう、当該児童の自主性、社会性及び創造性の向上、基本的な生活習慣の確立等を図り、もって当該児童の健全な育成を図ることを目的として行われなければならない。

## 設備運営基準第 11 条

　放課後児童健全育成事業者は、利用者の国籍、信条又は社会的身分によって、差別的取扱いをしてはならない。

## 設備運営基準第 12 条

　放課後児童健全育成事業者の職員は、利用者に対し、法第 33 条の 10 各号に掲げる行為その他当該利用者の心身に有害な影響を与える行為をしてはならない。

## 設備運営基準第 16 条

- 放課後児童健全育成事業者の職員は、正当な理由がなく、その業務上知り得た利用者又はその家族の秘密を漏らしてはならない。
- 放課後児童健全育成事業者は、職員であった者が、正当な理由がなく、その業務上知り得た利用者又はその家族の秘密を漏らすことがないよう、必要な措置を講じなければならない。

設備運営基準第 17 条

- 放課後児童健全育成事業者は、その行った支援に関する利用者又はその保護者等からの苦情に迅速かつ適切に対応するために、苦情を受け付けるための窓口を設置する等の必要な措置を講じなければならない。
- 放課後児童健全育成事業者は、その行った支援に関し、市町村から指導又は助言を受けた場合は、当該指導又は助言に従って必要な改善を行わなければならない。
- 放課後児童健全育成事業者は、社会福祉法（昭和 26 年法律第 45 号）第 83 条に規定する運営適正化委員会が行う同法第 85 条第 1 項の規定による調査にできる限り協力しなければならない。

## 2. 放課後児童クラブの社会的責任

●設備運営基準における放課後児童クラブの社会的責任の内容
●子どもの人権に配慮し、一人ひとりの人格を尊重して運営を行うことの大切さ

設備運営基準第 5 条第 2 項及び第 3 項

- 放課後児童健全育成事業者は、利用者の人権に十分配慮するとともに、一人一人の人格を尊重して、その運営を行わなければならない。
- 放課後児童健全育成事業者は、地域社会との交流及び連携を図り、児童の保護者及び地域社会に対し、当該放課後児童健全育成事業者が行う放課後児童健全育成事業の運営の内容を適切に説明するよう努めなければならない。

> ### 設備運営基準第 8 条
>
> - 放課後児童健全育成事業者の職員は、常に自己研鑽（さん）に励み、児童の健全な育成を図るために必要な知識及び技能の修得、維持及び向上に努めなければならない。
> - 放課後児童健全育成事業者は、職員に対し、その資質の向上のための研修の機会を確保しなければならない。
>
> ### 運営指針第 1 章 3⑷
>
> - 放課後児童クラブは、子どもの人権に十分に配慮するとともに、子ども一人ひとりの人格を尊重して育成支援を行い、子どもに影響のある事柄に関して子どもが意見を述べ、参加することを保障する必要がある。
> - 放課後児童クラブの運営主体は、放課後児童支援員及び補助員（以下「放課後児童支援員等」という。）に対し、その資質の向上のために職場内外の研修の機会を確保しなければならない。
> - 放課後児童支援員等は、常に自己研鑽に励み、子どもの育成支援の充実を図るために、必要な知識及び技能の修得、維持及び向上に努めなければならない。
> - 放課後児童クラブの運営主体は、地域社会との交流や連携を図り、保護者や地域社会に当該放課後児童クラブが行う育成支援の内容を適切に説明するよう努めなければならない。
> - 放課後児童クラブ及び放課後児童クラブの運営主体は、子どもの利益に反しない限りにおいて、子どもや保護者のプライバシーの保護、業務上知り得た事柄の秘密保持に留意しなければならない。
> - 放課後児童クラブ及び放課後児童クラブの運営主体は、子どもや保護者の苦情等に対して迅速かつ適切に対応して、その解決を図るよう努めなければならない。

## 3. 放課後児童クラブにおける子どもへの虐待等の禁止と予防

●子どもへの虐待等の禁止と予防の理解
●子どもの「心身に有害な影響を及ぼす行為」の具体的内容

## 児童福祉法第33条の10

この法律で、被措置児童等虐待とは、（略）「施設職員等」（略）が、委託された児童、入所する児童又は一時保護が行われた児童（以下「被措置児童等」という。）について行う次に掲げる行為をいう。

一　被措置児童等の身体に外傷が生じ、又は生じるおそれのある暴行を加えること。

二　被措置児童等にわいせつな行為をすること又は被措置児童等をしてわいせつな行為をさせること。

三　被措置児童等の心身の正常な発達を妨げるような著しい減食又は長時間の放置、同居人若しくは生活を共にする他の児童による前2号又は次号に掲げる行為の放置その他の施設職員等としての養育又は業務を著しく怠ること。

四　被措置児童等に対する著しい暴言又は著しく拒絶的な対応その他の被措置児童等に著しい心理的外傷を与える言動を行うこと。

## 設備運営基準第12条

放課後児童健全育成事業者の職員は、利用者に対し、法第33条の10各号に掲げる行為その他当該利用者の心身に有害な影響を与える行為をしてはならない。

## （参考）児童の権利に関する条約第19条第1項

締約国は、児童が父母、法定保護者又は児童を監護する他の者による監護を受けている間において、あらゆる形態の身体的若しくは精神的な暴力、傷害若しくは虐待、放置若しくは怠慢な取扱い、不当な取扱い又は搾取（性的虐待を含む。）からその児童を保護するためすべての適当な立法上、行政上、社会上及び教育上の措置をとる。

# 4. 子ども家庭福祉の理念と子どもの権利に関する基礎知識

●今日の子ども家庭福祉と子どもの権利
●放課後児童支援員が必要とする子どもの権利に関する法令等

## 子どもの権利に関する法令等

- 「憲法」、「児童福祉法」
- 「児童憲章」、「児童の権利に関する条約」
- 「障害者の権利に関する条約」

## 運営指針第4章5⑵

- 放課後児童クラブの運営主体は、次の点に留意して運営する必要がある。

  ○子どもの人権に十分配慮するとともに、一人ひとりの人格を尊重して、その運営を行う。

  ○地域社会との交流及び連携を図り、子どもの保護者及び地域社会に対し、放課後児童クラブの運営の内容を適切に説明するように努める。

  ○放課後児童クラブの運営の内容について、自ら評価を行い、その結果を公表するように努める。

  ○子どもや保護者の国籍、信条又は社会的身分による差別的な扱いをしない。

  ○放課後児童クラブごとに事業の運営についての重要事項（①事業の目的及び運営の方針、②職員の職種、員数及び職務の内容、③開所時間及び開所日、④育成支援の内容及び利用料、⑤定員、⑥事業の実施地域、⑦事業の利用に当たっての留意事項、⑧緊急時等における対応方法、⑨非常災害対策、⑩虐待の防止のための措置に関する事項、⑪その他事業の運営に関する重要事項）に関する運営規程を定め、また、職員、財産、収支及び利用者の処遇の状況を明らかにする帳簿を整備する。

  ○放課後児童クラブの運営主体に変更が生じる場合には、育成支援の継続性が保障され、子どもへの影響が最小限に抑えられるように努めるとともに、保護者の理解が得られるように努める必要がある。

> ### 運営指針第７章１
>
> - 放課後児童クラブには、社会的信頼を得て育成支援に取り組むことが求められる。また、放課後児童支援員等の言動は子どもや保護者に大きな影響を与えるため、放課後児童支援員等は、仕事を進める上での倫理を自覚して、育成支援の内容の向上に努めなければならない。
> - 放課後児童クラブの運営主体は、法令を遵守するとともに、次の事項を明文化して、すべての放課後児童支援員等が職場倫理を自覚して職務に当たるように組織的に取り組む。
>   - ○子どもや保護者の人権に十分配慮するとともに、一人ひとりの人格を尊重する。
>   - ○児童虐待等の子どもの心身に有害な影響を与える行為を禁止する。
>   - ○国籍、信条又は社会的な身分による差別的な扱いを禁止する。
>   - ○守秘義務を遵守する。
>   - ○関係法令に基づき個人情報を適切に取り扱い、プライバシーを保護する。
>   - ○保護者に誠実に対応し、信頼関係を構築する。
>   - ○放課後児童支援員等が相互に協力し、研鑽を積みながら、事業内容の向上に努める。
>   - ○事業の社会的責任や公共性を自覚する。

# 【ポイント解説】

## （1）　放課後児童クラブの一般原則及び子どもへの虐待等の禁止と予防

　放課後児童クラブの適正な運営を確保し、質の向上を図るため、設備運営基準には他の児童福祉事業等で定められている基準の内容等を参考として、一般原則や虐待等の禁止、秘密の保持等及び社会的責任等について必要な事項を規定しています。特に、子どもが放課後等を安全・安心に健やかに過ごすためには、子どもへの暴力や不公平な関わりがないよう、子どもや保護者の権利擁護や放課後児童クラブの運営における職員の倫理に関する規定を遵守することが重要ですので、設備運営基準に位置づけるとともに、より具体的な内容を運営指針に記載して組織的に取り組むことを求めています。

　このことは、項目６科目⑮「放課後児童支援員の仕事内容」と、項目６科目⑯「放課後児童クラブの運営管理と運営主体の法令の遵守」でも取り上げます。

## （2）　子ども家庭福祉の理念と子どもの権利に関する基礎知識

　子どもと日々密接な関わりをもつ放課後児童クラブの職員は、豊かな人間性と倫理観を備えていることが必要です。また、放課後児童クラブの職員は、子どもの権利、すなわち「生きる権利」「育つ権利」「守られる権利」「参加する権利」等を保障するために、権利擁護に関する知識及び意識を高め、子どもの最善の利益を考慮して育成支援に努めなければなりません。

　その際、子ども自身を権利主体として尊重し、子どもが自分の気持ちや意見を表現することができ、子どもが発達段階に応じた主体的な遊びや生活ができるように援助する必要があります。そのために、職員は職場内での研修のみならず、職場を離れての研修にも参加するなどして人権感覚を磨き、倫理観や責任感をもつこと、そのうえで子ども一人ひとりが安全に安心して過ごすことができるように環境を整備していくことが求められます。

科目
3

# 子ども家庭福祉施策と放課後児童クラブ

## ねらい

➡子ども家庭福祉施策の概要を学んでいる。

➡放課後児童クラブと関連する子ども家庭福祉施策の内容を学んでいる。

➡放課後児童クラブと関連する放課後関係施策を理解している。

## ポイント

➡主に、児童福祉法、子ども・子育て支援法、障害者総合支援法、児童虐待の防止等に関する法律及び放課後子ども総合プランなどの内容に基づいて学び、子ども家庭福祉施策の概要を理解し、放課後児童健全育成事業との関連について理解を促す。

## 主な内容

### 1. 子ども家庭福祉施策と子ども・子育て支援新制度の概要

●子ども家庭福祉施策の体系と内容

●子ども・子育て支援新制度の内容

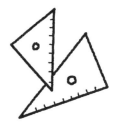

### 子ども・子育て支援法第 1 条

　この法律は、我が国における急速な少子化の進行並びに家庭及び地域を取り巻く環境の変化に鑑み、児童福祉法（昭和 22 年法律第 164 号）その他の子どもに関する法律による施策と相まって、子ども・子育て支援給付その他の子ども及び子どもを養育している者に必要な支援を行い、もって一人一人の子どもが健やかに成長することができる社会の実現に寄与することを目的とする。

### 子ども・子育て支援法第 2 条

- 子ども・子育て支援は、父母その他の保護者が子育てについての第一義的責任を有するという基本的認識の下に、家庭、学校、地域、職域その他の社会のあらゆる分野における全ての構成員が、各々の役割を果たすとともに、相互に協力して行われなければならない。
- 子ども・子育て支援給付その他の子ども・子育て支援の内容及び水準は、全ての子どもが健やかに成長するように支援するものであって、良質かつ適切なものであり、かつ、子どもの保護者の経済的負担の軽減について適切に配慮されたものでなければならない。
- 子ども・子育て支援給付その他の子ども・子育て支援は、地域の実情に応じて、総合的かつ効率的に提供されるよう配慮して行われなければならない。

## 2. 障害児福祉施策の概要

- ●今日の障害児福祉施策の内容
- ●放課後児童クラブと障害児福祉施策との関連

## 3. 児童虐待防止等の施策の概要

- ●児童虐待の内容と児童虐待防止等に関する施策の内容
- ●社会的養護に関する施策の概要

## 児童虐待の防止等に関する法律第 2 条

　この法律において、「児童虐待」とは、保護者（親権を行う者、未成年後見人その他の者で、児童を現に監護するものをいう。以下同じ。）がその監護する児童（18 歳に満たない者をいう。以下同じ。）について行う次に掲げる行為をいう。

　一　児童の身体に外傷が生じ、又は生じるおそれのある暴行を加えること。【身体的虐待】

　二　児童にわいせつな行為をすること又は児童をしてわいせつな行為をさせること。【性的虐待】

　三　児童の心身の正常な発達を妨げるような著しい減食又は長時間の放置、保護者以外の同居人による前 2 号又は次号に掲げる行為と同様の行為の放置その他の保護者としての監護を著しく怠ること。【保護の怠慢・拒否（ネグレクト）】

　四　児童に対する著しい暴言又は著しく拒絶的な対応、児童が同居する家庭における配偶者に対する暴力（配偶者（婚姻の届出をしていないが、事実上婚姻関係と同様の事情にある者を含む。）の身体に対する不法な攻撃であって生命又は身体に危害を及ぼすもの及びこれに準ずる心身に有害な影響を及ぼす言動をいう。第 16 条において同じ。）その他の児童に著しい心理的外傷を与える言動を行うこと。【心理的虐待】

## 児童虐待の防止等に関する法律第 5 条第 1 項及び第 2 項

• 学校、児童福祉施設、病院、都道府県警察、婦人相談所、教育委員会、配偶者暴力相談支援センターその他児童の福祉に業務上関係のある団体及び学校の教職員、児童福祉施設の職員、医師、歯科医師、保健師、助産師、看護師、弁護士、警察官、婦人相談員その他児童の福祉に職務上関係のある者は、児童虐待を発見しやすい立場にあることを自覚し、児童虐待の早期発見に努めなければならない。

• 前項に規定する者は、児童虐待の予防その他の児童虐待の防止並びに児童虐待を受けた児童の保護及び自立の支援に関する国及び地方公共団体の施策に協力するよう努めなければならない。

# 4. 放課後児童クラブと関連する放課後関係施策

●放課後児童クラブと放課後関係施策との関連
●放課後児童クラブと直接関わる放課後関係施策（児童館、放課後子供教室、放課後等デイサービス事業、保育所等訪問支援事業等）の内容

### 児童福祉法第6条の2の2第4項及び第6項

- この法律で、放課後等デイサービスとは、学校教育法（昭和22年法律第26号）第1条に規定する学校（幼稚園及び大学を除く。）に就学している障害児につき、授業の終了後又は休業日に児童発達支援センターその他の内閣府令で定める施設に通わせ、生活能力の向上のために必要な訓練、社会との交流の促進その他の便宜を供与することをいう。
- この法律で、保育所等訪問支援とは、保育所その他の児童が集団生活を営む施設として内閣府令で定めるものに通う障害児又は乳児院その他の児童が集団生活を営む施設として内閣府令で定めるものに入所する障害児につき、当該施設を訪問し、当該施設における障害児以外の児童との集団生活への適応のための専門的な支援その他の便宜を供与することをいう。

### 児童福祉法第40条

　児童厚生施設は、児童遊園、児童館等児童に健全な遊びを与えて、その健康を増進し、又は情操をゆたかにすることを目的とする施設とする。

### 児童館ガイドライン第4章8

- 児童館で放課後児童クラブを実施する場合には、放課後児童健全育成事業の設備及び運営に関する基準及び放課後児童クラブ運営指針に基づいて行うよう努め、児童館の持つ機能を生かし、以下のことに留意すること。
  ①　児童館に来館する子どもと放課後児童クラブに在籍する子どもが交流できるよう遊び

や活動に配慮すること。

② 多数の子どもが同一の場所で活動することが想定されるため、児童館及び放課後児童クラブのそれぞれの活動が充実するよう、遊びの内容や活動場所等について配慮すること。

③ 放課後児童クラブの活動は、児童館内に限定することなく近隣の環境を活用すること。

• 児童館での活動に、近隣の放課後児童クラブの子どもが参加できるように配慮するとともに、協力して行事を行うなどの工夫をすること。

# 【ポイント解説】

## (1) 子ども家庭福祉施策と子ども・子育て支援新制度の概要

現在、我が国では出生率の低下に伴って少子化が進んでいます。

子どもや子育てをめぐる環境は厳しく、核家族化や地域のつながりの希薄化により、子育てに不安や孤立感を覚える家庭も少なくありません。また、保育所に子どもを預けたいと考えていても、希望する保育所が満員であること等から、多くの待機児童が生じていることや、子育てと仕事を両立できる環境の整備が必ずしも十分でないこと等が問題となっていて、そうした状況のもとで、子どもが欲しいという希望を叶えられない人も多くみられます。

もとより、幼児教育や保育は、生涯にわたる人格形成の基礎を培ううえで重要なものであって、質の高い幼児教育や保育を地域のニーズに応じて、総合的に提供することが重要です。

これらの課題に対処し、子どもが欲しいという希望が叶い、子育てをしやすい社会にしていくためにも、国や地域をあげて、子どもや家庭を支援する新しい支え合いの仕組みを構築することが求められています。こうした社会的な要請を踏まえて、国において、新たな子ども・子育て支援の制度が構築されることになりました。

子ども・子育て関連3法（平成24年8月公布）に基づく子ども・子育て支援新制度は、社会保障・税一体改革の一項目として、消費税率の引き上げによる財源の一部を得て実施されるものであり、平成27年度から本格施行されました。

この子ども・子育て支援新制度の主なポイントは以下の3点です。

1点目は、認定こども園、幼稚園、保育所を通じた共通の給付である「施設型給付」及び小規模保育、家庭的保育等への給付である「地域型保育給付」の創設です。これまで、幼稚園、保育所に対する財政措置は学校教育の体系、福祉の体系として別々になされてきましたが、子

ども・子育て支援新制度では、認定こども園、幼稚園、保育所に共通の給付である「施設型給付」を創設し、財政支援が一本化されることになりました。

　2点目は、認定こども園制度の改善です。認定こども園制度は平成18年に創設されたものですが、利用者から高い評価を受ける一方で、これまでの制度では、学校教育法に基づく幼稚園と児童福祉法に基づく保育所という2つの制度を前提にしていたことによる、認可や指導監督等に関する二重行政の課題などが指摘されてきました。今回の制度改正では、認定こども園の類型の一つである「幼保連携型認定こども園」を、学校及び児童福祉施設の両方の法的位置づけをもつ単一の認可施設とし、認可や指導監督等を一本化することなどにより、二重行政の課題などを解消し、その設置の促進を図ることとしています。

　3点目は、地域の子ども・子育て支援の充実です。保育が必要な子どものいる家庭だけでなく、すべての家庭を対象に地域のニーズに応じた多様な子育て支援を充実させるため、保護者が地域の教育・保育、子育て支援事業等を円滑に利用できるよう情報提供・助言等を行う利用者支援や、子育ての相談や親子同士の交流ができる地域子育て支援拠点、一時預かり、放課後児童クラブなど、市町村が行う事業を「地域子ども・子育て支援事業」として法律上に位置づけ、財政支援を強化して、その拡充を図ることとしています。

　子ども・子育て支援新制度は、これらの取り組みにより、質の高い幼児期の学校教育・保育を総合的に提供し、地域の子ども・子育て支援を充実させ、すべての子どもが健やかに成長できる社会の実現を目指すものです。

　また、子ども・子育て支援新制度では、基礎自治体である市町村が実施主体となり、「施設型給付」等の給付や放課後児童クラブ等の「地域子ども・子育て支援事業」を計画的に実施し、こうした市町村による子ども・子育て支援策の実施を国と都道府県が重層的に支える仕組みとなります。このため、市町村においては、地域における幼児教育・保育及び子育て支援についての需要を把握するための調査を実施し、その需要に対する子ども・子育て支援の提供体制の確保等を内容とする事業計画（「市町村子ども・子育て支援事業計画」）が平成26年度中に策定されました。また、都道府県においても、市町村子ども・子育て支援事業計画の数値を集計したものを基本として、各年度における需要の見込みと確保方策等を記載した「都道府県子ども・子育て支援事業支援計画」が策定されました。

## （2）　障害児福祉施策の概要

　地域において障害のある子どもとその家族を支えていく体制を整備するとともに、乳児期、就学期、学齢期、青年期、成年期などライフステージに応じて、保健・医療・福祉・教育・就労などの連携した支援を行うことが求められています。

このため、障害のある子どもに対しては、健康診査等によりできるだけ早期に障害を発見するとともに、児童福祉法に基づいて、障害のある子どもに対して、治療や専門的療育を実施する児童福祉施設の整備及び機能強化を図り、療育体制を整備していくことになっています。

　また、障害のある子どもには、その時々に応じて、保健・医療・福祉・教育・就労などさまざまな関係者が支援を行うことが必要であり、協議会の活用（子ども部会の設置）等により関係機関や関係者の連携システムを構築していく必要があります。

　発達障害のある子どもへの支援については、平成 17 年 4 月に施行された「発達障害者支援法」（平成 16 年法律第 167 号）を踏まえて、発達障害のある人の乳幼児期から成人期までの各ライフステージに対応する一貫した支援の推進を図るため、保健、医療、福祉、教育、就労等の制度横断的な関連施策の推進に取り組んでいます。

　特に、発達障害等に関する知識を有する専門員が、市町村の保育所等の子どもやその保護者が集まる施設・場を巡回し、施設のスタッフや保護者に対して、発達障害の早期発見・早期対応のための助言等の支援を行う巡回支援専門員の派遣に対して財政支援を行うなど、地域における発達障害のある子どもに対する支援体制の充実が図られています。

## （3）　児童虐待防止等の施策の概要

　児童虐待への対応については、平成 12 年 11 月に施行された児童虐待の防止等に関する法律（平成 12 年法律第 82 号）及び児童福祉法の累次の改正や、民法等の一部を改正する法律（平成 23 年法律第 61 号）による親権停止制度の新設等により、制度的な充実が図られてきました。この間、全国の児童相談所における児童虐待に関する相談対応件数は一貫して増加し、平成 25 年度には児童虐待防止法制定直前の約 6.3 倍に当たる 7 万 3,802 件となりました。子どもの生命が奪われるなど重大な児童虐待事件も後を絶たず、虐待による死亡事件は毎年 100 件前後発生・表面化するなかで、児童虐待の防止は社会全体で取り組むべき重要な課題です。

　児童虐待は、子どもの心身の発達及び人格の形成に重大な影響を与えるため、児童虐待の防止に向けて、①虐待の「発生予防」から、②虐待の「早期発見・早期対応」、③虐待を受けた子どもの「保護・自立の支援」に至るまでの切れ目のない総合的な支援体制を整備・充実していくことが必要です。

　このため、

①発生予防に関しては、生後 4 か月までの乳児がいるすべての家庭を訪問し、子育て支援に関する情報提供や養育環境等の把握、育児に関する不安や悩みの相談等の援助を行う「乳児家庭全戸訪問事業（こんにちは赤ちゃん事業）」や、養育支援が特に必要であると判断され

る家庭に対して、保健師・助産師・保育士等が居宅を訪問し、養育に関する相談に応じ、指導、助言等により養育能力を向上させるための支援を行う「養育支援訪問事業」、子育て中の親子が交流・相談できる「地域子育て支援拠点事業」の推進等、相談しやすい体制の整備

②早期発見・早期対応に関しては、虐待に関する通告の徹底、児童相談所の体制強化のための児童福祉司の確保、市町村の体制強化、専門性向上のための研修やノウハウの共有、「要保護児童対策地域協議会（子どもを守る地域ネットワーク）」の機能強化

③保護・自立支援に関しては、社会的養護の質・量の拡充、家族再統合や家族の養育機能の再生・強化に向けた取り組みを行う保護者支援の推進

などの取り組みを進めています。

　また、社会的養護は、かつては、親のない、親に育てられない子どもを支援する施策でしたが、現在では、虐待を受けた子どもや何らかの障害のある子どもを支援する施策へと変化しており、一人ひとりの子どもをきめ細かに支援していけるような社会的資源として、その役割・機能の変化が求められています。

　社会的養護が必要な子どもたちを社会全体であたたかく支援していくことが必要なため、国では、平成 23 年 1 月から、「児童養護施設等の社会的養護の課題に関する検討委員会」を開催して、社会的養護の短期的課題と中長期的課題を集中的に検討し、同年 7 月に、同委員会及び社会保障審議会児童部会社会的養護専門委員会で、「社会的養護の課題と将来像」が取りまとめられました。これに沿って、家庭的養護の推進、里親委託・里親支援の推進、施設運営の質の向上、親子関係の再構築の支援、自立支援の充実、子どもの権利擁護などが進められています。

## (4)　放課後児童クラブと関連する放課後関係施策

　平成 19 年度に、文部科学省と厚生労働省が連携・協力して、地域社会のなかで、放課後や夏休みなどの長期休暇時に子どもたちの安全で健やかな居場所づくりを推進するため、総合的な放課後児童対策として「放課後子どもプラン」が創設されました。

　具体的には、各市町村において、小学校の余裕教室や地域の児童館・公民館などを活用して、すべての子ども（主に小学生）を対象に、地域の方々の参画を得て、学習活動やスポーツ・文化芸術活動、地域住民との交流活動等の機会を提供する「放課後子供教室」（文部科学省所管）と、共働き家庭などの小学生を対象に、適切な遊びや生活の場を提供する「放課後児童健全育成事業（放課後児童クラブ）」（厚生労働省所管）の両事業を連携して、実施するものです。

　このプランの実施に至った背景には、少子化や核家族化が進行し、子どもや子育て家庭を取り巻く環境が大きく変化して、地域社会の教育力の低下が問題となっているなかで、特に、放

課後等に異年齢の子ども同士が交流する機会の減少や、子どもが安心して過ごせる場所の確保が困難になってきたことなどによって、放課後等に子どもたちが安全な場所で安心して過ごすことができ、地域のボランティア等の協力・参画を得て、さまざまな体験や交流を深められる取り組みが強く求められていたことがあります。

しかしながら、こうした取り組みが十分に進んでいるとはいえない状況のなかで、放課後児童クラブは保育所と比べると開所時間が短いため、子どもが小学校に入学すると、これまで勤めてきた仕事を辞めざるを得ない状況となる、いわゆる「小1の壁」の問題が課題となっています。この「小1の壁」を打破するためには、放課後児童クラブをより一層拡充し、子どもが放課後等を安全・安心に過ごすことができる居場所の整備を強力に進めていく必要があります。

このため、平成26年7月に文部科学省と厚生労働省が共同で「放課後子ども総合プラン」を策定し、学校施設を徹底活用して、放課後児童クラブと放課後子供教室の一体型を中心とした取り組みを推進することとしており、放課後児童クラブについて、平成31年度末までに約30万人分の新たな受け皿を整備することとしています。

（「放課後子ども総合プラン」は平成30年9月14日に「新・放課後子ども総合プラン」に改訂されました。）

項目2　子どもを理解するための基礎知識

# 子どもの発達理解

## ねらい

➡子どもの発達を理解するための基礎を学んでいる。

➡育成支援における子どもの発達の特徴や発達過程を理解している。

➡子どもの発達理解のための継続的な学習の必要性を理解している。

## ポイント

➡主に、育成支援に必要な子どもの発達理解に関する基礎的な事項について学び、子どもの発達理解について継続的な学習が必要であることの理解を促す。

## 主な内容

### 1. 子どもの発達理解の基礎

●発達の概念

●発達の時期区分と特徴

　子どもの行動は同じことの繰り返しに見えて、実は日々変化しています。その変化は、大まかにみると、胎児期、乳児期、幼児期、児童期、思春期・青年期というように時期区分することができます。子どもは、各時期を経て大人になっていきますが、それぞれの時期は次の時期の単なる準備段階ではなく、子どもにとって固有の意味と価値をもちます。

　生後2か月の乳児は目でものの動きを追うことすらおぼつきませんが、生後3か月を過ぎる頃になると巧みに追視するようになります。もっとも、そうした行動は不安定なもので、空腹や覚醒の状態に左右されています。

　小学生になると、月々の単位で変化を認めるのは困難かもしれませんが、少なくとも年単位で見れば、行動にさまざまな変化が認められます。身長や体重といった身体的発育に伴い、運動能力の進歩などは著しい変化が認められ、言語や思考等心理機能にも大きな変化が認められます。さらに、大人から離れて、子ども同士で遊び、生活するといった社会性の面でも変化がみられます。

　こうした種々の変化のなかでは、発話する語彙の数が増えたというような量的な変化と、言語で会話ができるようになったというような質的な変化とが区別されます。「発達」は後者のような質的な変化を把握するための概念であり、この「発達」の概念によって、子どもの行動の質的な変化がたどる主要な段階や変化の要因、子ども全体の変化のなかの特定の発達領域の変化の位置づけなどを明らかにすることができるようになります。

　子どもの発達にとって、環境要因は必須のものです。睡眠や栄養摂取のような生命活動も、養育環境の存在によって実現されます。こうした環境要因は子どもの発達に伴って、より複雑になっていきます。寝かしつけるときの子守歌や食事のときのスプーンや箸、年齢にふさわしい遊び文化、お話や絵本のような児童文化、さらに保育や学校教育の存在が、子どもの発達を規定していきます。したがって、「子どもの最善の利益」を追求するためには、子どもの立場から環境のあり方一つひとつがていねいに検討される必要があります。

　子どもは、生活や遊びにおいても学習においても成功や失敗を繰り返しながら成長していきます。そうした成功や失敗が許容され、人生の経験として生かされるよう、指導・支援されるなかで、子どもの自主性や創造性が育っていきます。子どもにとってよき大人であり続けるためには、子どもに関わる大人は、「子どもとはこういうものだ」「子どもはこうあるべきだ」等という固定観念に縛られず、また狭い経験だけに頼ることなく、子どもの発達について学び続

けることが求められます。

## (2) 発達の時期区分と特徴

　子どもの発達過程では、運動や感情、言語や思考、人格や社会性といった機能領域ごとに変化が認められ、個人差も大きいものです。しかし、発達全体としては大きなまとまりがあり、それをもとに発達を時期区分することができます。現代社会において子どもは誕生後、成人になるまでに、乳児期、幼児期、児童期、思春期・青年期という発達の時期区分を経ます。

　乳児期は、完全に大人に依存している時期です。乳児期前半は仰臥位や伏臥位での生活を特徴として、「おはしゃぎ」等を通じて親と心理的な交流を図ります。乳児期後半は座位での生活と四つ這い移動を特徴として、情動による関わりが展開します。

　幼児期は心理的な離乳を行い、友だち関係を成立させて、しだいに親から自立し始める時期です。幼児期前半には二足歩行が確立し、道具の使い方が巧みになり、言語によるコミュニケーションが進みます。それらの力を土台に2歳半から3歳にかけて反抗期を迎え、子どもは親と対立しながら自我を確立していきます。そして、幼児期後半を迎えると、子どもは親から見てもらうことと親から隠れてすることとを使い分けるとともに、子ども同士の遊びが盛んになり、虚構的世界を共有しながら子どもたちの間でのコミュニケーションが活発になります。

　児童期にはものや人の世界に対する興味が広がり、その興味の持続・探求のために自らを律することができるようになります。こうした興味や規律は、小学校における学習を可能にすると同時に、そのなかでさらに培われていきます。児童期前半には書き言葉や数量概念に進歩がみられ、学習を通じてさまざまな知識を増やしていきます。また、他の子どもや大人の多様な人格についても経験します。そして、9、10歳ころを境に児童期後半を迎えますが、そこではカテゴリーを用いた論理的な思考の初歩が形成され、さらには、子ども集団が規律と個性を培っていきます。

　青年期は、性的な成熟をきっかけにした第2の自我の誕生の時期です。青年期前半は思春期と呼ばれ、子どもは自分の身体の突然の変化に戸惑い、自分のことを気にするようになります。また、部分的ではありますが、論理的な思考が研ぎすまされ、人生や社会について考えるようになります。青年期後半には、友情や恋愛を経験し、自分の個性や能力を自覚し、世界観を獲得し、職業についての選択や準備をします。

# 2. 子どもの遊びや生活と発達

●子どもの社会性の発達の理解
●子どもの発達における遊びの大切さ

## (1) 遊びと生活と学習

　子どもの日々の活動は、大きく、遊びと学習と生活に区分することができます。

　遊びは子どもにとってもっとも自主的な活動であり、面白ければ継続しますし、つまらなければやめる活動です。ときとして、脳神経系の成熟に伴って、新しい機能が生まれれば、それ自身が繰り返されます。ものをつかむことと放すこと、見ることと見ないこと、歩くことと止まることなどの行為に、子どもは満面の笑みで取り組みます。そしてそこに大人が関わると、「いないいないばあ」などの遊びとなります。やがて、子どもは、砂遊びや積木遊び、独楽まわしやあやとり、かくれんぼやオニごっこなど、種々の遊びに没頭するようになりますが、そうした遊びの背景には文化的伝承があります。大人を介した伝承と、子どもによる再創造とは、対立しながら発展していきます。

　子どもにとって遊びは総合的活動であり、子どもは遊びのなかでさまざまなことを学習し、遊びを通して運動能力や社会性、創造性等々を発達させます。学齢に達すると、一部の学習は教科に取り込まれ、遊びではない学習活動がはじまります。こうした変化は子どもにとって劇的なものであり、子どもに戸惑いをもたらすこともあります。

　生活は、睡眠と覚醒、食事と排泄、活動と休息といったそれぞれに性質の異なる2つの相から構成されます。この2つの相の交替は、子どもというよりは社会の事情によってもたらされます。就寝時間や食事時間等は、保護者の生活時間（労働等を含む）によって制約されます。保育所は保護者の生活時間を配慮して定められていますが、学校はあらかじめ時間割が決まっていてそれに合わせられるように生活することが求められます。放課後児童クラブは、学校での生活の後に続く放課後の子どもの遊びと生活を保障し、親の就労と家族の生活を可能にするところです。

　子どもは、学校において教師の指導の下、読み書きや計算の基本的な技能を習得し、自然や社会に関する基礎的な知識を得ていきます。そうした学習を通じて、子どもは書き言葉や論理的・科学的な思考を発達させていきます。また、学習においては「できる」前には「できない」

時間を、「わかる」前には「わからない」時間を経験します。そして、今できなくともやがてできるし、今わからなくてもやがてわかるという確信が生まれていくのです。そしてそれは、学校外での自発的な学習につながっていきます。しかし、そうした経験を経ないまま、知識の詰め込みや他の子どもとの比較が行われると、子どもは自信を失い、自己に対して否定的な態度をとるようになります。

## (2) 子どもの遊びと社会性の発達

　遊びは、子どもにとってもっとも自主的な活動ですので、何をして遊ぶか、誰と遊ぶか、いつまで遊ぶか等々、遊びへの関わり方は、子ども自ら決めることができます。その意味では、「一人遊び」も「見ていること」も遊びへの参加として認められるものです。そのときの子どもの体調や気分によって、選択される遊びの形態は異なるものですので、それは尊重されなければなりません。

　同時に、遊びは文化であり、大人世代から子ども世代へと、ある地域から他の地域へと継承されていくものです。大人にはより楽しいさまざまな遊びについて探究し、子どもに適切な形で伝えていくことが求められますし、子どもとともに創造していく必要があります。そうした意味では、現代の放課後児童クラブは、遊び文化を伝承し、広げていくために、重要な役割を担っているといえます。

　児童期の子どもの社会性は、遊びにおいてもっとも発揮されるものであり、遊びにおいて、子どもの身体的能力や心的能力は最大限発揮されます。遊びのなかで、子どもは他の子どもの諸能力を読み、自他の特長を生かしたり、演技をしたり、あらゆる工夫をします。楽しく遊ぶために、仲間のすべてを必要とするのです。

　こうした遊びは、子どもにとって認識や感情、人格等の諸能力が総合化される活動であり、他に代えがたい不可欠の活動です。

# 3. 子どもの発達理解と育成支援

●発達の個人差を踏まえて一人ひとりの心身の状態を把握しながら育成支援を行う
　ことの大切さ
●子どもの発達過程における放課後児童支援員の存在の意味

　放課後児童クラブは、子どもにとって遊びの場であり、生活の場です。学校から放課後児童クラブに帰ってくる子ども一人ひとりに目を向けると、「今日はこんな遊びをしよう」と思っている子ども、「ああ疲れた」と言いながらやってくる子ども、明日までに仕上げる宿題を心配している子ども、ひたすらお腹をすかしている子ども等々、個々の子どもの心身の状態はさまざまです。

　そのうえ、児童期の子どもは、自己表現が多少とも複雑になります。放課後児童支援員に対して皆が「ただいま」と元気よく呼びかけてこないこともありますし、そのときの心身の状態を素直に話さないこともあります。照れてみたり、ふざけてみたり、すねてみたりという具合に、それぞれの子どもの表現は複雑です。それを受けとりながら、一人ひとりを温かく迎えるところから、育成支援の仕事が始まります。

　小学1年生から6年生まで比べてみると、体格はもちろんのこと、給食の量も違うし、学習内容や宿題も違いは大きいものです。興味も違うので、虫や怪獣の話が多い子どもからかなり大人びた話をもち出す子どもまで、話題の差も大きいものです。また、男女差もあるので、放課後児童支援員には豊富な話題に対応できることが求められます。

　子どもは「加減」がわからないこともしばしばあります。「加減」がわかるようになるためには、子どもの自己中心性が克服されなければなりませんが、それには多くの場合、遊びにおける成功や失敗の経験を通じて、他者の視点を理解していくことが必要になります。

　このように、児童期の子どもの遊びには、大人の支援が重要な役割をします。ただ、その支援は、子どもの発達に応じた柔軟なものでなくてはなりません。たとえ「正しい」ことであってもある程度自立した仲間関係をもち始めた児童期の子どもに対する、大人による頭ごなしの介入は、遊びを発展させませんし、子どもの自立を妨げる結果になってしまいます。

　児童期はしだいに親から自立していく過程にあります。児童期前半では、親に対して何でも話していたのが、児童期後半では、親には内緒で友だちに話すのが楽しくなっていくなどの変化がみられます。こうした自立しつつある子どもと親との間に立ち、双方の信頼を支え、高めるのも、放課後児童支援員の役割です。

## 4. 継続的な学習の必要性

● 子どもの理解を深めるために、子どもの発達について継続的に学習することの必要性

　日々子どもと関わっている放課後児童支援員にとって、その子どもの現実を知ることは大切なことです。しかし、放課後児童クラブで子どもが見せてくれるのは、子どもの現実のすべてではありません。一時の断片的な姿であったり、揺れ動く心理の一面であったりします。発達理論を学ぶことは、子どもの全体を理解し、子どもを信頼することができることにつながるでしょう。

科目
5

# 児童期（6歳〜12歳）の生活と発達

## ねらい

➡児童期の一般的な特徴を学んでいる。

➡児童期の発達過程と発達領域の基礎を学んでいる。

➡児童期の発達理解のための継続的な学習の必要性を理解している。

## ポイント

➡主に、放課後児童クラブ運営指針第2章の1、2及び3の内容に基づいて児童期の発達理解に関する基礎的な事項を学び、理解を深めるために継続的に学習することの大切さを理解する必要があることへの気づきを促す。

## 主な内容

### 1. 子どもの発達と児童期

●子どもの発達から見た児童期の位置

（幼児期、思春期・青年期との関わり等）

●児童期の発達の特徴

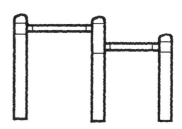

## （1）　子どもの発達から見た児童期の位置

　子どもは、胎児期、乳児期、幼児期、児童期、思春期・青年期といった時期を経て、大人になっていきますが、それぞれの時期は次の時期の単なる準備段階ではなく、子どもにとって固有の意味と価値をもちます。子どもは発達過程において、それぞれの時期に応じた「子どもの最善の利益」に基づく生活が保障されなければなりません。

　子どもは、家庭や学校、地域社会のなかで育まれていきます。大人との安定した信頼関係の下で、「学習」「遊び」等の活動、十分な「休息」「睡眠」「食事」等が保障されることによって、子どもは安心して生活し育つことができます。児童期の子どもの生活は、学校、放課後、家庭のサイクルが基本となります。また、夏休みや冬休み、春休み等の長期休暇では放課後児童クラブと家庭のサイクルが基本となります。

　6歳から12歳は、子どもの発達の時期区分において幼児期と思春期・青年期との間にあり、児童期と呼ばれます。児童期は、小学校への就学という環境上の変化によって始まります。子どもは、決められた教室で、時間割に沿って、学級集団で同じ教科を学習します。こうした活動は、興味に応じて自主的に選択し遊ぶことができた幼児期とは異なるものであり、学校に適応するためには努力や規律が求められます。学年進行とともに宿題等も増え、帰宅後もある程度計画的に自習することが必要となります。学習の成果はテスト等によって評価され、子どもは成績によって他児との比較を余儀なくされます。評価は、学習の励みになることもありますし、劣等感のもととなることもあります。

　こうした新しい環境の下、児童期全体としては、基礎学力が形成されることに伴い、知的能力や言語能力、規範意識等が発達します。また、身長や体重の増加に伴って体力が向上し、遊びも活発化します。そして社会性の発達に伴い、さまざまな仲間集団が形成されるなど、子ども同士の関わりも変化していきます。さらに、想像力や思考力が豊かになることによって遊びが多様化し、創意工夫が加わった遊びを創造できるようになります。

　幼児期の子どもは、親や保育者等信頼を寄せる大人に見守られるなかで遊びに没頭することができますが、児童期の子どもは、しだいに大人から離れて子ども同士で活発に活動するようになります。思春期・青年期の子どもは、特定の友人と親しい関係を形成し、ときには孤独を好みますが、児童期の子どもは、概して子ども集団で群れて遊ぶことを好みます。

　子どもはやがて思春期・青年期へ移行していきます。性的成熟が始まり、興味関心が物事の本質に向かうようになるのはその前兆です。児童期には、幼児期の発達的特徴を残しつつ、思

春期・青年期の発達的特徴の芽生えがみられます。子どもの発達は、行きつ戻りつの繰り返しを経ながら進行していきます。

## （2） 児童期の発達の特徴

児童期の発達には、主に次のような特徴があります。

○ものや人に対する興味が広がり、その興味を持続させ、興味の探求のために自らを律することができるようになる。自然を注意深く観察したり、事典や図鑑で調べたりしながら、知識を増やしていくことができるようになる。

○自然や文化と関わりながら、身体的技能を磨き、認識能力を発達させる。遊びのなかで敏捷な動きが可能になり、駆け引きなどの知恵も身につけていく。ルールを絶対化することなく、皆が楽しく遊べるよう工夫するようになる。

○学校や放課後児童クラブ、地域等、子どもが関わる環境が広がり、多様な他者との関わりを経験するようになる。それぞれの子どもにはそれぞれの家庭があり、年齢や職業が異なる人たちが生活していることを理解するようになる。

○集団や仲間で活動する機会が増え、そのなかで規律と個性を培うとともに、他者と自己の多様な側面を発見できるようになる。運動能力や言語能力、絵画や音楽の能力の違いを認めながら、グループ学習や集団遊びにおいて、それぞれの特技を生かす方法を発見していく。

○発達に応じて「親からの自立と親への依存」「自信と不安」「善悪と損得」「具体的思考と抽象的思考」等、さまざまな心理的葛藤を経験する。子どもには課題を前にして葛藤を回避するのではなく、葛藤を経験しながら行動を選択する機会が与えられなければならない。

## 2. 児童期の発達過程と発達領域

●おおむね 6 歳～ 8 歳頃の発達の特徴
●おおむね 9 歳～ 10 歳頃の発達の特徴
●おおむね 11 歳～ 12 歳頃の発達の特徴

　児童期には、特有の行動が出現しますが、その年齢は固定的なものではなく、個人差も大きいものです。目安として、おおむね 6 歳～ 8 歳（低学年）、9 歳～ 10 歳（中学年）、11 歳～ 12 歳（高学年）の 3 つの時期に区分することができます。なお、この区分は、同年齢の子どもの均一的な発達の基準ではなく、一人ひとりの子どもの発達過程を理解する目安としてとらえるべきものです。

　発達領域としては、主要な心理機能に対応して、運動、感情、言語、思考、人格等の領域を区分することができます。児童期は、どの領域においても著しい変化が認められます。

### (1) おおむね 6 歳～ 8 歳頃の発達の特徴

　子どもは学校生活のなかで、読み書きや計算の基本的技能を習得し、日常生活に必要な概念を学習し、係や当番等の社会的役割を担うなかで、自らの成長を自覚していきます。一方で、同時にまだ解決できない課題にも直面し、他者と自己とを比較し、葛藤も経験します。子どもは自信過剰と自信喪失との間で動揺します。

　一定のルールに基づく対抗型の遊びは児童期に特徴的なものです。相撲のような一対一の遊び、オニごっこのような一対複数の遊び、ドッジボールのような複数対複数の遊び等々、子どもは人数や場所、時間に応じて多彩な遊びを繰り広げます。遊び自体の楽しさの一致によって群れ集う集団構成が変化し、そこから仲間関係や友達関係に発展することがあります。ただし、遊びへの参加がそのときの気分に大きく影響されるなど、幼児的な発達の特徴も残しています。

　この時期は、ものや人に対する興味が広がり、遊びの種類も多様になっていき、好奇心や興味が先に立って行動することが多くみられます。物事を小学校低学年の子どもだけで判断しようとするのは困難なことも多く、必要に応じて大人や上級生の支援が求められます。

　大人に見守られることで、子どもは努力し、課題を達成し、自信を深めていくことができます。

この時期は、その後の時期と比べると、大人の評価に依存した時期だといえます。

## ⑵　おおむね９歳〜 10 歳頃の発達の特徴

この年齢では、子どもは学校生活に慣れ、より広い環境のなかで活動し始めます。

遊びに必要な身体的技能がより高まり、さまざまなことに挑戦しようとします。

同年代の集団や仲間を好み、大人に頼らずに活動しようとします。また、他の子どもの視線や評価に一層敏感になります。この時期に自己の多様な可能性を確信することは、発達上重要なことです。

ところで、この年齢では学習内容に抽象的な概念が含まれるようになり、子どもは徐々に論理的な思考や抽象的な言語を用いた思考に慣れていきます。この変化は、単に言語や思考の変化に留まらず、人格や社会性等の子どもの発達諸領域における質的変化として表れます。

道徳的な判断についても、結果だけに注目するのではなく、動機を考慮し始めます。また、お金の役割等の社会の仕組みについても理解し始めます。

こうした質的変化については、「9、10 歳の節」という用語によって説明されます。この用語の起源は、聴覚障害児の学力水準が「九歳の峠」をなかなか越えられないという指摘に端を発していますが、この現象は児童一般に認められ、小学校 4 年生ころから増えてくる抽象的な概念の理解は多くの子どもにとって困難を伴います。

このように、具体的なイメージに支えられた思考から抽象的な概念に基づく思考への転換は、前者をやめて後者だけにするというものではなく、必要に応じて両者を使い分けるということであり、その際には、特有の内面的な葛藤がもたらされます。

## ⑶　おおむね 11 歳〜 12 歳頃の発達の特徴

学校内外の生活を通じて、さまざまな知識が広がっていきます。日常生活に必要なさまざまな事柄をほぼ理解し、ある程度、計画性のある生活を営めるようになります。

また、自らの得意不得意を知るようになります。たとえば、作文を得意とする子どもは読書感想文などに積極的に取り組みますが、不得手とする子どもはできるだけ取り組むのを先延ばしにしようとします。絵画の得意な子どもは絵を描くことに没頭しますが、不得手とする子ど

もは授業以外では絵をまったく描かなくなります。得意不得意を含めて自己を肯定できるかどうかは、発達上重要なことです。

　大人からいっそう自立的になり、少人数の仲間で「秘密の世界」を共有するようになります。そして友情が芽生え、個人的な関係を大切にするようにもなります。個人的な関係を大切にすることと男女を含むさまざまな人たちと関わることとは、本来対立することではありませんが、ときとして子どもの仲間関係が排他的になることも起こります。

　身体面において第二次性徴が見られ、思春期・青年期の発達的特徴が芽生えます。性的発達には個人差が大きく、身体的発育に心理的発達が伴わない場合もあります。性の違いを認めつつ、人としての平等性を理解することは、子どもの課題であると同時に、大人社会の課題でもあります。

## 3. 継続的な学習の必要性

●児童期の発達理解を深めるために継続的に学習することの必要性
●事例検討から学ぶことの大切さ

　放課後児童クラブでは、子どもの健気（けなげ）さや保護者のがんばりを身近に感じ、子どもの成長を身近に発見することができます。子どもの育成支援は、自身の人間性を高められる仕事でもあると思います。

　しかし、子どもの言動に振り回されることもあれば、それまでの関わり方が通じなくなってしまうこともあるでしょう。だからこそ、子どもの育成支援に携わる者は、日々の実践を振り返る時間をもつと同時に、発達理論に学びながら、全体についての見通しや判断にも目を届かせる大局的な見方を失わないことが大切です。

　放課後児童支援員には、子どもや保護者の声に耳を傾け、実践記録を書き続けること、いろいろな地域の実践が紹介されている雑誌や本を読むこと、研究会などに積極的に参加すること、他クラブの実践から学ぶとともに、自分たちの実践について検討してもらうこと、子どもに関わる文学・映画・専門書に触れること、研修会や講演会に参加すること等々の機会が必要です。

科目
6

# 障害のある子どもの理解

## ねらい

➡障害のある子どもを理解するための基礎を学んでいる。

➡障害のある子どもの保護者と連携するために必要なことを学んでいる。

➡障害のある子どもと保護者を理解するための継続的な学習の必要性を理解している。

## ポイント

➡主に、児童福祉法第4条及び第6条の2の2、障害者基本法（障害者の権利に関する条約などを含む）、発達障害者支援法（発達障害に関する最近の研究動向などを含む）等の内容に基づいて学び、障害のある子どもや保護者の理解及び障害のある子どもの福祉に関する基礎と学習課題について理解を促す。

## 主な内容

### 1. 子どもの障害についての基礎知識

●障害の概念

●障害のある子どもの発達の特徴

第2部　[項目2]子どもを理解するための基礎知識　▼　科目❻

　　障害の概念と障害のある子どもについての理解は、児童福祉法、障害者基本法、障害者の権利に関する条約等に基づいて学びます。

　　障害のある子どもについては、子どもとしての育ちを保障していくとともに、障害があることについて専門的な支援を図っていくことが必要ですが、他の子どもと異なる特別な存在ではなく、他の子どもと同じ子どもであるという視点を欠いてはなりません。障害のある子どももない子どもも、さまざまな子どもが互いのふれあいのなかで育っていくことは、障害のある子どもにとってもない子どもにとっても有益なことと考えられます。

　　すべての子どもが、そのもてる能力や可能性を伸ばしていけるよう支援を行い、その自立と自己実現を図っていけるよう育成していくことが大切です。特に障害のある子どもは、子どもの時期から適切な支援を行うことが将来の自立と自己実現につながっていくことを踏まえて、子どもの将来の自立に向けて発達を支援していくという視点が重要となります。

　　また、障害の有無については、①出産前後や乳児期にわかる場合、②1歳半児健診や3歳児健診などを契機にわかる場合、③保育所等の日常生活の場での「気づき」によりわかる場合などがありますが、発見から診断まで、診断からサービス利用に至るまでの過程は子どもによって異なると考えられますので、いずれの場合にも、関係機関の連携により、なるべく早く親子をサポートしていく体制づくりを目指していく必要があります。

## 2. 発達障害についての基礎知識

●発達障害の定義と障害特性
●発達障害理解の基礎

　　発達障害者支援法では、それまで制度の谷間におかれていて、必要な支援が届きにくい状態となっていた「発達障害」を「自閉症、アスペルガー症候群その他の広汎性発達障害、学習障害、注意欠陥多動性障害その他これに類する脳機能の障害であってその症状が通常低年齢において発現するもの」と定義して、支援の対象としました。

　　この法律は、「発達障害」のある人が、生まれてから年をとるまで、それぞれのライフステージ（年齢）にあった適切な支援を受けられる体制を整備するとともに、この障害が広く国民全体に理解されることを目指しています。

発達障害には、どんな能力に障害があるか、どの程度なのかは人によってさまざまであり、子どもにも大人にもこれらの特徴をもつ人がいます。

発達障害は障害の困難さも目立ちますが、優れた能力が発揮されている場合もあり、周りから見てアンバランスな様子が理解されにくい障害です。そのため、たとえば、アスペルガー症候群ですと、他の人と話しているときに自分のことばかり話してしまって、相手の人にはっきりと「もう終わりにしてください」と言われないと、止まらないことがよくあります。周りの人から、「相手の気持ちがわからない、自分勝手でわがまま」と言われてしまい、そのような印象をもたれていることが多くあります。近年の調査では、発達障害の特徴をもつ人は稀な存在ではなく、身近にいることがわかってきました。

発達障害の原因はまだよくわかっていませんが、現在では脳機能の障害と考えられていて、小さい頃からその症状が現れています。

早い時期から周囲の理解が得られ、能力を伸ばすための療育等の必要な支援や環境の調整が行われることが大切です。

## 3. 障害のある子どもの保護者を理解するための基礎知識

●障害のある子どもの保護者の気持ちを受け止めることの大切さ
●障害のある子どもの保護者との連携に当たって配慮すること

障害のある子どもの支援を進めるにあたっては、当該障害のある子どもを育てる家族の支援も重要です。障害のある子どもに対する各種の支援自体が、家族の支援の意味ももつものとなりますが、障害のある子どもを育てる家族に対して、発達の各段階に応じてその「育ち」や「暮らし」を安定させることを基本に置いて丁寧な支援を行うことにより、当該障害のある子ども自身にも良い影響を与えることが期待されます。障害のある子どもの家族の支援を直接の目的とした支援の内容としては、一般的に大きく分けて次の3つが考えられます。

① 保護者の「子どもの育ちを支える力」を向上させることを目的として、発達障害児についてその育てにくさと対応方法を学ぶペアレント・トレーニング等の支援

② 家族の精神面でのケア、カウンセリング等の支援

③ 保護者等の行うケアを一時的に代行する支援（短期入所等）

　特に、家族の支援にあたっては、障害ゆえに特別な支援を要する場合が多いため、子どもの発達段階に応じて丁寧な、また、早い段階での支援が必要であるとともに、家族が子どもの障害を受け入れ前向きにとらえることができるようにするための支援が必要となります。また、子育ての悩み・ストレスを抱えている場合には、特に精神面でのケアやカウンセリングが必要であり、状況に応じて専門機関へつなげることも重要です。

## 4. 障害のある子どもと保護者を理解するための学習

●障害のある子どもに関する専門機関等との連携の必要性
●障害のある子どもと保護者の理解を深めるために継続的に学習することの必要性
　及び事例検討から学ぶことの大切さ

　学齢期の障害のある子どもの日中活動は学校が中心となりますが、放課後や夏休み等の時間を合わせると、学校にいる時間や家庭にいる時間と同じくらいになるなど、放課後や夏休み等の対応はとても重要なものであり、学校、放課後児童クラブ、障害児支援機関などがそれぞれ連携して対応の強化を図っていくことが必要となります。

　このため、障害のある子どもが一般施策としての子育て支援策のなかでより適切な支援を受けられるように、放課後児童支援員においても、種々の課題が発生した場合にそれらを放課後等デイサービスや児童発達支援センター等の適切な専門家に「つなぐ」ことのできる専門性が求められます。それぞれの関係者に、自らの職種としての専門性のみではなく、他職種の専門性についても一定の理解をしたうえで、役割分担を行いつつお互いに相談しあうことができる体制をつくっていくための協働・連携の能力が求められるということになります。このような形で支援者の専門性の向上を図ることによって、地域全体における障害のある子どもの支援を含む子育て支援の対応力の向上が進むことが期待されます。

# 【参考資料】

## ○障害者基本法第1条

　この法律は、全ての国民が、障害の有無にかかわらず、等しく基本的人権を享有するかけがえのない個人として尊重されるものであるとの理念にのつとり、全ての国民が、障害の有無によつて分け隔てられることなく、相互に人格と個性を尊重し合いながら共生する社会を実現するため、障害者の自立及び社会参加の支援等のための施策に関し、基本原則を定め、及び国、地方公共団体等の責務を明らかにするとともに、障害者の自立及び社会参加の支援等のための施策の基本となる事項を定めること等により、障害者の自立及び社会参加の支援等のための施策を総合的かつ計画的に推進することを目的とする。

## ○児童福祉法第4条第2項

　この法律で、障害児とは、身体に障害のある児童、知的障害のある児童、精神に障害のある児童（発達障害者支援法（平成16年法律第167号）第2条第2項に規定する発達障害児を含む。）又は治療方法が確立していない疾病その他の特殊の疾病であつて障害者の日常生活及び社会生活を総合的に支援するための法律（平成17年法律第123号）第4条第1項の政令で定めるものによる障害の程度が同項の主務大臣が定める程度である児童をいう。

## ○発達障害者支援法第2条第1項及び第2項

- この法律において「発達障害」とは、自閉症、アスペルガー症候群その他の広汎性発達障害、学習障害、注意欠陥多動性障害その他これに類する脳機能の障害であってその症状が通常低年齢において発現するものとして政令で定めるものをいう。
- この法律において「発達障害者」とは、発達障害がある者であって発達障害及び社会的障壁により日常生活又は社会生活に制限を受けるものをいい、「発達障害児」とは、発達障害者のうち十八歳未満のものをいう。
- この法律において「社会的障壁」とは、発達障害がある者にとって日常生活又は社会生活を営む上で障壁となるような社会における事物、制度、慣行、観念その他一切のものをいう。

## ○代表的な発達障害

**それぞれの障害の特性**

● 言葉の発達の遅れ
● コミュニケーションの障害
● 対人関係・社会性の障害
● パターン化した行動、こだわり

知的な遅れ
を伴うことも
あります

**自閉症**

**広汎性発達障害**

**アスペルガー症候群**

**注意欠陥多動性障害　AD/HD**

● 不注意（集中できない）
● 多動・多弁（じっとしていられない）
● 衝動的に行動する（考えるよりも先に動く）

**学習障害　LD**

● 「読む」、「書く」、「計算する」等の能力が、全体的な知的発達に比べて極端に苦手

● 基本的に、言葉の発達の遅れはない
● コミュニケーションの障害
● 対人関係・社会性の障害
● パターン化した行動、興味・関心のかたより
● 不器用（言語発達に比べて）

※このほか、トゥレット症候群や吃音（症）なども発達障害に含まれます。

政府広報オンライン「発達障害って、なんだろう？」（2021年）

科目
7

# 特に配慮を必要とする
# 子どもの理解

## ねらい

➡児童虐待の現状と対応についての基礎を学んでいる。

➡特に配慮を必要とする子どものいる家庭の状況について理解している。

➡特に配慮を必要とする子どもについて、関連する事業と連携、協力して支援する
必要があることについて理解している。

## ポイント

➡主に、児童虐待の防止等に関する法律、子どもの貧困対策の推進に関する法律、
子供の貧困対策に関する大綱、要保護児童対策地域協議会設置・運営指針などの
内容に基づいて学び、児童虐待及び特に配慮を必要とする子どもの現状と対応、
支援のあり方について理解を促す。

## 主な内容

### 児童虐待の内容と対応

●児童虐待の現状と内容
●児童虐待の早期発見と早期対応の必要性

### 特に配慮を必要とする子どもの理解

●子どもの養育に困難を抱えている家庭の現状と課題
●ひとり親家庭への子育てと生活支援の施策

第2部　［項目2］子どもを理解するための基礎知識　▼　科目❼

## 特に配慮を必要とする子どもの支援についての理解

●特に配慮を必要とする子どもの家庭からの相談への配慮のあり方の理解
●特に配慮を必要とする子どもに関する学校との連携についての理解

## 要保護児童対策地域協議会と放課後児童クラブ

●要保護児童対策地域協議会の目的及び役割
●要保護児童対策地域協議会と放課後児童クラブの関わり

# 運営指針の中でこの科目に直接該当する部分

### 運営指針第3章3(1)

- 放課後児童支援員等は、児童虐待の防止等に関する法律（平成12年法律第82号）に基づき児童虐待の早期発見の努力義務が課されていることを踏まえ、子どもの状態や家庭の状況の把握により、保護者に不適切な養育等が疑われる場合には、市町村（特別区を含む。以下同じ。）や関係機関と連携し、法第25条の2第1項に規定する要保護児童対策地域協議会で協議するなど、適切に対応することが求められる。
- 児童虐待が疑われる場合には、放課後児童支援員等は各自の判断だけで対応することは避け、放課後児童クラブの運営主体の責任者と協議の上で、市町村又は児童相談所に速やかに通告し、関係機関と連携して放課後児童クラブとして適切な対応を図らなければならない。

### 運営指針第3章3(2)

- 放課後児童支援員等は、子どもの家庭環境についても配慮し、家庭での養育について特別の支援が必要な状況を把握した場合には、子どもと保護者の安定した関係の維持に留意しつつ、市町村や関係機関と連携して適切な支援につなげるように努める。
- 放課後児童クラブでの生活に特に配慮を必要とする子どもの支援に当たっては、保護者、市町村、関係機関と情報交換を行い、連携して適切な育成支援に努める。

特に配慮を必要とする子どもへの対応に当たっては、子どもの利益に反しない限りにおいて、保護者や子どものプライバシーの保護、業務上知り得た事柄の秘密保持に留意する。

# 【解　説】

## 児童虐待の概要

児童虐待の防止等に関する法律（平成12年法律第82号）によると、児童虐待には身体的虐待、性的虐待、保護の怠慢・拒否（ネグレクト）、心理的虐待の4つの類型があります。具体的な行為が虐待にあたるかは、その頻度や状況にもよるので一概にはいえませんが、子どもにとって有害であるかどうかが判断基準とされています。

児童虐待の件数については、近年、増加が著しい様子がみてとれ、令和4年度の児童相談所における児童虐待相談の対応件数は21万9170件（速報値）で、全国集計が開始された平成2年度の1101件の約199倍となっています。このうち最も多いのは心理的虐待で全体の59.1％、続いて身体的虐待（23.6％）、ネグレクト（16.2％）、性的虐待（1.1％）と続きます。心理的虐待の割合が高いのは、配偶者間暴力（DV）の目撃等も子どもに対する心理的虐待とされ、警察等から児童相談所に通告されるようになってきていることによります。

児童虐待により、子どもは発育障害や認知的発達の障害のほか、そのトラウマ（心的外傷）ゆえに、対人関係や感情生活に大きな影響を被ることとなります。たとえば、感情コントロールの障害や愛着形成の困難さ（愛着障害）、虐待的人間関係の再現傾向などが代表的です。一方、虐待をしてしまう保護者も多くの課題を抱え、また、自己の虐待行為によってさらに傷を深くしてしまいます。保護者もまた、自分の人生を肯定したいと願っており、多くの援助を必要としていると考えられます。

## 児童虐待に対する制度的対応の概要

まず、学校や児童福祉施設、放課後児童クラブなどの団体並びにそれらの職員には、児童虐待の早期発見に努める義務が規定されています。また、児童虐待（その疑いも含む）を発見し

た者は誰でも、市町村、児童相談所等に通告する義務を負っています。現在では、市町村が児童相談の第一次的窓口となっています。なお、緊急の場合や深刻な事例等は児童相談所も直接の窓口となっています。

通告を受けた市町村、児童相談所は速やか（原則として48時間以内）に安全確認や調査を行い、立入調査や一時保護、判定等専門的な対応が必要な場合には、市町村から児童相談所に送致のうえ児童相談所が対応します。児童相談所は、必要に応じて保護者に対する援助や子どもの児童福祉施設（乳児院や児童養護施設等）への入所措置や里親への委託（専門里親等）を行います。また、調査や援助について親権者の同意が得にくい場合等においては、立入調査（拒否した者には罰則がかかる）や都道府県児童福祉審議会の意見聴取、家庭裁判所に対する施設入所承認の家事審判請求、親権者に対する親権喪失宣告の請求なども行われます。

平成20年度からは、①児童虐待が疑われる場合の子どもの安全確認をめぐる保護者に対する出頭要求、②立入調査や再出頭要求が拒否された場合に、子どもの保護を目的として、裁判所の許可状に基づき家庭に対する臨検・捜索を行う仕組みの制度化、③被虐待児童に対する保護者の面会・通信の制限の強化、④つきまといの禁止措置も実施されています。さらに、平成24年度からは、親権の一時停止制度も開始されています。また、施設入所後の親権者からの不当な要求に対応する施設長の対応の強化や未成年後見制度改正も施行されています。

市町村においては、自ら対応できる援助を行うほか、児童相談所から送致された事例や施設から帰省中ないしは家庭復帰した事例等について、要保護児童対策地域協議会を組織・活用してネットワークによる援助を進めます。虐待によって傷つけられた子どもたちには、専門的な治療的養育のほか、あたたかで一貫したケアの継続と支援を行っていくことが必要とされています。

## 放課後児童クラブにおける児童虐待防止のための対応

児童虐待に関する放課後児童クラブの対応に関する留意事項を整理すると、以下のとおりです。

(1)　発見段階

- 子どものあざや傷、行動特徴、服装、におい、食事などに留意するとともに、日常のさまざまな場面における保護者の様子についての「気づき」が重要です。

- 「気づいた」場合には一人で抱え込まず、運営主体や他の職員等に相談することが重要です。また、職員会議等で情報を共有し、保護者と関わる放課後児童クラブ内の体制を整備します。なお、子どもや保護者の語りや事実経過の記録、その他虐待の根拠となる資料はもっとも重要事項です。

- 虐待や不適切な養育が疑われる場合には、速やかに市町村や児童相談所に通告します。しばらく経過を見ることにした場合でも、通告は必要です。

(2) 調査段階

- 市町村、児童相談所の安全確認や社会調査には、できる限り協力します。この調査への協力は、守秘義務や個人情報保護に優先する事項です。
- 事実関係についてはできるだけ詳細に記録を残し、傷などについては写真を撮っておきます。傷の部位と状態を図示するなどの対応が必要です。記述の際は、事実と感想・考察は分けて書くことに留意します。これらの初期資料が、その後の児童相談所の決定や家庭裁判所の審判のための重要な資料となります。
- 放課後児童クラブ内体制の整備を進めます。特に、情報の一元化（たとえば運営主体の長に集約できるようにすることなど）が可能な体制づくりと、取り決めた援助の内容に関する役割分担、その後の情報の共有化が重要です。

(3) 介入段階

- 必要に応じ、市町村要保護児童対策地域協議会において個別事例検討会議を開催（市町村担当課が調整機関となる）するよう提案し、会議には担当者が必ず参加します。会議では、情報の共有、アセスメントと支援方法の検討、参加機関の役割分担、次回の会議日程等を必ず確認します。放課後児童クラブは、まだ市町村要保護児童対策地域協議会のメンバーとなっていないところが多いのですが、できる限りメンバーになっておきましょう。要保護児童対策地域協議会では、すべての職員に罰則付きの守秘義務が課せられています。
- クラブ内での職権一時保護などの場合は、児童相談所との入念な打ち合わせが必要です。また、他の子どもや保護者に対する配慮も必要とされます。

(4) 支援段階

- 支援のための放課後児童クラブ内体制を確立させることが重要です。たとえば、要保護児童対策地域協議会でクラブの役割とされた事項（お迎え時の保護者への声かけ、子どもの観察と気持ちの受け止めなど）を果たすための体制の整備、特に複数体制の確保や担任に対する支援体制の整備などが必要とされます。
- 記録をしっかりと取り、保護者や子どもの様子に変化があった場合には、必ず市町村の調整機関担当者に報告します。
- 被虐待児童とされた子どもが入所してくる場合には、必ず要保護児童対策地域協議会における個別事例検討会議を経たうえで入所してもらうこととし、そこで求められた支援を行います。
- なお、平成31年2月に内閣府、文部科学省及び厚生労働省から示された「学校、保育所、認定こども園及び認可外保育施設等から市町村又は児童相談所への定期的な情報提供に関

する指針」に基づき、一定の児童虐待事例については、学校から市町村又は児童相談所に定期的に状況報告を行うこととされており、放課後児童クラブと学校との連絡協調体制が重要となります。

## 特に配慮を必要とする子どもの理解と支援

子育て支援は、歴史的には主として血縁・地縁型のネットワークによって担われてきました。しかし、近年、こうした血縁・地縁型の子育て支援のネットワークが弱体化し、それに代わることができる子育て支援システムも十分には機能していません。その結果、子どもの養育において過重な負担が、両親、とりわけ母親にかかるようになり、「育児と就労の両立困難」や「子育ての孤立化」といった社会問題が顕在化することとなってきました。つまり、家庭の養育機能そのものが弱体化してきているといえます。

子どもの相対的貧困率＊は、平成24年には16.3％となっています。ちなみに、子どもがいる現役世帯の相対的貧困率は15.1％、そのうち、大人が1人の世帯の相対的貧困率が54.6％と、大人が2人以上いる世帯に比べて非常に高い貧困率となっています。ひとり親家庭では、一人で仕事、家事、育児を担わなければならず、また、相対的に貧困家庭も多くなることが推定されます。

これらに対応するため、平成26年1月には子どもの貧困対策の推進に関する法律（平成25年法律第64号）が施行されました。この法律においては、子どもの将来がその生まれ育った環境によって左右されることがないよう、子どもの貧困対策の基本理念や基本となる事項を定めることとされました。この法律に基づき、同年8月には、「子供の貧困対策に関する大綱」が閣議決定されています。大綱では、子どもの貧困に関する指標とその改善、教育の支援、生活の支援、保護者に対する就労の支援、経済的支援等が規定され、都道府県における計画策定（努力義務）の指標とされています（令和元年11月に新たな大綱が公表）。

また、平成27年4月には生活困窮者自立支援法（平成25年法律第105号）も施行されています。この法律は、生活困窮者に対し、自立相談支援事業の実施、住居確保給付金の支給その他の支援を行うための所要の措置を講ずるもので、生活困窮家庭の子どもへの「学習支援事業」その他生活困窮者の自立の促進に必要な事業が含まれています。

---

＊　相対的貧困率とは、等価可処分所得の中央値の半分に満たない世帯員の割合を示す。子どもの貧困率は、17歳以下の子どもに占める中央値の半分に満たない子どもの割合をいう。なお、令和3年では、子どもの相対的貧困率は11.5％、子どもがいる現役世帯の相対的貧困率は10.6％、そのうち大人が1人の世帯は44.5％となっている。

## 放課後児童支援員の対応

　特に配慮を必要とする子どもと保護者の支援にあたっては、ソーシャルワークやカウンセリングの基本原理やスキルが有効となりますので、機会をとらえて学習することが必要となります。先入観を捨ててその子どもと保護者の声にしっかりと耳を傾け、受け止めていく姿勢（傾聴と受容）が最も重要でしょう。

　誰もが子ども時代を経験し、子育ては多くの人が経験しているだけに、子どもや子育てに関する相談支援については、ややもすると自分のものさしで判断しがちになります。しかし、子育ての問題で悩んでいる保護者も、その人自身の人生をその人なりに精一杯生きようとしています。自分の人生と他人の人生とは、違っていて当然です。固定観念や自己の経験を一度封印し、まず、保護者や子どもの話を十分に聴いて、それぞれの人生の世界に入り、その人生のドラマに一緒に参加していきたいものです。そのうえで、必要に応じ、専門機関などにつなぎます。

　そして、専門機関との連携を心がけ、要保護児童対策地域協議会等関係機関・施設が一堂に会した個別検討会議に参加するなどして、役割分担と協力のもとで応援していきます。基本的姿勢としては、「聴く（「聴く」は耳偏に十四の心と書きます）こと」「看る（手を差し伸べつつ看ていく）こと」「見守り」「ちょっとした手助け」などをして、保護者や子どもの生活を継続して支えることが大切だと思います。

項目3　放課後児童クラブにおける子どもの育成支援

# 科目 8 放課後児童クラブに通う子どもの育成支援

## ねらい

➡放課後児童クラブにおける育成支援の内容を理解している。

➡子どもの視点からみた育成支援のあり方について理解している。

➡育成支援の記録と職場内での事例検討の必要性について理解している。

## ポイント

➡主に、運営指針第 1 章の 3(1)、(2)、第 2 章及び第 3 章の内容に基づいて学び、放課後児童クラブにおいて、子どもの発達段階に応じた主体的な遊びや生活が可能となるように、自主性、社会性及び創造性の向上、基本的な生活習慣の確立等を図るための育成支援の具体的な内容の理解を促す。

## 主な内容

### 1. 放課後児童クラブにおける育成支援の基本

●運営指針における育成支援の基本的な考え方

●子どもの発達過程を踏まえた育成支援の配慮事項

### 運営指針第 1 章 3 ⑴

　放課後児童クラブにおける育成支援は、子どもが安心して過ごせる生活の場としてふさわしい環境を整え、安全面に配慮しながら子どもが自ら危険を回避できるようにしていくとともに、子どもの発達段階に応じた主体的な遊びや生活が可能となるように、自主性、社会性及び創造性の向上、基本的な生活習慣の確立等により、子どもの健全な育成を図ることを目的とする。

### 運営指針第 1 章 3 ⑵

　放課後児童クラブは、常に保護者と密接な連携をとり、放課後児童クラブにおける子どもの様子を日常的に保護者に伝え、子どもに関する情報を家庭と放課後児童クラブで共有することにより、保護者が安心して子どもを育て、子育てと仕事等を両立できるように支援することが必要である。また、子ども自身への支援と同時に、学校等の関係機関と連携することにより、子どもの生活の基盤である家庭での養育を支援することも必要である。

### 運営指針第 2 章

　放課後児童クラブでは、放課後等に子どもの発達段階に応じた主体的な遊びや生活が可能となるようにすることが求められる。このため、放課後児童支援員等は、子どもの発達の特徴や発達過程を理解し、発達の個人差を踏まえて一人ひとりの心身の状態を把握しながら育成支援を行うことが必要である。

## 2. 育成支援の内容

●運営指針における育成支援の主な内容
●育成支援における特に配慮を必要とする子どもへの対応

## 運営指針第3章1

- 放課後児童クラブに通う子どもは、保護者が労働あるいは疾病や介護等により授業の終了後の時間帯（放課後、学校休業日）に子どもの養育ができない状況によって、放課後児童クラブに通うことが必要となっているため、その期間を子どもが自ら進んで通い続けるためには、放課後児童支援員等が保護者と連携して育成支援を行う必要がある。

- 放課後児童クラブは、年齢や発達の状況が異なる多様な子ども達が一緒に過ごす場である。放課後児童支援員等には、それぞれの子どもの発達の特徴や子ども同士の関係を捉えながら適切に関わることで、子どもが安心して過ごせるようにし、一人ひとりと集団全体の生活を豊かにすることが求められる。

- 子どもの発達や養育環境の状況等を把握し、子どもが発達面や養育環境等で固有の援助を必要としている場合には、その援助を適切に行う必要がある。

- 子どもにとって放課後児童クラブが安心して過ごせる生活の場であり、放課後児童支援員等が信頼できる存在であることを前提として、放課後児童クラブにおける育成支援には、主に次のような内容が求められる。

  ①　子どもが自ら進んで放課後児童クラブに通い続けられるように援助する。

  - 放課後児童クラブに通うことについて、その必要性を子どもが理解できるように援助する。
  - 放課後児童支援員等は、子どもの様子を日常的に保護者に伝え、放課後児童支援員等と保護者がお互いに子どもの様子を伝え合えるようにする。
  - 子どもが放課後児童クラブに通うことに関して、学校と情報交換し、連携する。
  - 子どもの遊びや生活の環境及び帰宅時の安全等について、地域の人々の理解と協力が得られるようにする。

  ②　子どもの出欠席と心身の状態を把握して、適切に援助する。

  - 子どもの出欠席についてあらかじめ保護者からの連絡を確認しておくとともに、連絡なく欠席したり来所が遅れたりした子どもについては速やかに状況を把握して適切に対応する。
  - 子どもの来所時には、子どもが安心できるように迎え入れ、子ども一人ひとりの心身の状態を把握する。
  - 遊びや生活の場面における子どもの状況や体調、情緒等を把握し、静養や気分転換が必

要な時には適切に対応する。なお、病気やケガの場合は、速やかに保護者と連絡をとる。

③　子ども自身が見通しを持って主体的に過ごせるようにする。
- 子どもが放課後児童クラブでの過ごし方について理解できるようにし、主体的に生活できるように援助する。
- 放課後児童支援員等は、子ども全体に共通する生活時間の区切りをつくり、柔軟に活用して子どもが放課後の時間を自己管理できるように援助する。
- 放課後児童クラブにおける過ごし方や生活時間の区切り等は、保護者にも伝えて理解を得ておく。

④　放課後児童クラブでの生活を通して、日常生活に必要となる基本的な生活習慣を習得できるようにする。
- 手洗いやうがい、持ち物の管理や整理整頓、活動に応じた衣服の着脱等の基本的な生活習慣が身に付くように援助する。
- 子ども達が集団で過ごすという特性を踏まえて、一緒に過ごす上で求められる協力及び分担や決まりごと等を理解できるようにする。

⑤　子どもが発達段階に応じた主体的な遊びや生活ができるようにする。
- 子ども達が協力し合って放課後児童クラブの生活を維持していくことができるようにする。その際、年齢や発達の状況が異なる子ども達が一緒に生活していることを考慮する。
- 子どもが仲間関係をつくりながら、自発的に遊びをつくり出すことができるようにする。
- 遊びや生活の中で生じる意見の対立やけんかなどについては、お互いの考え方の違いに気付くこと、葛藤の調整や感情の高ぶりを和らげること等ができるように、適切に援助する。
- 子どもの間でいじめ等の関係が生じないように配慮するとともに、万一そのような問題が起きた時には早期対応に努め、放課後児童支援員等が協力して適切に対応する。
- 屋内外ともに子どもが過ごす空間や時間に配慮し、発達段階にふさわしい遊びと生活の環境をつくる。その際、製作活動や伝承遊び、地域の文化にふれる体験等の多様な活動や遊びを工夫することも考慮する。
- 子どもが宿題、自習等の学習活動を自主的に行える環境を整え、必要な援助を行う。
- 放課後児童クラブの子ども達が地域の子ども達と一緒に遊んだり活動したりする機会を設ける。
- 地域での遊びの環境づくりへの支援も視野に入れ、必要に応じて保護者や地域住民が協力しながら活動に関わることができるようにする。

⑥　子どもが自分の気持ちや意見を表現することができるように援助し、放課後児童クラブの生活に主体的に関わることができるようにする。

- 子ども一人ひとりの放課後児童クラブでの生活状況を把握しながら、子どもの情緒や子ども同士の関係にも配慮し、子どもの意見を尊重する。
- 子どもが放課後児童支援員等に悩みや相談事も話せるような信頼関係を築く。
- 行事等の活動では、企画の段階から子どもの意見を反映させる機会を設けるなど、様々な発達の過程にある子どもがそれぞれに主体的に運営に関わることができるように工夫する。

⑦　子どもにとって放課後の時間帯に栄養面や活力面から必要とされるおやつを適切に提供する。

- 発達過程にある子どもの成長にあわせて、放課後の時間帯に必要とされる栄養面や活力面を考慮して、おやつを適切に提供する。おやつの提供に当たっては、補食としての役割もあることから、昼食と夕食の時間帯等を考慮して提供時間や内容、量等を工夫する。
- おやつの提供に際しては、安全及び衛生に考慮するとともに、子どもが落ちついて食を楽しめるようにする。
- 食物アレルギーのある子どもについては、配慮すべきことや緊急時の対応等について事前に保護者と丁寧に連絡を取り合い、安全に配慮して提供する。

⑧　子どもが安全に安心して過ごすことができるように環境を整備するとともに、緊急時に適切な対応ができるようにする。

- 子どもが自分で避けることのできない危険に遭遇しないように、遊びと生活の環境について安全点検と環境整備を行う。
- 子どもが危険に気付いて判断したり、事故等に遭遇した際に被害を最小限にしたりするための安全に関する自己管理能力を身に付けられるように援助する。
- 事故やケガ、災害等の緊急時に子どもの安全が守られるように、対応方針を作成して定期的に訓練を行う。

⑨　放課後児童クラブでの子どもの様子を日常的に保護者に伝え、家庭と連携して育成支援を行う。

- 放課後児童クラブにおける子どもの様子を日常的に保護者に伝える。
- 子どもに関する情報を家庭と放課後児童クラブで共有することにより、保護者が安心して子育てと仕事等を両立できるように支援する。

# 3. 育成支援における記録及び職場内での事例検討

●育成支援における記録の必要性
●職場内での情報共有と事例検討の必要性

### 運営指針第 3 章 5 (1)

放課後児童クラブにおける育成支援に係る職務内容には、次の事項が含まれる。

- 子どもが放課後児童クラブでの生活に見通しを持てるように、育成支援の目標や計画を作成し、保護者と共通の理解を得られるようにする。
- 日々の子どもの状況や育成支援の内容を記録する。
- 職場内で情報を共有し事例検討を行って、育成支援の内容の充実、改善に努める。
- 通信や保護者会等を通して、放課後児童クラブでの子どもの様子や育成支援に当たって必要な事項を、定期的かつ同時にすべての家庭に伝える。

### 運営指針第 7 章 3 (1)

- 放課後児童支援員等は、会議の開催や記録の作成等を通じた情報交換や情報共有を図り、事例検討を行うなど相互に協力して自己研鑽に励み、事業内容の向上を目指す職員集団を形成する。
- 放課後児童支援員等は、子どもや保護者を取り巻くさまざまな状況に関心を持ち、育成支援に当たっての課題等について建設的な意見交換を行うことにより、事業内容を向上させるように努める。

# 【ポイント解説】

## (1)　放課後の「遊び及び生活」について

　小学校に就学している子どもの生活は、行動面からみると、次のように一日のなかでいくつかの領域に区分することができます。

- 基本的な生活：睡眠・食事・入浴など、生命と健康を維持するための基本的な生活。
- 学習：学校での生活を中心とした学習。なお、学習は放課後・家庭で過ごす時間にも行われます。
- 遊び：遊びは、学校や家庭を含むさまざまな場面でも行われますが、放課後は、子どもが遊び自体に費やすことが多い時間です。
- 労働的活動：学校での当番活動や係活動、家事の手伝い、地域における奉仕活動などの活動。

　このような領域区分のなかで、放課後は、主に遊びを行って過ごすことが社会通念として容認されている時間帯とされています。放課後児童クラブでの生活のなかでは、遊びのほかに、身の回りの整理整頓・衣服の調整・清潔の維持・おやつ・休息などの基本的生活に属すること、宿題などの自主学習、行事などの取り組み、集団での生活を維持するための係活動・当番活動など、生活全般に関わる活動が行われます。

　なお、児童期の遊びの意義について、運営指針は「放課後児童クラブでは、休息、遊び、自主的な学習、おやつ、文化的行事等の取り組みや、基本的な生活に関すること等、生活全般に関わることが行われる。その中でも、遊びは、自発的、自主的に行われるものであり、子どもにとって認識や感情、主体性等の諸能力が統合化される他に代えがたい不可欠な活動である」（第2章4）と説明しています。

## (2)　運営指針第3章と他の研修科目との関わりについて

　運営指針第3章は放課後児童クラブにおける育成支援の内容全体をまとめていますので、この科目以外のところでも取りあげます。主なものは、以下の通りです。

- 「第3章2」は、「項目2科目6　障害のある子どもの理解」と「項目3科目10　障害のある子どもの育成支援」で取りあげます。
- 「第3章1(4)⑤」は、「項目3科目9　子どもの遊びの理解と支援」で取りあげます。
- 「第3章3」は、「項目2科目7　特に配慮を必要とする子どもの理解」で取りあげます。
- 「第3章1(4)⑨」「第3章4　保護者との連携」は、「項目4科目11　保護者との連携・協力と相談支援」で取りあげます。

- 「第 3 章 1 ⑷④」「第 3 章 1 ⑷⑦」は、「項目 5 科目 13　子どもの生活面における対応」で取りあげます。
- 「第 3 章 1 ⑷⑧」は、「項目 5 科目 14　安全対策・緊急時対応」で取りあげます。

項目3　放課後児童クラブにおける子どもの育成支援

科目
9

# 子どもの遊びの理解と支援

## ねらい

➡子どもの生活における遊びの大切さについて理解している。

➡子どもが発達段階に応じた主体的な遊びを行うことの大切さを理解している。

➡子どもの遊びへの放課後児童支援員の対応のあり方を理解している。

## ポイント

➡主に、運営指針第 2 章の 4、5 及び第 3 章の 1 の内容に基づいて学び、子どもの生活における遊びの大切さ及び子どもの遊びへの対応のあり方について理解を促す。また、講義に際して、「項目 2 科目 4」及び「項目 2 科目 5」の内容を活用することが望ましい。

## 主な内容

### 1. 子どもの遊びと発達

●子どもの生活における遊びの大切さ

●児童期の遊びの特徴と発達との関わり

　放課後児童クラブでは、休息、遊び、自主的な学習、おやつ、文化的行事等の取り組みや、基本的な生活に関すること等、生活全般に関わることが行われる。その中でも、遊びは、自発的、自主的に行われるものであり、子どもにとって認識や感情、主体性等の諸能力が統合化される他に代えがたい不可欠な活動である。

　子どもは遊びの中で、他者と自己の多様な側面を発見できるようになる。そして、遊びを通じて、他者との共通性と自身の個性とに気付いていく。

　児童期になると、子どもが関わる環境が急速に拡大する。関わる人々や遊びの種類も多様になり、活動範囲が広がる。また、集団での遊びを継続することもできるようになっていく。その中で、子どもは自身の欲求と相手の欲求を同時に成立させるすべを見いだし、順番を待つこと、我慢すること、約束を守ることや平等の意味等を身に付け、協力することや競い合うことを通じて自分自身の力を伸ばしていく。

　子どもは、遊びを通じて成功や失敗の経験を積み重ねていく。子どもが遊びに自発的に参加し、遊びの楽しさを仲間の間で共有していくためには、大人の援助が必要なこともある。

## 2. 子どもの遊びと仲間関係

●子どもが自発的に遊びをつくり出すことの理解
●遊びの中で子ども同士の仲間関係を育てることの必要性

・子ども達が協力し合って放課後児童クラブの生活を維持していくことができるようにする。その際、年齢や発達の状況が異なる子ども達が一緒に生活していることを考慮する。

・子どもが仲間関係をつくりながら、自発的に遊びをつくり出すことができるようにする。

・遊びや生活の中で生じる意見の対立やけんかなどについては、お互いの考え方の違いに気付

くこと、葛藤の調整や感情の高ぶりを和らげること等ができるように、適切に援助する。

- 子どもの間でいじめ等の関係が生じないように配慮するとともに、万一そのような問題が起きた時には早期対応に努め、放課後児童支援員等が協力して適切に対応する。
- 屋内外ともに子どもが過ごす空間や時間に配慮し、発達段階にふさわしい遊びと生活の環境をつくる。その際、製作活動や伝承遊び、地域の文化にふれる体験等の多様な活動や遊びを工夫することも考慮する。
- 子どもが宿題、自習等の学習活動を自主的に行える環境を整え、必要な援助を行う。
- 放課後児童クラブの子ども達が地域の子ども達と一緒に遊んだり活動したりする機会を設ける。
- 地域での遊びの環境づくりへの支援も視野に入れ、必要に応じて保護者や地域住民が協力しながら活動に関わることができるようにする。

# 3. 子どもの遊びと環境

- ●遊びには子どもが安心できる環境が必要であることの理解
- ●自分で遊びを選択し創造することができるように環境を整えることの大切さ

### 運営指針第3章1⑷③

- 子どもが放課後児童クラブでの過ごし方について理解できるようにし、主体的に生活できるように援助する。
- 放課後児童支援員等は、子ども全体に共通する生活時間の区切りをつくり、柔軟に活用して子どもが放課後の時間を自己管理できるように援助する。
- 放課後児童クラブにおける過ごし方や生活時間の区切り等は、保護者にも伝えて理解を得ておく。

> **運営指針第6章1**
>
> (1) 施設
> - 放課後児童クラブには、子どもが安全に安心して過ごし、体調の悪い時等に静養することができる生活の場としての機能と、遊び等の活動拠点としての機能を備えた専用区画が必要である。
> - 専用区画の面積は、子ども1人につきおおむね1.65㎡以上を確保することが求められる。
> - 室内のレイアウトや装飾、採光等にも配慮し、子どもが心地よく過ごせるように工夫することも求められる。
> - 子どもの遊びを豊かにするため、屋外遊びを行う場所を確保することが求められる。その際、学校施設や近隣の児童遊園・公園、児童館等を有効に活用する。
> - 子どもの遊び及び生活の場の他に、放課後児童支援員等が事務作業や更衣ができるスペース等も求められる。
>
> (2) 設備、備品等
> - 衛生及び安全が確保された設備を備え、子どもの所持品を収納するロッカーや子どもの生活に必要な備品、遊びを豊かにするための遊具及び図書を備える。
> - 年齢に応じた遊びや活動ができるように空間や設備、備品等を工夫する。

## 4. 子どもの遊びと放課後児童支援員の関わり

● 子どもの発達や状況に応じた柔軟な関わりの必要性
● 遊びの中での子ども同士の関わりを大切にして育成支援を行うことの必要性

> **運営指針第2章5**
>
> 放課後児童支援員等は、子どもの発達過程を踏まえ、次に示す事項に配慮して子ども一人ひとりの心身の状態を把握しながら、集団の中での子ども同士の関わりを大切にして育成支援を

行うことが求められる。

(1) おおむね 6 歳～ 8 歳の子どもへの配慮

- 幼児期の発達的特徴も見られる時期であることを考慮する。

- 放課後児童支援員等が身近にいて、子どもが安心して頼ることのできる存在になれるように心掛ける。

- 子どもは遊びに夢中になると時間や場所を忘れることがある。安全や健康を管理するために子どもの時間と場所に関する意識にも目を届かせるようにする。

(2) おおむね 9 歳～ 10 歳の子どもへの配慮

- 「9、10 歳の節」と呼ばれる発達諸領域における質的変化を伴うことを考慮して、子どもの意識や感情の変化を適切に捉えるように心掛ける。

- 同年代の仲間との関わりを好み、大人に頼らず活動しようとする、他の子どもの視線や評価に敏感になるなど、大人に対する見方や自己と他者への意識や感情の発達的特徴の理解に基づいた関わりをする。

(3) おおむね 11 歳～ 12 歳の子どもへの配慮

- 大人から一層自立的になるとともに、子ども同士の個人的な関係を大切にするようになるなどの発達的特徴を理解することに努め、信頼に基づく関わりを心掛ける。

- ある程度、計画性のある生活を営めるようになる時期であることを尊重し、子ども自身が主体的な遊びや生活ができるような関係を大切にする。

- 思春期・青年期の発達的特徴が芽生えることを考慮し、性的発達を伴う身体的発育と心理的発達の変化について理解し、適切な対応をする。

(4) 遊びと生活における関わりへの配慮

子どもの遊びへの関わりは、安全の確保のような間接的なものから、大人が自ら遊びを楽しむ姿を見せるというような直接的なものまで、子どもの発達や状況に応じた柔軟なものであることが求められる。また、その時々の子どもの体調や気分によって、遊びの選択や子ども同士の関わり方が異なることを理解することも必要である。

子どもは時に大人の指示を拒んだり、反抗的に見える態度をとったりすることもある。子どもの言動の背景を理解することが求められる。

子どもが放課後児童クラブの中でお互いの役割を理解し合って生活していくためには、子ども同士の中での自律的な関係を認めつつ、一人ひとりの意識や発達の状況にも十分に配慮する必要がある。

# 【ポイント解説】

## (1) 遊びの場面での放課後児童支援員の関わり

　子どもの遊びと放課後児童支援員の関わりを考えるきっかけとして、遊びの場面での放課後児童支援員の関わりを考えてみましょう。

　実際の遊びの場面では、大まかには以下のような関わりが考えられます。

- 遊び相手になる（一人の子どもを相手にする場合や大勢の子どもを相手にする場合があります）。

- 遊びの中に入って遊びをリードする（子どもがまだ十分に遊びのコツやルールを身につけていない場合等に、一緒に遊びながら遊びの楽しさを損なわないようにリードする等のことです）。

- 遊び仲間の一員になる（ままごとの中に入る、ドッジボールのメンバーになる、など。この場合は遊びの中で子どもと同じような役割を担います）。

- 遊びの外にいて、安全や、他の子どもたちの遊びとの調整などに目を届かせる（子どもが新たにつくり出した遊びなどにも目を届かせるようにします。ときには子どもに頼まれて「審判」の役割をしたり、異なる遊びに関わったりしながらのこともあります）。

- 遊びたいことを実現する方法を提示したり、子どもが必要とする情報を提供したりする（オニごっこをしたいという子どもにさまざまなオニごっこがあることを知らせてあげたり、より楽しく遊べるルールを伝えたりします）。

- 新しい遊びや子どもたちの知らない遊びを紹介したり、遊びについて必要な技術や知識を教えたりする。

- 安全が確認できる場合には、その場を離れることによって、大人との信頼のもとに子どもたちだけで遊びを展開できるようにする。

- 子ども（子どもたち）が、遊びを思いついたり遊びたいと思ったときに、遊びを始めることができる環境を整える。

　このように、子どもの状況に応じてさまざまな関わりを工夫することが、子どもの発達や状況に応じた柔軟な関わりを可能にする前提になります。なお、子どもは、大人がどのような意図で自分たちの遊びのそばにいるのかが気になることもありますので、子どもからみて、なぜそこに大人がいるのかをわかるようにして、子どもがそばに大人がいることに納得して遊びに没頭できるようにすることにも配慮しましょう。

## (2) 子どものけんか

子どもの遊びと仲間関係について学ぶために、「遊びや生活の中で生じる意見の対立やけんかなどについては、お互いの考え方の違いに気づくこと、葛藤の調整や感情の高ぶりを和らげること等ができるように、適切に援助する」（運営指針第3章1(4)⑤）ことの必要性を考えてみます。

放課後児童支援員からは、子どものけんかについて、「仲よく遊んでいたのになぜけんかが起きたのだろうか」「けんかが起きたときにどう対応すればよいかハウツーを知りたい」「けんかが起きないようにするにはどうすればよいのか」といった戸惑いや、「けんか両成敗なので、とにかくお互いに謝らせるようにしている」「けんかのなかでこそ育ち合うことができると思うので、介入しないように見守ることにしている」等あらかじめ対応策を決めているなどの声も聞かれます。

子どものけんかについて、「どう対応すればよいのか」を考える前に、子どもはどんな場面でどのような感情のときにけんかを起こしているのかをみてみましょう。放課後児童クラブで起きている子どものけんかを観察してみると、次のようなことがわかります。

- 場面から見たきっかけ：「夢中になりすぎて」「おもちゃ、人、役割などの取り合い」「ルールを破った（勝手に変えた、ずるをした）」「順番の取り合い」「遊んでくれない」「ちょっかいを出された」「一人ねらいをされた」「ひいき・あてつけ」「勝手な命令」「侮蔑された」など
- 感情面から見たきっかけ：「かっとなる」「だんだん我慢できなくなる」「つい……」「思い出して（過去へのこだわり）」「いつも……してくる、また……された、わざと……された（に違いない）」「悔しい（負けたくない）」「うらやましかった（嫉妬）」など

このように、子どものけんかは、遊びや生活のなかで起きるさまざまな人間関係やいろいろな感情から起きています。

また、けんかになってしまったとき、子どもたちは、「そのときに起きた（自分の、相手の）感情を知り、そのわけを考える」「相手の視点や考えとの違いに気づいたり、内容を推測したりする」「仲直りの方法や手段をみつける」などのことに気づくとそのけんかを収束させることができていきます。そして、このような気づきが子ども同士で自然にできることには、子どもたち同士の日常がお互いに話し合い、考え合うことができるような関係になっていることも関係しています。

けんかのきっかけには他者と関わることによって起こるさまざまな関係やいろいろな感情があり、その収束の過程にも学びの機会があります。具体的な事例の検討などを通して、遊びや生活のなかで生じる子どもの意見の対立やけんかなどへの適切な援助について、学び合いましょう。

# 障害のある子どもの
# 育成支援

## ねらい

➡障害のある子どもの育成支援のあり方について理解している。

➡障害のある子どもの保護者との連携のあり方について理解している。

➡専門機関等との連携のあり方について理解している。

## ポイント

➡主に、運営指針第3章の2、4⑵及び⑶などの内容に基づいて学び、子ども同士
が生活を通して共に成長できるように、障害のある子どもの育成支援のあり方や
保護者との連携のあり方などについて理解を促す。また、講義に際して、「項目2
科目6」の内容を活用することが望ましい。

## 主な内容

### 1. 障害のある子どもの育成支援

●障害のある子どもの受入れの考え方

●障害のある子どもの育成支援に際して留意すること

### 運営指針第 3 章 2（1）

- 障害のある子どもについては、地域社会で生活する平等の権利の享受と、包容・参加（インクルージョン）の考え方に立ち、子ども同士が生活を通して共に成長できるよう、障害のある子どもも放課後児童クラブを利用する機会が確保されるための適切な配慮及び環境整備を行い、可能な限り受入れに努める。
- 放課後児童クラブによっては、新たな環境整備が必要となる場合なども考えられるため、受入れの判断については、子ども本人及び保護者の立場に立ち、公平性を保って行われるように判断の基準や手続等を定めることが求められる。
- 地域社会における障害のある子どもの放課後の生活が保障されるように、放課後等デイサービス等と連携及び協力を図る。その際、放課後等デイサービスと併行利用している場合には、放課後等デイサービス事業所と十分な連携を図り、協力できるような体制づくりを進めていくことが求められる。

### 運営指針第 3 章 2（2）

- 障害のある子どもが、放課後児童クラブでの子ども達との生活を通して共に成長できるように、見通しを持って計画的な育成支援を行う。
- 継続的な育成支援を行うために、障害のある子ども一人ひとりについて放課後児童クラブでの状況や育成支援の内容を記録する。
- 障害のある子どもの特性を踏まえた育成支援の向上のために、地域の障害児関係の専門機関等と連携して、相談できる体制をつくる。その際、保育所等訪問支援、障害児等療育支援事業や巡回支援専門員整備事業の活用等も考慮する。
- 障害のある子どもの育成支援が適切に図られるように、個々の子どもの状況に応じて環境に配慮するとともに、職員配置、施設や設備の改善等についても工夫する。

## 2. 障害のある子どもの保護者との連携

●家庭の状況の把握と、保護者の子どもへの気持ちを理解することの大切さ
●子どもの様子を丁寧に伝え、保護者と一緒に放課後児童クラブでの子どもの生活の見通しをつくることの必要性

---

### 運営指針第 3 章 2 (1)

障害のある子どもの受入れに当たっては、子どもや保護者と面談の機会を持つなどして、子どもの健康状態、発達の状況、家庭の状況、保護者の意向等を個別に把握する。

### 運営指針第 3 章 3 (2)

• 放課後児童支援員等は、子どもの家庭環境についても配慮し、家庭での養育について特別の支援が必要な状況を把握した場合には、子どもと保護者の安定した関係の維持に留意しつつ、市町村や関係機関と連携して適切な支援につなげるように努める。
• 放課後児童クラブでの生活に特に配慮を必要とする子どもの支援に当たっては、保護者、市町村、関係機関と情報交換を行い、連携して適切な育成支援に努める。

---

## 3. 障害のある子どもの育成支援における倫理的配慮と職員間の共通理解

●障害のある子どもの育成支援における倫理的配慮の必要性
●障害のある子どもの理解と育成支援のあり方を職員間で共有することの大切さ

**運営指針第 3 章 2 ⑵**

- 障害のある子どもの育成支援についての事例検討を行い、研修等を通じて、障害について理解する。
- 障害者虐待の防止、障害者の養護者に対する支援等に関する法律（平成 23 年法律第 79 号）の理念に基づいて、障害のある子どもへの虐待の防止に努めるとともに、防止に向けての措置を講ずる。

**運営指針第 3 章 3 ⑶**

特に配慮を必要とする子どもへの対応に当たっては、子どもの利益に反しない限りにおいて、保護者や子どものプライバシーの保護、業務上知り得た事柄の秘密保持に留意する。

## 4. 専門機関等との連携

- ●放課後等デイサービス事業所、発達障害者支援センター等の専門機関等と連携して育成支援の見通しを持つことの大切さ
- ●専門機関等と連携する際の配慮事項

**運営指針第 3 章 2 ⑵**

障害のある子どもの特性を踏まえた育成支援の向上のために、地域の障害児関係の専門機関等と連携して、相談できる体制をつくる。その際、保育所等訪問支援、障害児等療育支援事業や巡回支援専門員整備事業の活用等も考慮する。

　学校との情報交換や情報共有は日常的、定期的に行い、その実施に当たっては、個人情報の保護や秘密の保持についてあらかじめ取り決めておく。

# 【ポイント解説】

## 障害者の権利に関する条約

　障害のある子どもの育成支援を行う際に学んでおきたいことに「障害者の権利に関する条約」（2006年12月13日に国連総会において採択され、2008年5月3日に発効された。日本は2014年1月20日に批准して同年2月19日に効力が発生している）があります。

　この条約は、以下の目的のもとに作成されています。

---

　第一条　目的

　　この条約は、全ての障害者によるあらゆる人権及び基本的自由の完全かつ平等な享有を促進し、保護し、及び確保すること並びに障害者の固有の尊厳の尊重を促進することを目的とする。

　　障害者には、長期的な身体的、精神的、知的又は感覚的な機能障害であって、様々な障壁との相互作用により他の者との平等を基礎として社会に完全かつ効果的に参加することを妨げ得るものを有する者を含む。

---

　そして、障害のある子どもについては、前文において「障害のある児童が、他の児童との平等を基礎として全ての人権及び基本的自由を完全に享有すべきであることを認め、また、このため、児童の権利に関する条約の締約国が負う義務を想起」することを求め、第7条で以下のように定めています。

---

　第七条　障害のある児童

　　1　締約国は、障害のある児童が他の児童との平等を基礎として全ての人権及び基本的自由を完全に享有することを確保するための全ての必要な措置をとる。

　　2　障害のある児童に関する全ての措置をとるに当たっては、児童の最善の利益が

---

　　　主として考慮されるものとする。

3　締約国は、障害のある児童が、自己に影響を及ぼす全ての事項について自由に自己の意見を表明する権利並びにこの権利を実現するための障害及び年齢に適した支援を提供される権利を有することを確保する。この場合において、障害のある児童の意見は、他の児童との平等を基礎として、その児童の年齢及び成熟度に従って相応に考慮されるものとする。

　「障害者の権利に関する条約」の全文と関連する国内法についても学習しましょう（項目2科目6「障害のある子どもの理解」の講義概要を参照してください）。

科目
# 11
# 保護者との連携・協力と相談支援

## ねらい

➡保護者との連携のあり方について理解している。

➡保護者組織との連携のあり方について理解している。

➡保護者からの相談への対応のあり方を学んでいる。

## ポイント

➡主に、設備運営基準第19条、運営指針第1章の3⑵、第3章の1⑷⑨及び4の内容に基づいて学び、保護者や保護者組織との連携のあり方や保護者からの相談への対応に当たって配慮することなどの理解を促す。

## 主な内容

### 1. 保護者との連携

●保護者と密接な連絡をとり、育成支援の内容を伝えて理解を得ることの必要性

●保護者への連絡の際に配慮すること

## 設備運営基準第 19 条

放課後児童健全育成事業者は、常に利用者の保護者と密接な連絡をとり、当該利用者の健康及び行動を説明するとともに、支援の内容等につき、その保護者の理解及び協力を得るよう努めなければならない。

## 運営指針第 1 章 3 ⑵

放課後児童クラブは、常に保護者と密接な連携をとり、放課後児童クラブにおける子どもの様子を日常的に保護者に伝え、子どもに関する情報を家庭と放課後児童クラブで共有することにより、保護者が安心して子どもを育て、子育てと仕事等を両立できるように支援することが必要である。また、子ども自身への支援と同時に、学校等の関係機関と連携することにより、子どもの生活の基盤である家庭での養育を支援することも必要である。

## 運営指針第 3 章 1 ⑷⑨

- 放課後児童クラブにおける子どもの様子を日常的に保護者に伝える。
- 子どもに関する情報を家庭と放課後児童クラブで共有することにより、保護者が安心して子育てと仕事等を両立できるように支援する。

## 運営指針第 3 章 4 ⑴

- 子どもの出欠席についてあらかじめ保護者からの連絡を確認しておく。
- 放課後児童クラブにおける子どもの遊びや生活の様子を日常的に保護者に伝え、子どもの状況について家庭と放課後児童クラブで情報を共有する。
- 保護者への連絡については、連絡帳を効果的に活用することが必要である。その他、保護者の迎えの際の直接の連絡、通信、保護者会、個人面談等の様々な方法を有効に活用する。

- 通信や保護者会等を通して、放課後児童クラブでの子どもの様子や育成支援に当たって必要な事項を、定期的かつ同時にすべての家庭に伝える。

## 2. 保護者組織との連携

●保護者組織との協力関係をつくることの必要性
●保護者同士が交流し協力して子育てが進められるように支援することの必要性

- 放課後児童クラブの活動を保護者に伝えて理解を得られるようにするとともに、保護者が活動や行事に参加する機会を設けるなどして、保護者との協力関係をつくる。
- 保護者組織と連携して、保護者が互いに協力して子育ての責任を果たせるように支援する。

## 3. 保護者からの相談への対応

●保護者との信頼関係に基づいて、保護者からの相談に応じられるような関係を築くことの必要性
●保護者からの相談への対応に当たって配慮すること

## 運営指針第3章4(2)

- 放課後児童支援員等は、育成支援を通じて保護者との信頼関係を築くことに努めるとともに、子育てのこと等について保護者が相談しやすい雰囲気づくりを心掛ける。
- 保護者から相談がある場合には、保護者の気持ちを受け止め、相互の信頼関係を基本に保護者の自己決定を尊重して対応する。また、必要に応じて市町村や関係機関と連携する。

# 【ポイント解説】

## 子どもの様子を保護者に伝える

　運営指針は、「放課後児童クラブは、常に保護者と密接な連携をとり、放課後児童クラブにおける子どもの様子を日常的に保護者に伝え、子どもに関する情報を家庭と放課後児童クラブで共有することにより、保護者が安心して子どもを育て、子育てと仕事等を両立できるように支援することが必要である（以下略）」（第1章3(2)）と、子どもの様子を日常的に保護者に伝えることを育成支援の基本のなかに位置づけています。

　また、その方法や機会については、「保護者への連絡については、連絡帳を効果的に活用することが必要である。その他、保護者の迎えの際の直接の連絡、通信、保護者会、個人面談等の様々な方法を有効に活用する」（第3章4(1)）、「通信や保護者会等を通して、放課後児童クラブでの子どもの様子や育成支援に当たって必要な事項を、定期的かつ同時にすべての家庭に伝える」（第3章5(1)）と述べています。

　保護者に子どもの様子を伝える方法や機会はいろいろありますが、それぞれに特徴があります。たとえば、「保護者へ伝えることは、迎えの際に直接行う」としている場合、放課後児童支援員としては、毎日伝えていると思っていても、話ができる保護者は限られていて、保護者のなかには月に一度も話ができていないという状況が起きてしまうこともあります。そのため、一つの方法だけでなく、複数の方法や機会を組み合わせて行うことが必要です。また、保護者全体に対して伝えることと、個々の保護者に伝えることは、それぞれに伝え方を工夫する必要があります。

　実際に、それぞれの放課後児童クラブで行っていることを、

- 個々の保護者の全員に伝えられているか

• 日常的・継続的に伝えられているか

• 伝える方法や機会の特徴を理解し、伝える目的に合わせて効果的に活用しているか

　　　　視点でふり返り、それぞれの特徴を生かして複数の方法や機会を組み合わせて活用する　　　しょう。

　　　は、保護者と放課後児童クラブを個別につないで、出欠席や健康状態の連絡から、　　　　　における日々の子どもの様子を伝える、家庭での様子を伝えてもらう、相談　　　　　　　幅広く活用することができ、保護者と放課後児童クラブの信頼関係を　　　　　　で、効果的に活用するようにしましょう。

　　　ことについては、それぞれの放課後児童クラブにおいてあらた　　　　　　することに努め、現任研修や放課後児童支援員同士の交流の　　　　　　ついて、改善・充実させることが必要です。

項目4　放課後児童クラブにおける保護者・学校・地域との連携・協力

科目 **12**

# 学校・地域との連携

## ねらい

➡学校との連携の必要性とそのあり方について理解している。
➡保育所、幼稚園等との連携の必要性とそのあり方について理解している。
➡地域との連携の必要性とそのあり方について理解している。

## ポイント

➡主に、設備運営基準第5条第3項及び第20条、運営指針第5章の内容に基づい
て学び、学校や保育所、幼稚園及び地域住民や関係機関等地域との連携のあり方
や連携に当たって考慮すべきことなどの理解を促す。

## 主な内容

### 1. 学校との連携

●子どもの生活の連続性を配慮した学校との
連携の必要性
●学校との情報交換や情報共有を日常的、
定期的に行う際に考慮すること

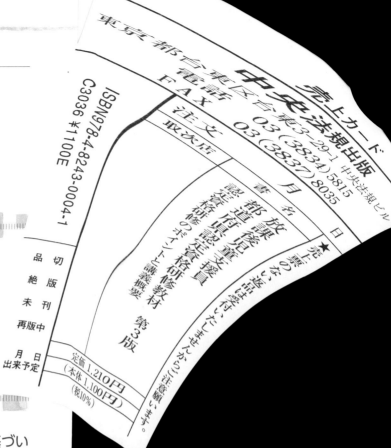

売上カード

中央法規出版

ISBN978-4-8243-0004-1
C3036 ￥1100E

定価 1,210円
（本体 1,100円）
（税10%）

## 設備運営基準第 5 条第 3 項

放課後児童健全育成事業者は、地域社会との交流及び連携を図り、児童の保護者及び地域社会に対し、当該放課後児童健全育成事業者が行う放課後児童健全育成事業の運営の内容を適切に説明するよう努めなければならない。

## 設備運営基準第 20 条

放課後児童健全育成事業者は、市町村、児童福祉施設、利用者の通学する小学校等関係機関と密接に連携して利用者の支援に当たらなければならない。

## 運営指針第 1 章 3 ⑵

放課後児童クラブは、常に保護者と密接な連携をとり、放課後児童クラブにおける子どもの様子を日常的に保護者に伝え、子どもに関する情報を家庭と放課後児童クラブで共有することにより、保護者が安心して子どもを育て、子育てと仕事等を両立できるように支援することが必要である。また、子ども自身への支援と同時に、学校等の関係機関と連携することにより、子どもの生活の基盤である家庭での養育を支援することも必要である。

## 運営指針第 5 章 1

- 子どもの生活の連続性を保障するために、情報交換や情報共有、職員同士の交流等によって学校との連携を積極的に図る。
- 学校との情報交換や情報共有は日常的、定期的に行い、その実施に当たっては、個人情報の保護や秘密の保持についてあらかじめ取り決めておく。
- 子どもの遊びと生活の場を広げるために、学校の校庭、体育館や余裕教室等を利用できるように連携を図る。

## 2. 保育所、幼稚園等との連携

●子どもの発達の連続性を配慮した保育所、幼稚園等との連携の必要性
●子どもの状況について保育所、幼稚園等と情報交換や情報共有を行う際に考慮すること

### 運営指針第 5 章 2

• 新 1 年生については、子どもの発達と生活の連続性を保障するために、保育所、幼稚園等と子どもの状況について情報交換や情報共有を行う。
• 保育所、幼稚園等との子ども同士の交流、職員同士の交流等を行う。

## 3. 地域住民や関係機関等との連携

●子どもの成長、発達にとって地域が果たす役割と地域の関係者、関係機関との連携の必要性
●子どもに関わる地域住民や福祉、保健及び医療等関係機関等との連携

### 運営指針第 5 章 3

• 放課後児童クラブに通う子どもの生活について地域の協力が得られるように、自治会・町内会や民生委員・児童委員（主任児童委員）等の地域組織や子どもに関わる関係機関等と情報交換や情報共有、相互交流を図る。
• 地域住民の理解を得ながら、地域の子どもの健全育成の拠点である児童館やその他地域の公共施設等を積極的に活用し、放課後児童クラブの子どもの活動と交流の場を広げる。
• 事故、犯罪、災害等から子どもを守るため、地域住民と連携、協力して子どもの安全を確保する取り組みを行う。

- 子どもの病気やケガ、事故等に備えて、日常から地域の保健医療機関等と連携を図る。

# 4. 学校、児童館を活用して実施する放課後児童クラブ

●学校施設を活用して実施する放課後児童クラブの運営
●児童館を活用して実施する放課後児童クラブの運営

### 運営指針第5章4

- 学校施設を活用する場合には、放課後児童クラブの運営主体が責任をもって管理運営に当たるとともに、施設の使用に当たって学校や関係者の協力が得られるように努める。
- 「新・放課後子ども総合プラン」に基づき、放課後子供教室と一体的に実施する場合は、放課後児童クラブに通う子どもの生活の場としての機能を十分に担保し、育成支援の環境に配慮する。なお、放課後子供教室への参加に当たっては、体調や帰宅時刻等の理由から参加できない子どもがいることも考慮する。
- 放課後子供教室の企画内容や準備等について、円滑な協力ができるように放課後子供教室との打合せを定期的に行い、学校区ごとに設置する協議会に参加するなど関係者間の連携を図る。
- 児童館の中で放課後児童クラブを実施する場合は、放課後児童クラブに通う子どもの育成支援の環境及び水準が担保されるようにする。
- 児童館に来館する子どもと放課後児童クラブに在籍する子どもが交流できるように、遊びや活動に配慮する。
- 放課後児童クラブの活動は、児童館内に限定することなく近隣の環境を活用する。

# 【ポイント解説】

## 学校、児童館を活用して実施する放課後児童クラブ

　運営指針第5章4の項は、「新・放課後子ども総合プラン」と「児童館ガイドライン」の内容を反映して作成されていますので、両通知をあわせて学習することが求められます。ここでは、「新・放課後子ども総合プラン」と「児童館ガイドライン」のなかから、学校、児童館を活用して実施する放課後児童クラブを運営する際の留意事項の一部分を紹介します。

> ○　「新・放課後子ども総合プラン」の実施に当たっては、児童の様子の変化や小学校の下校時刻の変更、事件・事故や天災等の緊急時などにも対応できるよう、学校関係者と放課後児童クラブ及び放課後子供教室の関係者との間で、迅速な情報交換・情報共有を行うなど、事業が円滑に進むよう、十分な連携・協力を図られたい。特に、両事業を小学校内で実施する場合は、小学校の教職員と両事業の従事者・参画者の距離が近く、連携が図りやすい環境にあることを生かし、日常的・定期的に情報共有を図り、一人一人の児童の状況を共有の上、きめ細かに対応するよう努める必要がある。
>
> 　また、保護者との連絡帳のやりとりや日常的・定期的な対話等を通じて、家庭とも密接に連携し、児童の成長を関係者で共有していくことが重要である。なお、児童の状況等には家庭が関係する場合もあることから、対話等を通じて保護者が抱える悩みや不安を把握した上で、保護者に対する支援につなげることも考えられる。
> （「新・放課後子ども総合プラン　7（4）学校・家庭と放課後児童クラブ及び放課後子供教室との密接な連携」から）
>
>
> ○　児童館で放課後児童クラブを実施する場合には、放課後児童健全育成事業の設備及び運営に関する基準（平成26年厚生労働省令第63号）及び放課後児童クラブ運営指針（平成27年雇児発0331第34号厚生労働省雇用均等・児童家庭局長通知）に基づいて行うよう努め、児童館の持つ機能を生かし、次のことに留意すること。
> ・児童館に来館する子どもと放課後児童クラブに在籍する子どもが交流できるよう遊びや活動に配慮すること。
> ・多数の子どもが同一の場所で活動することが想定されるため、児童館及び放課後児童クラブのそれぞれの活動が充実するよう、遊びの内容や活動場所等について配慮すること。

・放課後児童クラブの活動は、児童館内に限定することなく近隣の環境を活用すること。

（「児童館ガイドライン第4章8　放課後児童クラブの実施と連携」から）

　「「新・放課後子ども総合プラン」について」（平成30年9月14日30文科生第396号・子発0914第1号）の全文は、第3部関係法令・通知をご覧ください。

　「児童館ガイドライン」（平成30年10月1日子発1001第1号）は厚生労働省のホームページに掲載されています。

項目5　放課後児童クラブにおける安全・安心への対応

# 子どもの生活面における対応

## ねらい

➡子どもの健康管理及び情緒の安定を確保することの必要性とそのあり方を理解している。

➡子どもの健康維持のための衛生管理について理解している。

➡食物アレルギー等への対応に関する必要な知識を学んでいる。

## ポイント

➡主に、設備運営基準第13条、運営指針第3章の1⑷⑦、第6章の1⑵及び2⑴の内容に基づいて学び、子どもの健康管理、情緒の安定及び確保のあり方と食物アレルギー等への対応について理解を促す。なお、その際、「子どもの施設における衛生管理と衛生指導の知識」及び「食物アレルギーと救急対応の知識」については、その分野における関連資料を活用して行うことが望ましい。

## 主な内容

### 1. 子どもの健康管理及び情緒の安定

●出席確認及び来所時の健康状態や心身の状況の観察の必要性

●子どもの状態の把握と安定した情緒で過ごせるようにするための配慮

- 子どもの出欠席についてあらかじめ保護者からの連絡を確認しておくとともに、連絡なく欠席したり来所が遅れたりした子どもについては速やかに状況を把握して適切に対応する。
- 子どもの来所時には、子どもが安心できるように迎え入れ、子ども一人ひとりの心身の状態を把握する。
- 遊びや生活の場面における子どもの状況や体調、情緒等を把握し、静養や気分転換が必要な時には適切に対応する。なお、病気やケガの場合は、速やかに保護者と連絡をとる。

## 2. 子どもの健康管理に関する保護者との連絡や学校との連携

● 保護者との子どもの健康状態等に関する情報の共有と緊急時の連絡の必要性
● 学校との子どもの健康状態や心身の状況に配慮が必要な際の連絡や連携

設備運営基準第 20 条

　放課後児童健全育成事業者は、市町村、児童福祉施設、利用者の通学する小学校等関係機関と密接に連携して利用者の支援に当たらなければならない。

運営指針第 3 章 1 ⑷⑨

- 放課後児童クラブにおける子どもの様子を日常的に保護者に伝える。
- 子どもに関する情報を家庭と放課後児童クラブで共有することにより、保護者が安心して子育てと仕事等を両立できるように支援する。

運営指針第6章2(2)

　事故やケガが発生した場合には、速やかに適切な処置を行うとともに、子どもの状況等について速やかに保護者に連絡し、運営主体及び市町村に報告する。

# 3. 衛生管理と衛生指導

●施設及び設備の衛生管理と、遊びや活動の内容を考慮した衛生指導
●おやつの提供時の衛生管理と衛生指導

運営指針第3章1(4)⑦

- 発達過程にある子どもの成長にあわせて、放課後の時間帯に必要とされる栄養面や活力面を考慮して、おやつを適切に提供する。おやつの提供に当たっては、補食としての役割もあることから、昼食と夕食の時間帯等を考慮して提供時間や内容、量等を工夫する。
- おやつの提供に際しては、安全及び衛生に考慮するとともに、子どもが落ちついて食を楽しめるようにする。
- 食物アレルギーのある子どもについては、配慮すべきことや緊急時の対応等について事前に保護者と丁寧に連絡を取り合い、安全に配慮して提供する。

運営指針第6章1

- 放課後児童クラブには、子どもが安全に安心して過ごし、体調の悪い時等に静養することができる生活の場としての機能と、遊び等の活動拠点としての機能を備えた専用区画が必要である。
- 室内のレイアウトや装飾、採光等にも配慮し、子どもが心地よく過ごせるように工夫するこ

とも求められる。

- 衛生及び安全が確保された設備を備え、子どもの所持品を収納するロッカーや子どもの生活に必要な備品、遊びを豊かにするための遊具及び図書を備える。

- 手洗いやうがいを励行するなど、日常の衛生管理に努める。また、必要な医薬品その他の医療品を備えるとともに、それらの管理を適正に行い、適切に使用する。
- 施設設備やおやつ等の衛生管理を徹底し、食中毒の発生を防止する。
- 感染症の発生状況について情報を収集し、予防に努める。感染症の発生や疑いがある場合は、必要に応じて市町村、保健所等に連絡し、必要な措置を講じて二次感染を防ぐ。
- 感染症や食中毒等の発生時の対応については、市町村や保健所との連携のもと、あらかじめ放課後児童クラブとしての対応方針を定めておくとともに、保護者と共有しておく。

## 4. 食物アレルギーのある子ども等への対応

●食物アレルギーのある子どもの保護者からの情報提供の確認及び放課後児童クラブでの対応
●救急時（アナフィラキシー、誤飲事故等）対応の知識

食物アレルギーのある子どもについては、配慮すべきことや緊急時の対応等について事前に保護者と丁寧に連絡を取り合い、安全に配慮して提供する。

運営指針第6章2⑵

　おやつの提供に際して、食物アレルギー事故、窒息事故等を防止するため、放課後児童支援員等は応急対応について学んでおく。

# 【ポイント解説】

## (1)　来所時の心身の状況の観察

　来所時の子どもの心身の状況を把握することについて、基礎的なことをいくつか紹介します。子どもが帰ってくるときの様子は日々異なります。その変化に気づくためには、子どもの普段の体調と感情が安定しているときの状態を放課後児童支援員間で共有しておくことが必要になります。

　普段の体調と感情が安定しているときの状態を把握していれば、「体調が悪い（熱がある・具合の悪いところがあるなど）」「疲れている」「イライラしている（帰り道でけんかをした等）」「楽しそう」「気持ちが高ぶったり興奮したりしている」などのことに早く気づくことができます。

　なお、楽しいことがあるときや、興奮することがあるときはわかりやすいことが多いのですが、困ったことがあるときや体調が悪いときは、本人からの訴えがなければ見過ごしたり気づかなかったりすることがありますので、次のような様子等（事例は一部です）、ヒントになる目安を放課後児童支援員間で共有して、早めに気づけるようにしましょう。

- 来所直後の行動がいつもと違っている（ランドセルを置いたり、連絡帳を出したりするなどの行動がぞんざいだったり、いつもより遅かったりするなど）。
- いつもは話しかけてくるのに、放課後児童支援員に顔を向けようとしない。
- 帰ってくるときの勢いや、子ども同士のやりとりにいつもと異なる雰囲気がある。
- 普段とは、一緒に帰ってくる友達が異なる（いつもは一緒に帰ってくるのに、今日は別々に帰ってきた）。

　なお、家庭・学校で子どもの心身の状態に気になることがある場合は、それぞれから連絡をもらえるようにしておくことも、子どもの健康状態や心身の状態を把握するうえで大切なことです。

放課後児童クラブに新たに通うことになった子どもについては、できるだけ早く体調と感情が安定しているときの状態を把握できるようにしましょう。

## (2) 子どもが連絡なく欠席したり、来所が遅れたりしたときの対応

子どもは、学校から放課後児童クラブに来る途中で寄り道をしたり遊んだりして遅くなってしまうことがあります。また、ときには連絡なしに欠席してしまうこともあります（直接自宅に帰る、友達と約束して遊びに行く等）。このことについて、運営指針は、「連絡なく欠席したり来所が遅れたりした子どもについては速やかに状況を把握して適切に対応する」（第3章1(4)②）ことを求めています。

保護者には、事前に「子どもが、保護者にも放課後児童クラブにも連絡しないで欠席したことがわかった時点ですみやかに連絡を取り合って対応する」ことを伝えておくようにします。

出席する予定の子どもが予定の時刻を過ぎても連絡がないまま来所しない場合は、すぐに先に帰ってきている同じクラスや学年の子どもたちにその子どもの様子を尋ねましょう。子どもがまだ学校にいる等のこともありますので、必要に応じて学校にも尋ねます。

子どもの所在を把握できないときは、すみやかに保護者に連絡を取りましょう。その子どもを探すことが必要になる場合もありますので、その際の対応を考えておくことも必要です。

連絡なしの欠席は、入室した当初の1年生にみられることがあります。また、5月初めの学校休業日が続いた後や、夏休みの前後、大きな学校行事の前後などには、子どもの心にも変化が起きやすく、2年生以上の子どもたちにもみられることがありますので、このような時期にはあらためて子どもの様子に気配りすることが必要になります。

子どもが連絡しないで欠席することがあった場合は、自分の判断だけで放課後児童クラブを欠席しないことを理解させるとともに、「友達の家で遊ぶ約束をした（してしまった）」「（放課後児童クラブに）来たくない理由ができた」「（学校で）嫌なことがあった」などと、子ども自身のなかにさまざまな動機がある場合があるので、保護者と協力して動機となった事柄についても対応していく必要があります。

## (3) アレルギー対応に関する学習資料

講義の参考資料として、厚生労働省、文部科学省等のアレルギー対応に関するガイドライン・指針などの情報を紹介します。

- 「保育所におけるアレルギー対応ガイドライン」（平成31年4月厚生労働省）
- 「学校給食における食物アレルギー対応指針」（平成27年3月文部科学省）

なお、「保育所におけるアレルギー対応ガイドライン」の内容は、以下のとおりです。

第Ⅰ部：基本編

1 保育所におけるアレルギー対応の基本

(1) アレルギー疾患とは

(2) 保育所における基本的なアレルギー対応

(3) 緊急時の対応（アナフィラキシーが起こったとき（「エピペン®」の使用））

2 アレルギー疾患対策の実施体制

(1) 保育所における各職員の役割

(2) 医療関係者及び行政の役割と関係機関との連携

3 食物アレルギーへの対応

(1) 保育所における食事の提供に当たっての原則（除去食の考え方等）

(2) 誤食の防止

第Ⅱ部：実践編

(生活管理指導表に基づく対応の解説)

(1) 食物アレルギー・アナフィラキシー

(2) 気管支ぜん息

(3) アトピー性皮膚炎

(4) アレルギー性結膜炎

(5) アレルギー性鼻炎

関連資料

# 安全対策・緊急時対応

## ねらい

➡安全対策及び緊急時対応のあり方について理解している。

➡安全対策及び緊急時対応についての具体的な取り組みの内容について理解している。

➡安全対策及び緊急時対応を行う際に知っておくべき法令等について理解している。

## ポイント

➡主に、設備運営基準第5条第5項、第6条、第6条の2、第6条の3、第12条の2、第13条及び第21条（第6条の2、第6条の3、第12条の2は、p.141～142参照）、運営指針第3章の1⑷⑧、第6章の2⑵、⑶及び⑷の内容に基づいて学び、放課後児童クラブにおける非常災害対策や緊急時、事故発生時の対応などについて理解を促す。その際、市町村の安全対策及び緊急時対応の実際例を活用して行うことが望ましい。

## 主な内容

### 1. 放課後児童クラブにおける子どもの安全

●育成支援の際に求められる子どもの安全の考え方

●安全対策及び緊急時対応における計画策定の必要性

## 設備運営基準第 5 条第 5 項

- 放課後児童健全育成事業を行う場所（以下「放課後児童健全育成事業所」という。）の構造設備は、採光、換気等利用者の保健衛生及び利用者に対する危害防止に十分な考慮を払って設けられなければならない。

## 設備運営基準第 6 条

- 放課後児童健全育成事業者は、軽便消火器等の消火用具、非常口その他非常災害に必要な設備を設けるとともに、非常災害に対する具体的計画を立て、これに対する不断の注意と訓練をするように努めなければならない。
- 前項の訓練のうち、避難及び消火に対する訓練は、定期的にこれを行わなければならない。

## 設備運営基準第 13 条

- 放課後児童健全育成事業者は、利用者の使用する設備、食器等又は飲用に供する水について、衛生的な管理に努め、又は衛生上必要な措置を講じなければならない。
- 放課後児童健全育成事業者は、放課後児童健全育成事業所において感染症又は食中毒が発生し、又はまん延しないように、職員に対し、感染症及び食中毒の予防及びまん延の防止のための研修並びに感染症の予防及びまん延の防止のための訓練を定期的に実施するよう努めなければならない。
- 放課後児童健全育成事業所には、必要な医薬品その他の医療品を備えるとともに、それらの管理を適正に行わなければならない。

## 設備運営基準第 14 条

放課後児童健全育成事業者は、放課後児童健全育成事業所ごとに、次の各号に掲げる事業の

運営についての重要事項に関する運営規程を定めておかなければならない。

　八　緊急時等における対応方法

　九　非常災害対策

### 運営指針第 1 章 3 ⑴

　放課後児童クラブにおける育成支援は、<u>子どもが安心して過ごせる生活の場としてふさわしい環境を整え、安全面に配慮しながら子どもが自ら危険を回避できるようにしていく</u>とともに、子どもの発達段階に応じた主体的な遊びや生活が可能となるように、自主性、社会性及び創造性の向上、基本的な生活習慣の確立等により、子どもの健全な育成を図ることを目的とする。

### 運営指針第 3 章 1 ⑷⑧

- 子どもが自分で避けることのできない危険に遭遇しないように、遊びと生活の環境について安全点検と環境整備を行う。
- 子どもが危険に気付いて判断したり、事故等に遭遇した際に被害を最小限にしたりするための安全に関する自己管理能力を身に付けられるように援助する。
- 事故やケガ、災害等の緊急時に子どもの安全が守られるように、対応方針を作成して定期的に訓練を行う。

### 運営指針第 6 章 2 ⑵

　放課後児童クラブの運営主体は、必ず損害賠償保険に加入し、賠償すべき事故が発生した場合は、損害賠償を速やかに行う。また、傷害保険等に加入することも必要である。

## 2. 安全対策及び緊急時対応の内容

●事故やけがの防止と発生時の対応
●災害等の発生に備えた具体的な計画や防災や防犯に関する訓練の内容、感染症発生時の対応、来所及び帰宅時の安全確保等の内容

### 設備運営基準第 21 条

- 放課後児童健全育成事業者は、利用者に対する支援の提供により事故が発生した場合は、速やかに、市町村、当該利用者の保護者等に連絡を行うとともに、必要な措置を講じなければならない。
- 放課後児童健全育成事業者は、利用者に対する支援の提供により賠償すべき事故が発生した場合は、損害賠償を速やかに行わなければならない。

### 運営指針第 6 章 2⑵

- 日常の遊びや生活の中で起きる事故やケガを防止するために、室内及び屋外の環境の安全性について毎日点検し、必要な補修等を行う。これには、遠足等行事の際の安全点検も含まれる。
- 事故やケガの防止に向けた対策や発生時の対応に関するマニュアルを作成し、マニュアルに沿った訓練又は研修を行い、放課後児童支援員等の間で共有する。
- 放課後児童支援員等は、子どもの年齢や発達の状況を理解して、子どもが自らの安全を守るための行動について学習し、習得できるように援助する。
- 事故やケガが発生した場合には、速やかに適切な処置を行うとともに、子どもの状況等について速やかに保護者に連絡し、運営主体及び市町村に報告する。
- 放課後児童クラブの運営主体は、放課後児童支援員等及び子どもに適切な安全教育を行うとともに、発生した事故事例や事故につながりそうな事例の情報を収集し、分析するなどして事故防止に努める。

運営指針第6章2(3)

- 放課後児童クラブの運営主体は、市町村との連携のもとに災害等の発生に備えて具体的な計画及びマニュアルを作成し、必要な施設設備を設けるとともに、定期的に（少なくとも年2回以上）訓練を行うなどして迅速に対応できるようにしておく。また、外部からの不審者等の侵入防止のための措置や訓練など不測の事態に備えて必要な対応を図る。
- 災害等が発生した場合には、子どもの安全確保を最優先にし、災害等の状況に応じた適切な対応をとる。

## 3. 安全対策及び緊急時対応の留意事項

●安全対策及び緊急時対応について保護者と情報を共有しておくことの必要性
●計画に基づく保護者や関係機関等との連携及び協力や定期的な訓練の実施の必要性

運営指針第6章2(3)(4)

- 市町村や学校等関係機関と連携及び協力を図り、防災や防犯に関する訓練を実施するなど、地域における子どもの安全確保や安全点検に関する情報の共有に努める。
- 災害等が発生した際の対応については、その対応の仕方を事前に定めておくとともに、緊急時の連絡体制を整備して保護者や学校と共有しておく。
- 子どもの来所や帰宅の状況について、必要に応じて保護者や学校と連絡を取り合って安全を確保する。
- 保護者と協力して、地域組織や関係機関等と連携した、安全確保のための見守り活動等の取り組みを行う。

# 【ポイント解説】

## 事故発生時の対応と想定訓練

　運営指針には、「災害等の発生に備えて定期的に（少なくとも年2回以上）訓練を行う」ことが記されています。これによって、放課後児童クラブでは、消防訓練や災害発生に備えた訓練を定期的に行うことになります。

　育成支援のなかで起きる事故やケガについては、「事故やケガの防止に向けた対策や発生時の対応に関するマニュアルを作成し、マニュアルに沿った訓練又は研修を行い、放課後児童支援員等の間で共有する」（第6章2⑵）とされています。

　事故やケガの場合、予防に向けた取り組みはほとんどの放課後児童クラブで行われていますが、実際に事故が起きたことを想定した訓練を行っているところや発生した事故を分析して共有しているところは、まだ少ないのが実情です。

　また、一つの放課後児童クラブで起きた事故やケガは、他の放課後児童クラブでも起こり得ることですので、実際に起きた事故をくわしく分析して、教訓を引き出し、その内容を市町村の放課後児童クラブ全体で共有して予防策に生かすということも、これからの課題です。ここでは、放課後児童クラブでの事故が発生した場合の初期対応について、必要な事項を紹介します。

---

1　状況の把握・応急対応
　①　まず、被害やケガの状況を把握する。
　　　ケガの場合は、受傷部位、受傷程度、重大なケガ（命の危険や大きな損傷等）かどうかの判断をします。
　②　必要に応じて応急処置（止血、冷やす、安静、AEDの使用、人工呼吸等）を行う。
　　　外部の医療機関（救急車・近隣の医院等）で対応する必要があるかについて、迅速に判断します。
　③　救急車の要請が必要な場合は、迅速に119番に通報する。
　　・特に、窒息の場合等は、少しの対応の遅れが命に関わることがあります。
　　・救急車の要請の必要について迷ったときは、「#7119」で相談できます。
　　・付き添いが必要になる際の担当（順番）や、その際に持参する情報等が用意されているか否かも、救急時対応の速度に影響します。
　④　情報収集を行う。
　　　上記の作業をしながら、何が起きたのか、そのことがどのような状況のもとで起きたのかを把握します。

---

2 被害の拡大と二次被害を防ぐ

① 応急処置の対応と並行して、他の子どもの安全の確保を行う。

- 事故現場から遠ざける、安全な場所に移す、子どもたちの気持ちを落ち着かせるなどの対応を行います。
- 事故の場合は、他の子どもに被害がおよぶケースもあります。また、事故を目撃することで、心理的なダメージを受けることもあります。
- 事故が実際に起きたことを想定した訓練により、とっさの行動がとれるようになります。

② ケースによって必要と判断したときは、消防署、警察署等への通報も行う。

3 被害に遭った（負傷した）子どもの保護者への連絡

① 緊急性があると判断したときは、その時点で保護者に連絡する。

② 保護者に連絡する際には、事故の状況と負傷の様子について、簡潔・適切に報告する。

- 必要がある場合は医療機関等へ急行してもらうこともあります。

③ 緊急性がないと判断した場合でも、保護者には可能な限り早く連絡する。

- 負傷の部位や程度によっては、放課後児童支援員が子どもを家庭まで送り届け、直接保護者に説明するなど、丁寧な対応をします。
- 被害に遭った（負傷した）子どもの保護者の心情を十分察して対応し、信頼関係を築くよう、誠意ある対応を心がけます。その際の事故に関する情報は、迅速かつ正確に伝えることが必要です。

4 運営主体の責任者・市町村への連絡

① 運営主体の責任者が放課後児童クラブと離れたところにいる場合は、1～3の応急対応と併せて、緊急時の連絡方法をあらかじめ決めておき、迅速に事故の経緯と応急対応の内容を伝え、その後の対応を話し合う。

② 事故発生時の市町村への連絡方法をあらかじめ取り決めておき、それに従って連絡する。

　ここでは、事故が起きた直後のことだけに限定して最小限に必要とされる対応について紹介しました。それぞれの放課後児童クラブの事故発生時の対応計画や想定訓練に役立ててください。なお、重大事故が起きた場合には事業者を通じて厚生労働省に報告をすることになっています（「特定教育・保育施設等における事故の報告等について」平成29年11月10日府子本第912号・29初幼教第11号・子保発1110第1号・子子発1110第1号・子家発1110第1号）。併せて参照してください。

項目6　放課後児童支援員として求められる役割・機能

# 科目 15

# 放課後児童支援員の仕事内容

## ねらい

➡放課後児童支援員の仕事内容と求められる資質及び技能について理解している。

➡放課後児童支援員の育成支援以外の職務の内容について理解している。

➡放課後児童クラブにおける職員集団のあり方と職場倫理について理解している。

## ポイント

➡主に、設備運営基準第７条及び第８条、運営指針第３章、第４章の５及び第７章の３の内容に基づいて学び、放課後児童支援員としての役割や求められる資質及び技能などについて理解を促す。また、講義に際して、「項目１科目②」、「項目３科目⑧」及び「項目６科目⑯」の内容を活用することが望ましい。

## 主な内容

### 1. 放課後児童支援員の仕事内容

●育成支援の内容と放課後児童支援員の役割

●育成支援を支える職務の内容

## 運営指針第 1 章 3

- 放課後児童クラブにおける育成支援は、子どもが安心して過ごせる生活の場としてふさわしい環境を整え、安全面に配慮しながら子どもが自ら危険を回避できるようにしていくとともに、子どもの発達段階に応じた主体的な遊びや生活が可能となるように、自主性、社会性及び創造性の向上、基本的な生活習慣の確立等により、子どもの健全な育成を図ることを目的とする。

- 放課後児童クラブは、常に保護者と密接な連携をとり、放課後児童クラブにおける子どもの様子を日常的に保護者に伝え、子どもに関する情報を家庭と放課後児童クラブで共有することにより、保護者が安心して子どもを育て、子育てと仕事等を両立できるように支援することが必要である。また、子ども自身への支援と同時に、学校等の関係機関と連携することにより、子どもの生活の基盤である家庭での養育を支援することも必要である。

- 放課後児童支援員は、豊かな人間性と倫理観を備え、常に自己研鑽に励みながら必要な知識及び技能をもって育成支援に当たる役割を担うとともに、関係機関と連携して子どもにとって適切な養育環境が得られるよう支援する役割を担う必要がある。また、放課後児童支援員が行う育成支援について補助する補助員も、放課後児童支援員と共に同様の役割を担うよう努めることが求められる。

  ＊具体的な仕事内容は、運営指針第 3 章を参照してください。

## 運営指針第 4 章 1

- 放課後児童クラブには、年齢や発達の状況が異なる子どもを同時にかつ継続的に育成支援を行う必要があること、安全面での管理が必要であること等から、支援の単位ごとに 2 人以上の放課後児童支援員（基準第 10 条第 3 項各号のいずれかに該当する者であって、都道府県知事が行う研修を修了したもの）を置かなければならない。ただし、そのうち 1 人は、補助員（放課後児童支援員が行う支援について放課後児童支援員を補助する者）に代えることができる。

- 放課後児童支援員等は、支援の単位ごとに育成支援を行わなければならない。なお、放課後児童クラブを利用する子どもが 20 人未満の場合で、放課後児童支援員のうち 1 人を除いた

者又は補助員が同一敷地内にある他の事業所、施設等の職務に従事している場合等は、この限りではない。

- 子どもとの安定的、継続的な関わりが重要であるため、放課後児童支援員の雇用に当たっては、長期的に安定した形態とすることが求められる。
- 放課後児童支援員等の勤務時間については、子どもの受入れ準備や打合せ、育成支援の記録作成等、開所時間の前後に必要となる時間を前提として設定されることが求められる。

## 2. 放課後児童支援員に求められる資質及び技能

● 「健全な心身を有し、豊かな人間性と倫理観を備え、児童福祉事業に熱意のある者」、「児童福祉事業の理論及び実際について訓練を受けた者」の内容
●放課後児童支援員の自己研鑽と運営主体による資質向上のための研修機会の確保の必要性

### 設備運営基準第8条

- 放課後児童健全育成事業者の職員は、常に自己研鑽に励み、児童の健全な育成を図るために必要な知識及び技能の修得、維持及び向上に努めなければならない。
- 放課後児童健全育成事業者は、職員に対し、その資質の向上のための研修の機会を確保しなければならない。

### 運営指針第1章3⑶

　放課後児童支援員は、豊かな人間性と倫理観を備え、常に自己研鑽に励みながら必要な知識及び技能をもって育成支援に当たる役割を担うとともに、関係機関と連携して子どもにとって適切な養育環境が得られるよう支援する役割を担う必要がある。また、放課後児童支援員が行う育成支援について補助する補助員も、放課後児童支援員と共に同様の役割を担うよう努める

ことが求められる。

## 運営指針第1章3⑷

- 放課後児童クラブの運営主体は、放課後児童支援員及び補助員（以下「放課後児童支援員等」という。）に対し、その資質の向上のために職場内外の研修の機会を確保しなければならない。
- 放課後児童支援員等は、常に自己研鑽に励み、子どもの育成支援の充実を図るために、必要な知識及び技能の修得、維持及び向上に努めなければならない。

## 運営指針第3章5⑵

放課後児童クラブの運営に関わる業務として、次の取り組みも必要とされる。
○業務の実施状況に関する日誌（子どもの出欠席、職員の服務に関する状況等）
○運営に関する会議や打合せ、申合せや引継ぎ
○おやつの発注、購入等
○遊びの環境と施設の安全点検、衛生管理、清掃や整理整頓
○保護者との連絡調整
○学校との連絡調整
○地域の関係機関、団体との連絡調整
○会計事務
○その他、事業運営に関する記録

## 運営指針第7章3⑵

- 放課後児童クラブの運営主体は、放課後児童支援員等のための職場内での教育訓練や研修のみならず、職場を離れての研修の機会を確保し、その参加を保障する必要がある。
- 放課後児童支援員等は、研修等を通じて、必要な知識及び技能の習得、維持及び向上に努め

る。

- 放課後児童クラブの運営主体には、職員が自発的、継続的に研修に参加できるように、研修受講計画を策定し、管理するなどの環境を整備していくとともに、職員の自己研鑽、自己啓発への時間的、経済的な支援や情報提供も含めて取り組んでいくことが求められる。

## 3. 放課後児童クラブにおける職員集団のあり方

- ●情報交換や情報共有を図り、適切な分担と協力のもとで育成支援を行う職場体制の構築
- ●事例検討や自己研鑽を通して建設的な意見交換のできる職員集団の形成

### 運営指針第 7 章 3 (1)

- 放課後児童支援員等は、会議の開催や記録の作成等を通じた情報交換や情報共有を図り、事例検討を行うなど相互に協力して自己研鑽に励み、事業内容の向上を目指す職員集団を形成する。
- 放課後児童支援員等は、子どもや保護者を取り巻くさまざまな状況に関心を持ち、育成支援に当たっての課題等について建設的な意見交換を行うことにより、事業内容を向上させるように努める。

## 4. 放課後児童支援員の社会的責任と職場倫理

- ●放課後児童クラブの役割から求められる放課後児童支援員の社会的責任
- ●職場倫理の自覚と事業内容の向上への組織的な取り組み

> ### 設備運営基準第 12 条
>
> 　放課後児童健全育成事業者の職員は、利用者に対し、児童福祉法第 33 条の 10 各号に掲げる行為その他当該利用者の心身に有害な影響を与える行為をしてはならない。

> ### 設備運営基準第 16 条第 1 項
>
> 　放課後児童健全育成事業者の職員は、正当な理由がなく、その業務上知り得た利用者又はその家族の秘密を漏らしてはならない。

> ### 運営指針第 7 章 1 (1)
>
> 　放課後児童クラブには、社会的信頼を得て育成支援に取り組むことが求められる。また、放課後児童支援員等の言動は子どもや保護者に大きな影響を与えるため、放課後児童支援員等は、仕事を進める上での倫理を自覚して、育成支援の内容の向上に努めなければならない。

# 【ポイント解説】

## （１）　育成支援の記録

　これまで、放課後児童クラブでは、運営日誌と併せて育成支援の内容を日常的・継続的に記録することは、個々の努力にゆだねられていたのが実情でした。

　運営指針では、「継続的な育成支援を行うために、障害のある子ども一人ひとりについて放課後児童クラブでの状況や育成支援の内容を記録する」（第 3 章 2 (2)）、「日々の子どもの状況や育成支援の内容を記録する」（第 3 章 5 (1)）と、継続的に育成支援の記録を書くことを育成支援そのものの内容として位置づけています。

　放課後児童支援員には、子どもの状況や育成支援の内容を記録することを仕事のなかに位置づけて取り組むことが求められます。育成支援の記録を書く際の基本的なことをいくつか紹介

します。

　日々の育成支援の記録や職場での事例報告等の場合には、「事例の経過に沿って短くまとめて書く」「事例に書き手の判断（解釈・意見など）を添えて書く」ことが必要になります。それぞれの記録の書き方には、次のような特徴があります。

- 事例の経緯に沿って短くまとめて書く：事例をそれぞれの場面や時間の流れに沿って短くまとめます。その際には、時間を前後させたり、場面を入れ替えたりするなどのことはせずに、事実経過に沿ったまとめ方をします。
- 事例の客観的事実に判断（解釈・意見など）を添えて書く：事例の経過に、ふり返ってみたときに気づいたこと、思ったことなどを書き加えます。その際には、その場そのときの事実の記述と、放課後児童支援員の判断（記録を書くなかで思い起こしたり整理したりした解釈や意見）は、区別して記述するように心がけます。

　なお、「事例を要約して、説明と意見を添えて書く」記録もあります。これは、事例を経過に沿って書くのではなく、内容を整理して要点をまとめ、説明や意見を添えるものです。この記録は、比較的長い期間にわたる事例をまとめ直す場合や、入り組んだ事例を整理する場合のまとめに役立ちます。

　このような育成支援の記録を書く際に、もとになる記録の書き方は、育成支援の場面や事柄について、その場そのときに起きたことを、時間の経過に沿ってありのまま（放課後児童支援員の記憶している事実）に沿って書き留めることです。この記録のときには、「（子どもは）なぜそのような言動をしたのだろうか」「（自分は）なぜそのような言動をしたのか」ということは、事実の説明になりますので、事実を記録する際の解釈や意見として分けておきます。それは、最初から書く際に浮かんだ自分の解釈や意見を織り交ぜて書くと、「（子どもの言動に）自分はこう思ったからこう対応した」「（子どもは）こう思って行動（したに違いない）」などと、気づかぬうちに、後からの理由付けを含めて記してしまう可能性が生まれてしまい、その場そのときの状況を客観的に再現する妨げになることもあるからです。

　このような記録（その場そのときに起きたことを時間の経過に沿ってありのままに書き留める）は、事故報告など事実関係が問われる場合や、職場で事例をくわしく検討する必要が生じた場合に必要とされるものですので、普段からこの書き方で記録を書くことを習慣にしておきましょう。

## （2）　職場倫理について

　職場倫理は、育成支援を進める際に、放課後児童支援員等が守るべき倫理のことです。

　放課後児童クラブでは、子どもの言動に直接影響を与える場面や、子どもの内面に関わる場

面がたくさんあります。また、保護者の話を聞いたり、保護者からの相談に対応したりすることも必要とされます。ときには、家庭の事情をくわしく知ることになる場面に出会うこともあります。このように、放課後児童支援員の行う育成支援は、「子どもや保護者に大きな影響を与える」（運営指針第7章(1)）仕事ですから、職場倫理を明確にして遵守することは欠かせないことです。

　また、職場倫理を「運営主体の指示があるから守る」「法律や社会的な道徳に規制されているから守る」という受け身の考えだけでは、行き詰まってしまうことがいろいろ出てきます。守るべき倫理についての共通理解があること、そのことを支えにして一人ひとりが自主的に考えること、職場のなかで協力し合うことが求められます。

　放課後児童支援員に求められる倫理には、少なくとも次のことが含まれる必要があります。このことについては、運営主体と放課後児童支援員が協力して明文化された規範を作成し、普及することが求められます。

- 子どもの人権の尊重と子どもの性差・個人差への配慮に関すること
- 体罰等、子どもに身体的・精神的苦痛を与える行為の禁止に関すること
- 保護者との対応、信頼関係の構築に関すること
- 個人情報の取り扱いとプライバシーの保護に関すること
- 職場における育成支援内容の向上と放課後児童支援員相互の協力に関すること

また、職場倫理は、運営主体の法令遵守の基礎になるものです。

項目6　放課後児童支援員として求められる役割・機能

# 科目 16 放課後児童クラブの運営管理と運営主体の法令の遵守

## ねらい

➡放課後児童クラブの運営管理の内容について理解している。

➡要望及び苦情への対応のあり方について理解している。

➡運営主体の人権の尊重と法令の遵守のあり方について理解している。

## ポイント

➡主に、設備運営基準第 5 条第 2 項及び第 4 項、第 11 条、第 14 条及び第 17 条、運営指針第 4 章、第 7 章の 1 及び 2 の内容に基づいて学び、放課後児童クラブの運営管理に当たって留意すべき事項、要望及び苦情への取り組みのあり方、運営主体が行わなければならない人権の尊重と法令遵守のあり方及び取り組みなどについて理解を促す。また、講義に際して、「項目 1 科目②」及び「項目 6 科目⑮」の内容を活用することが望ましい。

## 主な内容

### 1. 放課後児童クラブの運営管理

●運営主体が定める事業運営についての重要事項に関する運営規程の内容

●労働環境整備の必要性と、適正な会計管理及び情報公開

## 設備運営基準第 14 条

　放課後児童健全育成事業者は、放課後児童健全育成事業所ごとに、次の各号に掲げる事業の運営についての重要事項に関する運営規程を定めておかなければならない。

　　一　事業の目的及び運営の方針
　　二　職員の職種、員数及び職務の内容
　　三　開所している日及び時間
　　四　支援の内容及び当該支援の提供につき利用者の保護者が支払うべき額
　　五　利用定員
　　六　通常の事業の実施地域
　　七　事業の利用に当たっての留意事項
　　八　緊急時等における対応方法
　　九　非常災害対策
　　十　虐待の防止のための措置に関する事項
　　十一　その他事業の運営に関する重要事項

## 設備運営基準第 15 条

　放課後児童健全育成事業者は、職員、財産、収支及び利用者の処遇の状況を明らかにする帳簿を整備しておかなければならない。

## 運営指針第 4 章 6

- 放課後児童クラブの運営主体は、放課後児童支援員等の労働実態や意向を把握し、放課後児童支援員等が健康で意欲を持って就業できるように、労働環境の整備に努める必要がある。
- 放課後児童支援員等の健康管理や放課後児童クラブとしての衛生管理の観点から、健康診断等の実施が必要である。
- 放課後児童支援員等が、業務中あるいは通勤途上で災害等にあった場合の補償を行うため、

事業主として労災保険に加入しておくことが必要である。また、必要に応じて厚生保険や雇用保険にも加入しておくことが求められる。

**運営指針第4章7**

- 利用料等の徴収、管理及び執行に当たっては、定期的な検査や決算報告を行い、適正な会計管理を行うことが必要である。
- 社会福祉法（昭和26年法律第45号）第75条第1項の規定に基づき、福祉サービスを利用しようとする者が適切かつ円滑にこれを利用できるように、社会福祉事業を運営する事業者には、事業の内容に関する情報の提供についての努力義務が課せられている。このため、放課後児童クラブの運営主体は、会計処理や運営状況について、保護者や地域社会に対して情報公開することが求められる。

## 2. 利用内容等の説明責任と要望及び苦情への取り組み

●利用に当たっての留意事項の明確化や公平性に関する説明責任
●要望及び苦情への対応の体制整備や対応に当たっての考え方及び留意事項

**設備運営基準第17条**

- 放課後児童健全育成事業者は、その行った支援に関する利用者又はその保護者等からの苦情に迅速かつ適切に対応するために、苦情を受け付けるための窓口を設置する等の必要な措置を講じなければならない。
- 放課後児童健全育成事業者は、その行った支援に関し、市町村から指導又は助言を受けた場合は、当該指導又は助言に従って必要な改善を行わなければならない。
- 放課後児童健全育成事業者は、社会福祉法（昭和26年法律第45号）第83条に規定する運営適正化委員会が行う同法第85条第1項の規定による調査にできる限り協力しなければ

ならない。

放課後児童クラブ及び放課後児童クラブの運営主体は、子どもや保護者の苦情等に対して迅速かつ適切に対応して、その解決を図るよう努めなければならない。

• 放課後児童クラブの運営主体は、放課後児童クラブの利用の募集に当たり、適切な時期に様々な機会を活用して広く周知を図ることが必要である。その際には、利用に当たっての留意事項の明文化、入所承認の方法の公平性の担保等に努める必要がある。
• 放課後児童クラブの利用を希望する保護者等に対しては、必要な情報を提供することが求められる。
• 利用の開始に当たっては、説明会等を開催し、利用に際しての決まり等について説明することが求められる。
• 特に新 1 年生の環境変化に配慮して、利用の開始の前に、子どもや家庭の状況、保護者のニーズ及び放課後児童クラブでの過ごし方について十分に保護者等と情報交換することが求められる。
• 子どもが放課後児童クラブを退所する場合には、その子どもの生活の連続性や家庭の状況に配慮し、保護者等からの相談に応じて適切な支援への引き継ぎを行う。

• 要望や苦情を受け付ける窓口を設置し、子どもや保護者等に周知する。
• 苦情対応については、市町村と放課後児童クラブの運営主体が連携して、苦情解決責任者、苦情受付担当者、第三者委員の設置や、解決に向けた手順の整理等を行い、その仕組みについて子どもや保護者等にあらかじめ周知する。

- 子どもや保護者等からの要望や苦情に対しては、迅速かつ適切に、誠意を持って対応する。
- 要望や苦情については、その内容や対応について職員間で共有することにより、事業内容の向上に生かす。

## 3. 運営内容の自己評価と公表

●子どもや保護者の意見や関係機関等からの提言を事業内容に反映させることの必要性
●事業運営の自己評価と公表の必要性

### 設備運営基準第5条第4項

　放課後児童健全育成事業者は、その運営の内容について、自ら評価を行い、その結果を公表するよう努めなければならない。

### 運営指針第1章3 (4)④

　放課後児童クラブの運営主体は、地域社会との交流や連携を図り、保護者や地域社会に当該放課後児童クラブが行う育成支援の内容を適切に説明するよう努めなければならない。

### 運営指針第7章3 (3)

- 放課後児童クラブの運営主体は、その運営の内容について自己評価を行い、その結果を公表するように努める。評価を行う際には、子どもや保護者の意見を取り入れて行うことが求められる。
- 評価の結果については、職員間で共有し、改善の方向性を検討して事業内容の向上に生かす。

# 4. 運営主体の人権の尊重と法令の遵守（個人情報保護等）

●放課後児童クラブの社会的責任と運営主体の責任
●運営主体が必要とする事業運営における倫理規定の内容と法令遵守

### 設備運営基準第5条第2項

　放課後児童健全育成事業者は、利用者の人権に十分配慮するとともに、一人一人の人格を尊重して、その運営を行わなければならない。

### 設備運営基準第11条

　放課後児童健全育成事業者は、利用者の国籍、信条又は社会的身分によって、差別的取扱いをしてはならない。

### 設備運営基準第12条

　放課後児童健全育成事業者の職員は、利用者に対し、法第33条の10各号に掲げる行為その他当該利用者の心身に有害な影響を与える行為をしてはならない。

### 設備運営基準第16条

- 放課後児童健全育成事業者の職員は、正当な理由がなく、その業務上知り得た利用者又はその家族の秘密を漏らしてはならない。
- 放課後児童健全育成事業者は、職員であった者が、正当な理由がなく、その業務上知り得た利用者又はその家族の秘密を漏らすことがないよう、必要な措置を講じなければならない。

運営指針第1章3(4)①⑤

- 放課後児童クラブは、子どもの人権に十分に配慮するとともに、子ども一人ひとりの人格を尊重して育成支援を行い、子どもに影響のある事柄に関して子どもが意見を述べ、参加することを保障する必要がある。
- 放課後児童クラブ及び放課後児童クラブの運営主体は、子どもの利益に反しない限りにおいて、子どもや保護者のプライバシーの保護、業務上知り得た事柄の秘密保持に留意しなければならない。

運営指針第4章5(2)

放課後児童クラブの運営主体は、次の点に留意して運営する必要がある。

○子どもの人権に十分配慮するとともに、一人ひとりの人格を尊重して、その運営を行う。

○子どもや保護者の国籍、信条又は社会的身分による差別的な扱いをしない。

# 【ポイント解説】

## 運営主体が取り組む法令遵守

　運営主体が取り組む法令遵守については、利用者に関することや、事業の社会的責任に関することと共に、放課後児童クラブで働く人たちの職場環境についても取り組む必要があります。ここでは、職場の人間関係について、運営主体と放課後児童クラブのなかであらためて学習し、防止に努める必要のあることを紹介します。

① 職場で性的な言動をされた労働者が、その言動への対応によって不利益を受けること、又は、その性的な言動によってその労働者の就業環境が害されること

　これは、セクシャルハラスメントと呼ばれます。職場におけるセクシャルハラスメントは、働く人の個人としての尊厳を不当に傷つける、社会的に許されない行為です。なお、職場におけるセクシャルハラスメントには、男女の労働者が共に対象となり、同性に対するものも含まれます。職場におけるセクシャルハラスメントは、予想以上に多いのが現状と言われて

います（厚生労働省都道府県労働局雇用均等室『事業者の皆さん　職場のセクシャルハラスメント対策はあなたの義務です!!』p.2 参照）。

　「雇用の分野における男女の均等な機会及び待遇の確保に関する法律（男女雇用機会均等法）」（昭和 47 年法律第 113 号）では、セクシャルハラスメントの対策について、次のように規定しています。

---

（職場における性的な言動に起因する問題に関する雇用管理上の措置等）

**第 11 条**　事業主は、職場において行われる性的な言動に対するその雇用する労働者の対応により当該労働者がその労働条件につき不利益を受け、又は当該性的な言動により当該労働者の就業環境が害されることのないよう、当該労働者からの相談に応じ、適切に対応するために必要な体制の整備その他の雇用管理上必要な措置を講じなければならない。

2　事業主は、労働者が前項の相談を行つたこと又は事業主による当該相談への対応に協力した際に事実を述べたことを理由として、当該労働者に対して解雇その他不利益な取扱いをしてはならない。

3　事業主は、他の事業主から当該事業主の講ずる第 1 項の措置の実施に関し必要な協力を求められた場合には、これに応ずるように努めなければならない。

4　厚生労働大臣は、前 3 項の規定に基づき事業主が講ずべき措置等に関して、その適切かつ有効な実施を図るために必要な指針（次項において「指針」という。）を定めるものとする。

5　略

---

　なお、この法文にある「指針」は、「事業主が職場における性的な言動に起因する問題に関して雇用管理上講ずべき措置についての指針」（平成 18 年厚生労働省告示第 615 号）です。

② 職務上の地位や人間関係などの職場内の優位性を背景にして、業務の適切な範囲を超えて、精神的、身体的苦痛を与え、職場環境を悪化させる行為

　これは、職場のパワーハラスメントと呼ばれる行為です。このことについては、それだけをまとめた法律はありませんが、厚生労働省は、「職場のいじめ・嫌がらせ問題に関する円卓会議ワーキング・グループ報告」（平成 24 年 1 月 30 日）で提言を行っています。

　それによると、「職場内の優位性」とは、「『職務上の地位』に限らず、人間関係や専門知識などの様々な優位性が含まれる」としています。

　この報告では、パワーハラスメントの行為類型の主なものを次のように示しています。

・暴行・傷害（身体的な攻撃）

- 脅迫・名誉毀損・侮辱・ひどい暴言（精神的な攻撃）
- 隔離・仲間外し・無視（人間関係からの切り離し）
- 業務上明らかに不要なことや遂行不可能なことの強制、仕事の妨害（過大な要求）
- 業務上の合理性なく、能力や経験とかけ離れた程度の低い仕事を命じることや仕事を与えないこと（過小な要求）
- 私的なことに過度に立ち入ること（個の侵害）

　なお、厚生労働省労働基準局監督課が示している「モデル就業規則」（常時 10 人以上の従業員を使用する使用者向け）の 12 条には、職場のパワーハラスメントの禁止の規定とその説明がありますので、参考にしてください。

　放課後児童クラブの場合は、少人数の職場で、しかも施設のなかが周囲から見えにくい環境のところが多いため、セクシャルハラスメントやパワーハラスメントなどのことも、自覚的に取り組まなければ早期対応が難しくなる面もあります。運営主体が「セクシャルハラスメント・パワーハラスメント」の防止と、「実際に問題が起きたときに被害を受けた人が不利益を被ることがないように守ること」を明確にして職場全体で対応することが求められます。

　これらのことを確実に実行するためには、事業者及び運営主体の責任者が、「起きていることのいきさつ（なりゆき）や事業の目前の利益と法令を遵守することが相容れない場合には、必ず法令遵守を優先する」という基本姿勢を明確にして、すべての職員がこのことを共有する必要があります。

# 第3部

# 関係法令・通知

# 児童福祉法（抄）

（昭和22年12月12日　法律第164号）

**最終改正**：令和 5 年 6 月16日　法律第58号

注：未施行分については〔参考〕としてp.137に収載

第 1 章　総則
　第 2 節　定義
〔児童〕

**第 4 条**　この法律で、児童とは、満18歳に満たない者をいい、児童を左のように分ける。
　一　乳児　満 1 歳に満たない者
　二　幼児　満 1 歳から、小学校就学の始期に達するまでの者
　三　少年　小学校就学の始期から、満18歳に達するまでの者
〔保護者〕

**第 6 条**　この法律で、保護者とは、親権を行う者、未成年後見人その他の者で、児童を現に監護する者をいう。
〔事業〕

**第 6 条の 3**

②　この法律で、放課後児童健全育成事業とは、小学校に就学している児童であつて、その保護者が労働等により昼間家庭にいないものに、授業の終了後に児童厚生施設等の施設を利用して適切な遊び及び生活の場を与えて、その健全な育成を図る事業をいう。

　　第 2 章　福祉の保障
　　　第 2 節　居宅生活の支援
　　　　第 6 款　子育て支援事業
〔体制の整備〕

**第21条の 8**　市町村は、次条に規定する子育て支援事業に係る福祉サービスその他地域の実情に応じたきめ細かな福祉サービスが積極的に提供され、保護者が、その児童及び保護者の心身の状況、これらの者の置かれている環境その他の状況に応じて、当該児童を養育するために最も適切な支援が総合的に受けられるように、福祉サービスを提供する者又はこれに参画する者の活動の連携及び調整を図るようにすることその他の地域の実情に応じた体制の整備に努めなければならない。
〔子育て支援事業〕

**第21条の 9**　市町村は、児童の健全な育成に資するため、その区域内において、放課後児童健全育成事業、子育て短期支援事業、乳児家庭全戸訪問事業、養育支援訪問事業、地域子育て支援拠点事業、一時預かり事業、病児保育事業及び子育て援助活動支援事業並びに次に掲げる事業であつて主務省令で定めるもの（以下「子育て支援事業」という。）が着実に実施されるよう、必要な措置の実施に努めなければならない。
　一　児童及びその保護者又はその他の者の居宅において保護者の児童の養育を支援する事業
　二　保育所その他の施設において保護者の児童の養育を支援

する事業
　三　地域の児童の養育に関する各般の問題につき、保護者からの相談に応じ、必要な情報の提供及び助言を行う事業
〔放課後児童健全育成事業の利用の促進〕

**第21条の10**　市町村は、児童の健全な育成に資するため、地域の実情に応じた放課後児童健全育成事業を行うとともに、当該市町村以外の放課後児童健全育成事業を行う者との連携を図る等により、第 6 条の 3 第 2 項に規定する児童の放課後児童健全育成事業の利用の促進に努めなければならない。
〔市町村の情報提供等〕

**第21条の11**　市町村は、子育て支援事業に関し必要な情報の収集及び提供を行うとともに、保護者から求めがあつたときは、当該保護者の希望、その児童の養育の状況、当該児童に必要な支援の内容その他の事情を勘案し、当該保護者が最も適切な子育て支援事業の利用ができるよう、相談に応じ、必要な助言を行うものとする。

②　市町村は、前項の助言を受けた保護者から求めがあつた場合には、必要に応じて、子育て支援事業の利用についてあつせん又は調整を行うとともに、子育て支援事業を行う者に対し、当該保護者の利用の要請を行うものとする。

③　市町村は、第 1 項の情報の収集及び提供、相談並びに助言並びに前項のあつせん、調整及び要請の事務を当該市町村以外の者に委託することができる。

④　子育て支援事業を行う者は、前 3 項の規定により行われる情報の収集、あつせん、調整及び要請に対し、できる限り協力しなければならない。
〔届出〕

**第21条の15**　国、都道府県及び市町村以外の子育て支援事業を行う者は、内閣府令で定めるところにより、その事業に関する事項を市町村長に届け出ることができる。

　　第 3 章　事業、養育里親及び養子縁組里親並びに施設
〔放課後児童健全育成事業〕

**第34条の 8**　市町村は、放課後児童健全育成事業を行うことができる。

②　国、都道府県及び市町村以外の者は、内閣府令で定めるところにより、あらかじめ、内閣府令で定める事項を市町村長に届け出て、放課後児童健全育成事業を行うことができる。

③　国、都道府県及び市町村以外の者は、前項の規定により届け出た事項に変更を生じたときは、変更の日から 1 月以内に、その旨を市町村長に届け出なければならない。

④　国、都道府県及び市町村以外の者は、放課後児童健全育成

事業を廃止し、又は休止しようとするときは、あらかじめ、内閣府令で定める事項を市町村長に届け出なければならない。

〔設備及び運営の基準〕

**第34条の8の2** 市町村は、放課後児童健全育成事業の設備及び運営について、条例で基準を定めなければならない。この場合において、その基準は、児童の身体的、精神的及び社会的な発達のために必要な水準を確保するものでなければならない。

② 市町村が前項の条例を定めるに当たつては、内閣府令で定める基準を参酌するものとする。

③ 放課後児童健全育成事業を行う者は、第1項の基準を遵守しなければならない。

〔報告及び立入調査等〕

**第34条の8の3** 市町村長は、前条第1項の基準を維持するため、放課後児童健全育成事業を行う者に対して、必要と認める事項の報告を求め、又は当該職員に、関係者に対して質問させ、若しくはその事業を行う場所に立ち入り、設備、帳簿書類その他の物件を検査させることができる。

② 第18条の16第2項及び第3項の規定は、前項の場合について準用する。

③ 市町村長は、放課後児童健全育成事業が前条第1項の基準に適合しないと認められるに至つたときは、その事業を行う者に対し、当該基準に適合するために必要な措置を採るべき旨を命ずることができる。

④ 市町村長は、放課後児童健全育成事業を行う者が、この法律若しくはこれに基づく命令若しくはこれらに基づいてする処分に違反したとき、又はその事業に関し不当に営利を図り、若しくはその事業に係る児童の処遇につき不当な行為をしたときは、その者に対し、その事業の制限又は停止を命ずることができる。

〔児童厚生施設〕

**第40条** 児童厚生施設は、児童遊園、児童館等児童に健全な遊びを与えて、その健康を増進し、又は情操をゆたかにすることを目的とする施設とする。

**第7章** 雑則

〔福祉の保障に関する連絡調整等〕

**第56条の6**

③ 児童自立生活援助事業又は放課後児童健全育成事業を行う者及び児童福祉施設の設置者は、その事業を行い、又はその施設を運営するに当たつては、相互に連携を図りつつ、児童及びその家庭からの相談に応ずることその他の地域の実情に応じた積極的な支援を行うように努めなければならない。

〔保育所等の設置又は運営の促進〕

**第56条の7**

② 市町村は、必要に応じ、公有財産の貸付けその他の必要な措置を積極的に講ずることにより、社会福祉法人その他の多様な事業者の能力を活用した放課後児童健全育成事業の実施を促進し、放課後児童健全育成事業に係る供給を効率的かつ計画的に増大させるものとする。

③ 国及び都道府県は、前2項の市町村の措置に関し、必要な支援を行うものとする。

〔参考〕

○児童福祉法等の一部を改正する法律（抄）

（令和4年6月15日　法律第66号）

改正：令和4年5月25日　法律第52号

**第2条** 児童福祉法〔昭和22年法律第164号〕の一部を次のように改正する。

　第21条の9中「及び子育て援助活動支援事業」を「、子育て援助活動支援事業、子育て世帯訪問支援事業、児童育成支援拠点事業及び親子関係形成支援事業」に改める。

**附　則**（抄）

（施行期日）

**第1条** この法律は、令和6年4月1日から施行する。〔以下略〕

# 子ども・子育て支援法（抄）

（平成24年8月22日　法律第65号）

**最終改正**：令和5年6月16日　法律第58号

**第1章** 総則

（目的）

**第1条** この法律は、我が国における急速な少子化の進行並びに家庭及び地域を取り巻く環境の変化に鑑み、児童福祉法（昭和22年法律第164号）その他の子どもに関する法律による施策と相まって、子ども・子育て支援給付その他の子ども及び子どもを養育している者に必要な支援を行い、もって一人一人の子どもが健やかに成長することができる社会の実現に寄与することを目的とする。

（基本理念）

**第2条** 子ども・子育て支援は、父母その他の保護者が子育てについての第一義的責任を有するという基本的認識の下に、家庭、学校、地域、職域その他の社会のあらゆる分野における全ての構成員が、各々の役割を果たすとともに、相互に協力して行われなければならない。

2 子ども・子育て支援給付その他の子ども・子育て支援の内

容及び水準は、全ての子どもが健やかに成長するように支援するものであって、良質かつ適切なものであり、かつ、子どもの保護者の経済的負担の軽減について適切に配慮されたものでなければならない。

3 子ども・子育て支援給付その他の子ども・子育て支援は、地域の実情に応じて、総合的かつ効率的に提供されるよう配慮して行われなければならない。

（市町村等の責務）

第3条 市町村（特別区を含む。以下同じ。）は、この法律の実施に関し、次に掲げる責務を有する。

一 子どもの健やかな成長のために適切な環境が等しく確保されるよう、子ども及びその保護者に必要な子ども・子育て支援給付及び地域子ども・子育て支援事業を総合的かつ計画的に行うこと。

二 子ども及びその保護者が、確実に子ども・子育て支援給付を受け、及び地域子ども・子育て支援事業その他の子ども・子育て支援を円滑に利用するために必要な援助を行うとともに、関係機関との連絡調整その他の便宜の提供を行うこと。

三 子ども及びその保護者が置かれている環境に応じて、子どもの保護者の選択に基づき、多様な施設又は事業者から、良質かつ適切な教育及び保育その他の子ども・子育て支援が総合的かつ効率的に提供されるよう、その提供体制を確保すること。

2 都道府県は、市町村が行う子ども・子育て支援給付及び地域子ども・子育て支援事業が適正かつ円滑に行われるよう、市町村に対する必要な助言及び適切な援助を行うとともに、子ども・子育て支援のうち、特に専門性の高い施策及び各市町村の区域を超えた広域的な対応が必要な施策を講じなければならない。

3 国は、市町村が行う子ども・子育て支援給付及び地域子ども・子育て支援事業その他この法律に基づく業務が適正かつ

円滑に行われるよう、市町村及び都道府県と相互に連携を図りながら、子ども・子育て支援の提供体制の確保に関する施策その他の必要な各般の措置を講じなければならない。

（定義）

第6条 この法律において「子ども」とは、18歳に達する日以後の最初の3月31日までの間にある者をいい、「小学校就学前子ども」とは、子どものうち小学校就学の始期に達するまでの者をいう。

2 この法律において「保護者」とは、親権を行う者、未成年後見人その他の者で、子どもを現に監護する者をいう。

### 第4章 地域子ども・子育て支援事業

第59条 市町村は、内閣府令で定めるところにより、第61条第1項に規定する市町村子ども・子育て支援事業計画に従って、地域子ども・子育て支援事業として、次に掲げる事業を行うものとする。

五 児童福祉法第6条の3第2項に規定する放課後児童健全育成事業

### 第6章 費用等

（市町村の支弁）

第65条 次に掲げる費用は、市町村の支弁とする。

六 地域子ども・子育て支援事業に要する費用

（都道府県の負担等）

第67条

3 都道府県は、政令で定めるところにより、市町村に対し、第65条の規定により市町村が支弁する同条第6号に掲げる費用に充てるため、当該都道府県の予算の範囲内で、交付金を交付することができる。

（市町村に対する交付金の交付等）

第68条

3 国は、政令で定めるところにより、市町村に対し、第65条の規定により市町村が支弁する同条第6号に掲げる費用に充てるため、予算の範囲内で、交付金を交付することができる。

# 児童福祉施設の設備及び運営に関する基準（抄）

（昭和23年12月29日　厚生省令第63号）

**最終改正**：令和5年4月1日　内閣府令第38号

**注**：未施行分については〔参考〕としてp.139以降に収載

### 第1章　総則

（趣旨）

第1条 児童福祉法（昭和22年法律第164号。以下「法」という。）第45条第2項の内閣府令で定める基準（以下「設備運営基準」という。）は、次の各号に掲げる基準に応じ、それぞれ当該各号に定める規定による基準とする。

一 法第45条第1項の規定により、同条第2項第1号に掲げ

る事項について都道府県が条例を定めるに当たつて従うべき基準　第8条第2項（入所している者の保護に直接従事する職員に係る部分に限る。）、第17条、第21条、第22条、第22条の2第1項、第27条、第27条の2第1項、第28条、第30条第2項、第33条第1項（第30条第1項において準用する場合を含む。）及び第2項、第38条、第42条、第42条の2第1項、第43条、第49条、第58条、第63条、第69条、

第73条、第74条第1項、第80条、第81条第1項、第82条、第83条、第88条の3、第90条並びに第94条から第97条までの規定による基準

四　法第45条第1項の規定により、同条第2項各号に掲げる事項以外の事項について都道府県が条例を定めるに当たつて参酌すべき基準　この府令に定める基準のうち、前3号に定める規定による基準以外のもの

2　設備運営基準は、都道府県知事の監督に属する児童福祉施設に入所している者が、明るくて、衛生的な環境において、素養があり、かつ、適切な訓練を受けた職員（児童福祉施設の長を含む。以下同じ。）の指導により、心身ともに健やかにして、社会に適応するように育成されることを保障するものとする。

3　内閣総理大臣は、設備運営基準を常に向上させるように努めるものとする。

（最低基準の目的）

第2条　法第45条第1項の規定により都道府県が条例で定める基準（以下「最低基準」という。）は、都道府県知事の監督に属する児童福祉施設に入所している者が、明るくて、衛生的な環境において、素養があり、かつ、適切な訓練を受けた職員の指導により、心身ともに健やかにして、社会に適応するように育成されることを保障するものとする。

（最低基準と児童福祉施設）

第4条　児童福祉施設は、最低基準を超えて、常に、その設備及び運営を向上させなければならない。

2　最低基準を超えて、設備を有し、又は運営をしている児童福祉施設においては、最低基準を理由として、その設備又は運営を低下させてはならない。

　　第6章　児童厚生施設

（設備の基準）

第37条　児童厚生施設の設備の基準は、次のとおりとする。

一　児童遊園等屋外の児童厚生施設には、広場、遊具及び便所を設けること。

二　児童館等屋内の児童厚生施設には、集会室、遊戯室、図書室及び便所を設けること。

（職員）

第38条　児童厚生施設には、児童の遊びを指導する者を置かなければならない。

2　児童の遊びを指導する者は、次の各号のいずれかに該当する者でなければならない。

一　都道府県知事の指定する児童福祉施設の職員を養成する学校その他の養成施設を卒業した者

二　保育士（特区法第12条の5第5項に規定する事業実施区域内にある児童厚生施設にあつては、保育士又は当該事業実施区域に係る国家戦略特別区域限定保育士）の資格を有する者

三　社会福祉士の資格を有する者

四　学校教育法の規定による高等学校若しくは中等教育学校を卒業した者、同法第90条第2項の規定により大学への入学を認められた者若しくは通常の課程による12年の学校教育を修了した者（通常の課程以外の課程によりこれに相当する学校教育を修了した者を含む。）又は文部科学大臣がこれと同等以上の資格を有すると認定した者であつて、2年以上児童福祉事業に従事したもの

五　教育職員免許法（昭和24年法律第147号）に規定する幼稚園、小学校、中学校、義務教育学校、高等学校又は中等教育学校の教諭の免許状を有する者

六　次のいずれかに該当する者であつて、児童厚生施設の設置者（地方公共団体以外の者が設置する児童厚生施設にあつては、都道府県知事）が適当と認めたもの

イ　学校教育法の規定による大学において、社会福祉学、心理学、教育学、社会学、芸術学若しくは体育学を専修する学科又はこれらに相当する課程を修めて卒業した者（当該学科又は当該課程を修めて同法の規定による専門職大学の前期課程を修了した者を含む。）

ロ　学校教育法の規定による大学において、社会福祉学、心理学、教育学、社会学、芸術学若しくは体育学を専修する学科又はこれらに相当する課程において優秀な成績で単位を修得したことにより、同法第102条第2項の規定により大学院への入学が認められた者

ハ　学校教育法の規定による大学院において、社会福祉学、心理学、教育学、社会学、芸術学若しくは体育学を専攻する研究科又はこれらに相当する課程を修めて卒業した者

ニ　外国の大学において、社会福祉学、心理学、教育学、社会学、芸術学若しくは体育学を専修する学科又はこれらに相当する課程を修めて卒業した者

（遊びの指導を行うに当たつて遵守すべき事項）

第39条　児童厚生施設における遊びの指導は、児童の自主性、社会性及び創造性を高め、もつて地域における健全育成活動の助長を図るようこれを行うものとする。

（保護者との連絡）

第40条　児童厚生施設の長は、必要に応じ児童の健康及び行動につき、その保護者に連絡しなければならない。

〔参考〕

○児童福祉法等の一部を改正する法律の施行に伴うこども家庭庁関係内閣府令の整備等に関する内閣府令（抄）

　　　　　　　（令和5年11月14日　内閣府令第72号）

○児童福祉法に基づく指定通所支援の事業等の人員、設備及び運営に関する基準等の一部を改正する内閣府令（抄）

　　　　　　　（令和6年1月25日　内閣府令第5号）

児童福祉施設の設備及び運営に関する基準（昭和23年厚生省令第63号）の一部を次のように改正する。

| 改正後 | 改正前 |
|---|---|
| （趣旨） | （趣旨） |
| **第1条** 〔略〕 | **第1条** 〔略〕 |
| 一 法第45条第1項の規定により、同条第2項第1号に掲げる事項について都道府県が条例を定めるに当たつて従うべき基準 〔中略〕第63条、<u>第73条</u>、第74条第1項、第80条、第81条第1項、第82条、第83条、<u>第88条の3、第88条の6、第88条の7</u>、第90条並びに第94条から第97条までの規定による基準 | 一 法第45条第1項の規定により、同条第2項第1号に掲げる事項について都道府県が条例を定めるに当たつて従うべき基準 〔中略〕第63条、<u>第69条、第73条</u>、第74条第1項、第80条、第81条第1項、第82条、第83条、<u>第88条の3</u>、第90条並びに第94条から第97条までの規定による基準 |
| 〔以下略〕 | 〔以下略〕 |
| （最低基準の目的） | （最低基準の目的） |
| **第2条** 〔前略〕明るくて、衛生的な環境において、素養があり、かつ、適切な訓練を受けた職員の<u>指導又は支援</u>により、心身ともに健やかにして、社 | **第2条** 〔前略〕明るくて、衛生的な環境において、素養があり、かつ、適切な訓練を受けた職員の<u>指導</u>により、心身ともに健やかにして、社会に適応 |
| 会に適応するように育成されることを保障するものとする。 | するように育成されることを保障するものとする。 |

注 表中の実線は令和5年内閣府令第72号による改正分、波線は令和6年内閣府令第5号による改正分である。両改正とも令和6年4月1日から施行される。

# 放課後児童健全育成事業の設備及び運営に関する基準

（平成26年4月30日　厚生労働省令第63号）

**最終改正**：令和5年3月31日　厚生労働省令第48号

（趣旨）

**第1条** この府令は、児童福祉法（昭和22年法律第164号。以下「法」という。）第34条の8の2第2項の放課後児童健全育成事業の設備及び運営に関する基準（以下「設備運営基準」という。）を市町村（特別区を含む。以下同じ。）が条例で定めるに当たって参酌すべき基準を定めるものとする。

2　設備運営基準は、市町村長（特別区の区長を含む。以下同じ。）の監督に属する放課後児童健全育成事業を利用している児童（以下「利用者」という。）が、明るくて、衛生的な環境において、素養があり、かつ、適切な訓練を受けた職員の支援により、心身ともに健やかに育成されることを保障するものとする。

3　内閣総理大臣は、設備運営基準を常に向上させるように努めるものとする。

（最低基準の目的）

**第2条** 法第34条の8の2第1項の規定により市町村が条例で定める基準（以下「最低基準」という。）は、利用者が、明るくて、衛生的な環境において、素養があり、かつ、適切な訓練を受けた職員の支援により、心身ともに健やかに育成されることを保障するものとする。

（最低基準の向上）

**第3条** 市町村長は、その管理に属する法第8条第4項に規定する市町村児童福祉審議会を設置している場合にあってはその意見を、その他の場合にあっては児童の保護者その他児童福祉に係る当事者の意見を聴き、その監督に属する放課後児童健全育成事業を行う者（以下「放課後児童健全育成事業者」という。）に対し、最低基準を超えて、その設備及び運営を向上させるように勧告することができる。

2　市町村は、最低基準を常に向上させるように努めるものとする。

**第4条** 放課後児童健全育成事業者は、最低基準を超えて、常に、その設備及び運営を向上させなければならない。

2 最低基準を超えて、設備を有し、又は運営をしている放課後児童健全育成事業者においては、最低基準を理由として、その設備又は運営を低下させてはならない。

（放課後児童健全育成事業の一般原則）

**第5条** 放課後児童健全育成事業における支援は、小学校に就学している児童であって、その保護者が労働等により昼間家庭にいないものにつき、家庭、地域等との連携の下、発達段階に応じた主体的な遊びや生活が可能となるよう、当該児童の自主性、社会性及び創造性の向上、基本的な生活習慣の確立等を図り、もって当該児童の健全な育成を図ることを目的として行われなければならない。

2 放課後児童健全育成事業者は、利用者の人権に十分配慮するとともに、一人一人の人格を尊重して、その運営を行わなければならない。

3 放課後児童健全育成事業者は、地域社会との交流及び連携を図り、児童の保護者及び地域社会に対し、当該放課後児童健全育成事業者が行う放課後児童健全育成事業の運営の内容を適切に説明するよう努めなければならない。

4 放課後児童健全育成事業者は、その運営の内容について、自ら評価を行い、その結果を公表するよう努めなければならない。

5 放課後児童健全育成事業を行う場所（以下「放課後児童健全育成事業所」という。）の構造設備は、採光、換気等利用者の保健衛生及び利用者に対する危害防止に十分な考慮を払って設けられなければならない。

（放課後児童健全育成事業者と非常災害対策）

**第6条** 放課後児童健全育成事業者は、軽便消火器等の消火用具、非常口その他非常災害に必要な設備を設けるとともに、非常災害に対する具体的計画を立て、これに対する不断の注意と訓練をするように努めなければならない。

2 前項の訓練のうち、避難及び消火に対する訓練は、定期的にこれを行わなければならない。

（安全計画の策定等）

**第6条の2** 放課後児童健全育成事業者は、利用者の安全の確保を図るため、放課後児童健全育成事業所ごとに、当該放課後児童健全育成事業所の設備の安全点検、職員、利用者等に対する事業所外での活動、取組等を含めた放課後児童健全育成事業所での生活その他の日常生活における安全に関する指導、職員の研修及び訓練その他放課後児童健全育成事業所における安全に関する事項についての計画（以下この条において「安全計画」という。）を策定し、当該安全計画に従い必要な措置を講じなければならない。

2 放課後児童健全育成事業者は、職員に対し、安全計画について周知するとともに、前項の研修及び訓練を定期的に実施

しなければならない。

3 放課後児童健全育成事業者は、利用者の安全の確保に関して保護者との連携が図られるよう、保護者に対し、安全計画に基づく取組の内容等について周知しなければならない。

4 放課後児童健全育成事業者は、定期的に安全計画の見直しを行い、必要に応じて安全計画の変更を行うものとする。

（自動車を運行する場合の所在の確認）

**第6条の3** 放課後児童健全育成事業者は、利用者の事業所外での活動、取組等のための移動その他の利用者の移動のために自動車を運行するときは、利用者の乗車及び降車の際に、点呼その他の利用者の所在を確実に把握することができる方法により、利用者の所在を確認しなければならない。

（放課後児童健全育成事業者の職員の一般的要件）

**第7条** 放課後児童健全育成事業において利用者の支援に従事する職員は、健全な心身を有し、豊かな人間性と倫理観を備え、児童福祉事業に熱意のある者であって、できる限り児童福祉事業の理論及び実際について訓練を受けた者でなければならない。

（放課後児童健全育成事業者の職員の知識及び技能の向上等）

**第8条** 放課後児童健全育成事業者の職員は、常に自己研鑽（さん）に励み、児童の健全な育成を図るために必要な知識及び技能の修得、維持及び向上に努めなければならない。

2 放課後児童健全育成事業者は、職員に対し、その資質の向上のための研修の機会を確保しなければならない。

（設備の基準）

**第9条** 放課後児童健全育成事業所には、遊び及び生活の場としての機能並びに静養するための機能を備えた区画（以下この条において「専用区画」という。）を設けるほか、支援の提供に必要な設備及び備品等を備えなければならない。

2 専用区画の面積は、児童1人につきおおむね1.65平方メートル以上でなければならない。

3 専用区画並びに第1項に規定する設備及び備品等（次項において「専用区画等」という。）は、放課後児童健全育成事業所を開所している時間帯を通じて専ら当該放課後児童健全育成事業の用に供するものでなければならない。ただし、利用者の支援に支障がない場合は、この限りでない。

4 専用区画等は、衛生及び安全が確保されたものでなければならない。

（職員）

**第10条** 放課後児童健全育成事業者は、放課後児童健全育成事業所ごとに、放課後児童支援員を置かなければならない。

2 放課後児童支援員の数は、支援の単位ごとに2人以上とする。ただし、その1人を除き、補助員（放課後児童支援員が行う支援について放課後児童支援員を補助する者をいう。第5項において同じ。）をもってこれに代えることができる。

3 放課後児童支援員は、次の各号のいずれかに該当する者であって、都道府県知事又は地方自治法（昭和22年法律第67号）

第252条の19第1項の指定都市若しくは同法第252条の22第1項の中核市の長が行う研修を修了したものでなければならない。

一　保育士（国家戦略特別区域法（平成25年法律第107号）第12条の５第５項に規定する事業実施区域内にある放課後児童健全育成事業所にあっては、保育士又は当該事業実施区域に係る国家戦略特別区域限定保育士）の資格を有する者

二　社会福祉士の資格を有する者

三　学校教育法（昭和22年法律第26号）の規定による高等学校（旧中等学校令（昭和18年勅令第36号）による中等学校を含む。）若しくは中等教育学校を卒業した者、同法第90条第２項の規定により大学への入学を認められた者若しくは通常の課程による12年の学校教育を修了した者（通常の課程以外の課程によりこれに相当する学校教育を修了した者を含む。）又は文部科学大臣がこれと同等以上の資格を有すると認定した者（第９号において「高等学校卒業者等」という。）であって、２年以上児童福祉事業に従事したもの

四　教育職員免許法（昭和24年法律第147号）第４条に規定する免許状を有する者

五　学校教育法の規定による大学（旧大学令（大正７年勅令第388号）による大学を含む。）において、社会福祉学、心理学、教育学、社会学、芸術学若しくは体育学を専修する学科又はこれらに相当する課程を修めて卒業した者（当該学科又は当該課程を修めて同法の規定による専門職大学の前期課程を修了した者を含む。）

六　学校教育法の規定による大学において、社会福祉学、心理学、教育学、社会学、芸術学若しくは体育学を専修する学科又はこれらに相当する課程において優秀な成績で単位を修得したことにより、同法第102条第２項の規定により大学院への入学が認められた者

七　学校教育法の規定による大学院において、社会福祉学、心理学、教育学、社会学、芸術学若しくは体育学を専攻する研究科又はこれらに相当する課程を修めて卒業した者

八　外国の大学において、社会福祉学、心理学、教育学、社会学、芸術学若しくは体育学を専修する学科又はこれらに相当する課程を修めて卒業した者

九　高等学校卒業者等であり、かつ、２年以上放課後児童健全育成事業に類似する事業に従事した者であって、市町村長が適当と認めたもの

十　５年以上放課後児童健全育成事業に従事した者であって、市町村長が適当と認めたもの

4　第２項の支援の単位は、放課後児童健全育成事業における支援であって、その提供が同時に１又は複数の利用者に対して一体的に行われるものをいい、１の支援の単位を構成する児童の数は、おおむね40人以下とする。

5　放課後児童支援員及び補助員は、支援の単位ごとに専ら当該支援の提供に当たる者でなければならない。ただし、利用者が20人未満の放課後児童健全育成事業所であって、放課後児童支援員のうち１人を除いた者又は補助員が同一敷地内にある他の事業所、施設等の職務に従事している場合その他の利用者の支援に支障がない場合は、この限りでない。

（利用者を平等に取り扱う原則）

**第11条**　放課後児童健全育成事業者は、利用者の国籍、信条又は社会的身分によって、差別的取扱いをしてはならない。

（虐待等の禁止）

**第12条**　放課後児童健全育成事業者の職員は、利用者に対し、法第33条の10各号に掲げる行為その他当該利用者の心身に有害な影響を与える行為をしてはならない。

（業務継続計画の策定等）

**第12条の2**　放課後児童健全育成事業者は、放課後児童健全育成事業所ごとに、感染症や非常災害の発生時において、利用者に対する支援の提供を継続的に実施するための、及び非常時の体制で早期の業務再開を図るための計画（以下この条において「業務継続計画」という。）を策定し、当該業務継続計画に従い必要な措置を講ずるよう努めなければならない。

2　放課後児童健全育成事業者は、職員に対し、業務継続計画について周知するとともに、必要な研修及び訓練を定期的に実施するよう努めなければならない。

3　放課後児童健全育成事業者は、定期的に業務継続計画の見直しを行い、必要に応じて業務継続計画の変更を行うよう努めるものとする。

（衛生管理等）

**第13条**　放課後児童健全育成事業者は、利用者の使用する設備、食器等又は飲用に供する水について、衛生的な管理に努め、又は衛生上必要な措置を講じなければならない。

2　放課後児童健全育成事業者は、放課後児童健全育成事業所において感染症又は食中毒が発生し、又はまん延しないように、職員に対し、感染症及び食中毒の予防及びまん延の防止のための研修並びに感染症の予防及びまん延の防止のための訓練を定期的に実施するよう努めなければならない。

3　放課後児童健全育成事業所には、必要な医薬品その他の医療品を備えるとともに、それらの管理を適正に行わなければならない。

（運営規程）

**第14条**　放課後児童健全育成事業者は、放課後児童健全育成事業所ごとに、次の各号に掲げる事業の運営についての重要事項に関する運営規程を定めておかなければならない。

一　事業の目的及び運営の方針

二　職員の職種、員数及び職務の内容

三　開所している日及び時間

四　支援の内容及び当該支援の提供につき利用者の保護者が支払うべき額

五　利用定員

六　通常の事業の実施地域

七　事業の利用に当たっての留意事項

八　緊急時等における対応方法

九　非常災害対策

十　虐待の防止のための措置に関する事項

十一　その他事業の運営に関する重要事項

（放課後児童健全育成事業者が備える帳簿）

**第15条**　放課後児童健全育成事業者は、職員、財産、収支及び利用者の処遇の状況を明らかにする帳簿を整備しておかなければならない。

（秘密保持等）

**第16条**　放課後児童健全育成事業者の職員は、正当な理由がなく、その業務上知り得た利用者又はその家族の秘密を漏らしてはならない。

2　放課後児童健全育成事業者は、職員であった者が、正当な理由がなく、その業務上知り得た利用者又はその家族の秘密を漏らすことがないよう、必要な措置を講じなければならない。

（苦情への対応）

**第17条**　放課後児童健全育成事業者は、その行った支援に関する利用者又はその保護者等からの苦情に迅速かつ適切に対応するために、苦情を受け付けるための窓口を設置する等の必要な措置を講じなければならない。

2　放課後児童健全育成事業者は、その行った支援に関し、市町村から指導又は助言を受けた場合は、当該指導又は助言に従って必要な改善を行わなければならない。

3　放課後児童健全育成事業者は、社会福祉法（昭和26年法律第45号）第83条に規定する運営適正化委員会が行う同法第85条第1項の規定による調査にできる限り協力しなければならない。

（開所時間及び日数）

**第18条**　放課後児童健全育成事業者は、放課後児童健全育成事業所を開所する時間について、次の各号に掲げる区分に応じ、それぞれ当該各号に定める時間以上を原則として、その地方における児童の保護者の労働時間、小学校の授業の終了の時刻その他の状況等を考慮して、当該事業所ごとに定める。

一　小学校の授業の休業日に行う放課後児童健全育成事業

　　1日につき8時間

二　小学校の授業の休業日以外の日に行う放課後児童健全育成事業　1日につき3時間

2　放課後児童健全育成事業者は、放課後児童健全育成事業所を開所する日数について、1年につき250日以上を原則として、その地方における児童の保護者の就労日数、小学校の授業の休業日その他の状況等を考慮して、当該事業所ごとに定める。

（保護者との連絡）

**第19条**　放課後児童健全育成事業者は、常に利用者の保護者と密接な連絡をとり、当該利用者の健康及び行動を説明するとともに、支援の内容等につき、その保護者の理解及び協力を得るよう努めなければならない。

（関係機関との連携）

**第20条**　放課後児童健全育成事業者は、市町村、児童福祉施設、利用者の通学する小学校等関係機関と密接に連携して利用者の支援に当たらなければならない。

（事故発生時の対応）

**第21条**　放課後児童健全育成事業者は、利用者に対する支援の提供により事故が発生した場合は、速やかに、市町村、当該利用者の保護者等に連絡を行うとともに、必要な措置を講じなければならない。

2　放課後児童健全育成事業者は、利用者に対する支援の提供により賠償すべき事故が発生した場合は、損害賠償を速やかに行わなければならない。

　　　附　則

（施行期日）

**第1条**　この省令は、子ども・子育て支援法及び就学前の子どもに関する教育、保育等の総合的な提供の推進に関する法律の一部を改正する法律の施行に伴う関係法律の整備等に関する法律（平成24年法律第67号）の施行の日〔平成27年4月1日〕から施行する。

（職員の経過措置）

**第2条**　この省令の施行の日から平成32年3月31日までの間、第10条第3項の規定の適用については、同項中「修了したもの」とあるのは、「修了したもの（平成32年3月31日までに修了することを予定している者を含む。）」とする。

# 放課後児童健全育成事業の設備及び運営に関する基準について

平成26年5月30日　雇児発0530第1号
各都道府県知事・各指定都市市長・各中核市市長宛
厚生労働省雇用均等・児童家庭局長通知

平成24年8月22日に公布された子ども・子育て支援法及び就学前の子どもに関する教育、保育等の総合的な提供の推進に関する法律の一部を改正する法律の施行に伴う関係法律の整備等に関する法律（平成24年法律第67号）による改正後の児童福祉

法（昭和22年法律第164号。以下「法」という。）第34条の8の2第2項の規定に基づく放課後児童健全育成事業の設備及び運営に関する基準（平成26年厚生労働省令第63号。以下「基準」という。）が本年4月30日に公布されたところであるが、基準の趣旨及び内容は下記のとおりであるので、御了知の上、貴管内市町村（特別区を含み、指定都市及び中核市を除く。）に周知を図るとともに、その運用に遺漏のなきようにされたい。

なお、本通知は地方自治法（昭和22年法律第67号）第245条の4第1項の規定に基づく技術的助言であることを申し添える。

記

第一　基準の内容

1　総論関係

(1)　基準の区分（基準第1条第1項）

基準第1条第1項は、基準のうち、放課後児童健全育成事業に従事する者及びその員数（基準第10条（第4項を除く。）及び附則第2条）については従うべき基準、その他の事項については参酌すべき基準と区分することを定めるものである。

(2)　基準の目的及び向上（基準第1条第2項及び第3項）

① 基準第1条第2項は、基準は、市町村長（特別区の区長を含む。以下同じ。）の監督に属する放課後児童健全育成事業を利用している児童（以下「利用者」という。）が、明るくて、衛生的な環境において、素養があり、かつ、適切な訓練を受けた職員の支援により、心身ともに健やかに育成されることを保障するものとするものである。

② 同条第3項は、厚生労働大臣は、基準を常に向上させるよう努めるものとするものである。

(3)　最低基準の目的及び向上（基準第2条及び第3条）

① 基準第2条は、法第34条の8の2第1項の規定により市町村（特別区を含む。以下同じ。）が条例で定める基準（以下「最低基準」という。）は、利用者が、明るくて、衛生的な環境において、素養があり、かつ、適切な訓練を受けた職員の支援により、心身ともに健やかに育成されることを保障するものとするものである。

② 基準第3条第1項は、市町村長は、その管理に属する法第8条第4項に規定する市町村児童福祉審議会を設置している場合にあってはその意見を、その他の場合にあっては児童の保護者その他児童福祉に係る当事者の意見を聴き、その監督に属する放課後児童健全育成事業を行う者（以下「事業者」という。）に対し、最低基準を超えて、その設備及び運営を向上させるように勧告することができるものとするものである。

③ 基準第3条第2項は、市町村は、最低基準を常に向上させるよう努めるものとするものである。

(4)　最低基準と事業者（基準第4条）

基準第4条は、事業者は、最低基準を超えて、常に、その設備及び運営を向上させなければならないとするとともに、最低基準を超えて、設備を有し、又は運営をしている事業者においては、最低基準を理由として、その設備又は運営を低下させてはならないとするものである。

(5)　放課後児童健全育成事業の一般原則（基準第5条）

① 基準第5条第1項は、放課後児童健全育成事業における支援の目的について定めるものである。放課後児童健全育成事業における「支援」は、放課後児童健全育成事業の対象となる児童について、家庭、地域等との連携の下、発達段階に応じた主体的な遊びや生活が可能となるよう、当該児童の自主性、社会性及び創造性の向上、基本的な生活習慣の確立等を図り、もって当該児童の健全な育成を図ることを目的として行わなければならないものとするものである。

② 同条第2項から第5項までは、事業の一般原則として、

・ 利用者の人権への配慮、人格を尊重して運営すること

・ 地域社会との交流及び連携、児童の保護者及び地域社会に対する運営内容の説明に努めること

・ 運営の内容についての自己評価、結果の公表に努めること

・ 放課後児童健全育成事業を行う場所（以下「事業所」という。）の構造設備について、採光、換気等利用者の保健衛生及びこれらの者に対する危害防止に十分な配慮を払って設けなければならないこと

について定めるものである。

(6)　事業者と非常災害対策（基準第6条）

① 基準第6条第1項は、消火用具、非常口等非常災害に必要な設備の設置、非常災害に対する具体的計画の策定、訓練の実施に努めなければならないとするものである。各事業所においては、防災マニュアル等を備えておくことが望ましい。

② 同条第2項は、訓練のうち、避難及び消火に対する訓練は、定期的にこれを行わなければならないとするものである。

ここでの「定期的」な訓練の実施については、一定の継続性が必要であることや、小学校の学期の区切りにおいて児童の入れ替わりが想定されること等諸般の事情を考慮し、少なくとも年2回以上実施することが望ましい。

(7)　事業者の職員の一般的要件（基準第7条）

基準第7条は、放課後児童健全育成事業において利用者の支援に従事する職員は、健全な心身を有し、豊かな人間性と倫理観を備え、児童福祉事業に熱意のある者であって、できる限り児童福祉事業の理論及び実際につい

て訓練を受けた者でなければならないものである。

　ここでの「利用者の支援に従事する職員」には、放課後児童支援員（３の⑴及び⑶参照）だけでなく、補助員（３の⑵参照）も含まれるものである。

⑻　事業者の職員の知識及び技能の向上等（基準第８条）

①　基準第８条第１項は、事業者の職員は、常に自己研鑽（さん）に励み、児童の健全な育成を図るために必要な知識及び技能の修得、維持及び向上に努めなければならないものとするものである。

②　同条第２項は、事業者は、職員に対し、その資質の向上のための研修の機会を確保しなければならないとするものである。

２　設備に関する基準

⑴　専用区画の設置（基準第９条第１項）

　基準第９条第１項に規定する「専用区画」とは、遊び及び生活の場としての機能並びに静養するための機能を備えた区画をいい、「区画」とは、部屋又は間仕切り等で区切られたスペースをいうものである。ここでの「遊び及び生活の場」とは、児童にとって安心・安全であり、静かに過ごせる場をいうものであり、体育館など、体を動かす遊びや活動を行う場とは区分すること。

　なお、「専用区画」に静養スペースがなく、別の部屋に設置されている場合でも、「静養するための機能」を備えていると取り扱って差し支えないが、例えば、静養が必要な利用者がいる場合にのみ保健室を開放するような場合に、当該保健室の面積を専用区画の面積の算定の基礎に含めることは適当でない（⑵参照）。

⑵　専用区画の面積（基準第９条第２項）

　基準第９条第２項の「児童１人につきおおむね1.65㎡以上」とは、専用区画の面積を児童の数で割った値をいうものである。ここでの「児童の数」の考え方については、３の⑷の「児童の数」と同義である。

　専用区画は、⑴のとおり、利用者の生活の場としての機能が十分に確保される場所であることが必要であるため、事務室、便所等は含まない。

⑶　専用区画等の考え方（基準第９条第３項）

　基準第９条第３項の「放課後児童健全育成事業所を開所している時間帯を通じて専ら当該放課後児童健全育成事業の用に供するものでなければならない」とは、原則として、事業所を開所している時間帯を通じて専用区画等を放課後児童健全育成事業の専用とすることをいうものであり、事業所を開所していない時間帯に他の事業等に利用することを妨げるものではない。

　また、同項の「利用者の支援に支障がない場合」とは、例えば、放課後子供教室など、全ての児童を対象にした事業等と一体的に実施する際に、利用者が利用者以外の児童と共に遊びや生活の時間を過ごす場合が考えられ

る。この場合でも、専用区画の面積については、利用者の数を基礎として算定されるものであることから、利用者の生活の場としての機能が十分担保されるよう、例えば、全ての児童を対象としたプログラムを実施する際には、専用区画の他に必要な場所を活用するなど、十分配慮した運営を行うこと。

⑷　専用区画等の衛生及び安全（基準第９条第４項）

　基準第９条第４項は、専用区画等は、衛生及び安全が確保されたものでなければならないとするものである。

３　職員に関する基準

⑴　放課後児童支援員の配置（基準第10条第１項）

　基準第10条第１項は、事業者は、事業所ごとに、放課後児童支援員（⑶参照）を置かなければならないとするものである。具体的な配置基準については、同条第２項で定めている（⑵参照）。

⑵　放課後児童支援員の数（基準第10条第２項）

　基準第10条第２項は、職員の配置基準を定めるものである。放課後児童支援員は、⑷の「支援の単位」ごとに２人以上置くこととするが、その１人を除き、補助員（放課後児童支援員が行う支援について放課後児童支援員を補助する者をいう。以下同じ。）をもってこれに代えることができるとものする。

　なお、事業所を開所している時間帯を通じて、同項の基準を満たす必要がある。

⑶　放課後児童支援員の資格（基準第10条第３項）

　基準第10条第３項は、放課後児童支援員の資格要件について定めるものである。放課後児童支援員の資格は、児童福祉施設の設備及び運営に関する基準（昭和23年厚生省令第63号）第38条第２項に規定する「児童の遊びを指導する者」の資格を有する者（同項各号のいずれかに該当する者）であって、都道府県知事が行う研修を修了した者を基本としているが、具体的には、基準第10条第３項各号のいずれかに該当する者であって、都道府県知事が行う研修を修了したものとする。なお、「都道府県知事が行う研修」については、本年夏頃を目途に別途お示しする予定である。

　同項第９号については、児童福祉施設の設備及び運営に関する基準第38条第２項各号では定められていないが、放課後児童健全育成事業が児童と継続的に関わる事業であることに鑑み、資格要件の一つとして設けたものである。この「放課後児童健全育成事業に類似する事業に従事した者」とは、放課後子供教室に継続的に従事していた者など、遊びを通じて児童と継続的な関わりを持った経験のある者をいうものである。

⑷　支援の単位（基準第10条第４項）

　基準第10条第２項の「支援の単位」とは、放課後児童健全育成事業における支援であって、その提供が同時に

145

一又は複数の利用者に対して一体的に行われるものをいい、児童の集団の規模を表すものである。

また、一の支援の単位を構成する「児童の数」とは、放課後児童健全育成事業が毎日利用する児童と週のうち数日を利用する児童との双方が考えられる事業であることに鑑み、毎日利用する児童（継続して利用することを前提に申込みをした児童）の人数に、一時的に利用する児童（塾や習い事、保護者のパート就労等により週のうち数日を利用することを前提に申込みをした児童）の平均利用人数を加えた数をいうものである。

なお、ここでの「平均利用人数」は、登録時の利用希望日数を基に算出する。

(5) 職員の考え方（基準第10条第5項）

基準第10条第5項の「支援の単位ごとに専ら当該支援の提供に当たる者でなければならない」とは、原則として、支援の提供時間帯を通じて他の職務に従事しないことをいう。

同項の「利用者の支援に支障がない場合は、この限りでない」とは、例えば、利用者が20人未満の小規模の事業所について、最低1人の放課後児童支援員が専任であって、その1人を除く放課後児童支援員又は補助者（以下「放課後児童支援員等」という。）が同一敷地内にある他の事業所、施設等の業務と兼務しており、当該職員が利用者の安全管理等を行うことができる環境にある場合が考えられる。

また、放課後子供教室など、全ての児童を対象にした事業等と一体的に実施する場合についても、放課後児童支援員等は利用者の支援を行うものであるため、例えば、放課後子供教室と一体的に実施する場合には、当然、放課後子供教室のプログラムの実施や安全管理等を行う人材が必要となるものであり、放課後児童支援員等が放課後子供教室に従事する者の代替となることは認められない。

ただし、一体的に事業を実施する場合には、利用者が利用者以外の児童と共に遊びや生活の時間を過ごすことが望ましいことから、上記のとおり、両事業において適切な人数の職員が配置されている場合に、放課後子供教室等に従事する者と協力し、放課後児童支援員等が利用者以外の児童の安全管理等を合わせて行うことを妨げるものではない。

4 運営に関する基準

(1) 利用者を平等に取り扱う原則（基準第11条）

基準第11条は、事業者に対し、利用者の国籍、信条又は社会的身分によって、差別的な取扱いをすることを禁止するものである。

(2) 虐待等の禁止（基準第12条）

基準第12条は、事業者の職員に対し、利用者に対して法第33条の10各号に掲げる行為その他当該利用者の心身に有害な影響を与える行為を禁止するものである。

(参考) 児童福祉法第33条の10

第33条の10 この法律で、被措置児童等虐待とは、小規模住居型児童養育事業に従事する者、里親若しくはその同居人、乳児院、児童養護施設、障害児入所施設、情緒障害児短期治療施設若しくは児童自立支援施設の長、その職員その他の従業者、指定医療機関の管理者その他の従業者、第12条の4に規定する児童を一時保護する施設を設けている児童相談所の所長、当該施設の職員その他の従業者又は第33条第1項若しくは第2項の委託を受けて児童に一時保護を加える業務に従事する者（以下「施設職員等」と総称する。）が、委託された児童、入所する児童又は一時保護を加え、若しくは加えることを委託された児童（以下「被措置児童等」という。）について行う次に掲げる行為をいう。

一 被措置児童等の身体に外傷が生じ、又は生じるおそれのある暴行を加えること。

二 被措置児童等にわいせつな行為をすること又は被措置児童等をしてわいせつな行為をさせること。

三 被措置児童等の心身の正常な発達を妨げるような著しい減食又は長時間の放置、同居人若しくは生活を共にする他の児童による前二号又は次号に掲げる行為の放置その他の施設職員等としての養育又は業務を著しく怠ること。

四 被措置児童等に対する著しい暴言又は著しく拒絶的な対応その他の被措置児童等に著しい心理的外傷を与える言動を行うこと。

(3) 衛生管理等（基準第13条）

① 基準第13条第1項は、事業者は、利用者の使用する設備、食器等又は飲用に供する水について、衛生的な管理に努め、又は衛生上必要な措置を講じなければならないとするものである。

② 同条第2項は、事業者は、事業所において感染症又は食中毒が発生し、又はまん延しないように必要な措置を講ずるよう努めなければならないとするものである。

③ 同条第3項は、事業所には、必要な医薬品その他の医療品を備えるとともに、それらの管理を適切に行わなければならないとするものである。

(4) 運営規程（基準第14条）

基準第14条は、事業者は、事業所ごとに、次に掲げる事業の運営についての重要事項に関する運営規程を定めておかなければならないとするものである。これは、事業の適切な運営や利用者に対する適切な支援の提供を確保するため、同条第1号から第11号までに掲げる事項を

内容とする規定を定めることを事業所ごとに義務付けたものである。

① 職員の職種、員数及び職務の内容（第2号）

　当該事業所の職員の職種（放課後児童支援員、補助員等）ごとに、員数、職務の内容を定めること。

② 支援の内容及び当該支援の提供により利用者の保護者が支払うべき額（第4号）

　「利用者の保護者が支払うべき額」には、利用料のほか、おやつ代、傷害保険料等、利用料以外にも支払うべき額がある場合には、当該額についても含まれるものである。

③ 利用定員（第5号）

　利用定員は、事業所において、同時に支援の提供を受けることができる児童の数の上限をいうものである。なお、複数の支援の単位が設置されている場合にあっては、当該支援の単位ごとに利用定員を定めること。

④ 通常の事業の実施地域（第6号）

　通常事業を実施しようとする範囲の目安を示すものであり、当該地域を越えて事業を実施することを妨げるものではない。

⑤ 事業の利用に当たっての留意事項（第7号）

　利用者が事業を利用する際に留意すべき事項（設備の利用上の留意事項等）を指すものである。

⑥ 緊急時等における対応方法（第8号）

　利用者に体調の急変が生じた場合等に、速やかに当該利用者の保護者又は医療機関への連絡を行う等の必要な措置を講じることなどが考えられる。

⑦ 虐待の防止のための措置に関する事項（第10号）

　虐待防止に関する責任者の配置等に係る必要な体制の整備、その職員に対する研修の実施等が考えられる。

⑧ その他事業の運営に関する重要事項（第11号）

　苦情解決の体制等事業の運営に関する事項を定めておくことが望ましい。

(5) 事業者が備える帳簿（基準第15条）

　基準第15条は、事業者は、職員、財産、収支及び利用者の処遇の状況を明らかにする帳簿を整備しておかなければならないとするものである。

(6) 秘密保持等（基準第16条）

① 基準第16条第1項は、事業者の職員は、正当な理由がなく、その業務上知り得た利用者又はその家族の秘密を漏らしてはならないとするものである。

② 同条第2項は、事業者は、職員であった者が、正当な理由がなく、その業務上知り得た利用者又はその家族の秘密を漏らすことがないよう、必要な措置を講じなければならないとするものである。

(7) 苦情への対応（基準第17条）

① 基準第17条第1項の「窓口を設置する等の必要な措置」とは、具体的には、

・ 苦情受付の窓口を決めること

・ 事業所内における苦情解決のための手続を明確化すること

・ 苦情受付窓口及び苦情解決の手続について、利用者、職員等に対して周知すること

等の措置をいうものである。

② 同条第3項は、社会福祉法（昭和26年法律第45号）上、都道府県社会福祉協議会の運営適正化委員会が福祉サービスに関する苦情の解決について相談等を行うこととされていることを受けて、運営適正化委員会が行う同法第85条に規定する調査にできる限り協力することとするものである。

　なお、苦情への対応に関しては、「児童福祉施設最低基準等の一部を改正する省令の施行について」（平成12年8月22日障第615号・老発第598号・児発第707号厚生省大臣官房障害保健福祉部長・老人保健福祉局長・児童家庭局長連名通知）の内容も参考にされたい。

(8) 開所時間及び日数（基準第18条）

　基準第18条は、事業者は、

・ 小学校の授業の休業日（土曜日、日曜日、長期休業期間等）については1日につき8時間以上、

・ 小学校の授業の休業日以外の日（授業のある平日）については1日につき3時間以上

を原則として、事業所ごとに開所時間を定めることとするものである。

　また、事業者は、1年につき250日以上を原則として、事業所ごとに開所日数を定めることとするものである。

(9) 保護者との連絡（基準第19条）

　基準第19条は、事業者は、常に利用者の保護者と密接な連絡をとり、当該利用者の健康及び行動を説明するとともに、支援の内容等につき、その保護者の理解及び協力を得るよう努めなければならないとするものである。

(10) 関係機関との連携（基準第20条）

　基準第20条は、事業者は、市町村、児童福祉施設、利用者の通学する小学校等関係機関と密接に連携して利用者の支援に当たらなければならないとするものである。

　特に、放課後児童健全育成事業の実施に当たっては、小学校等における利用者の状況と事業所における利用者の状況について、小学校等の教職員との情報共有を図ることが重要である。このため、事業者は小学校等との間で、定期的に情報連携を図ることが望ましい。ただし、個人情報の取扱いには留意が必要である。

(11) 事故発生時の対応（基準第21条）

　基準第21条は、利用者が安心して支援の提供を受けられるよう、利用者に対する支援の提供により事故が発生

した場合の対応について定めるものである。

① 同条第1項は、事業者は、利用者に対する支援の提供により事故が発生した場合は、速やかに、市町村、当該利用者の保護者等に連絡を行うとともに、必要な措置を講じなければならないとするものである。

② 同条第2項は、事業者は、利用者に対する支援の提供により賠償すべき事故が発生した場合は、損害賠償を速やかに行わなければならないとするものである。

　このほか、以下の点に留意すること。

・　事業者は、利用者に対する支援の提供により事故が発生した場合の対応方法をあらかじめ定めておくことが望ましいこと

・　事業者は、賠償すべき事態において速やかに事業を行うため、損害賠償保険に加入しておくことが望ましいこと

・　事業者は、事故が生じた際にはその原因を解明し、再発を防ぐための対策を講じることが求められること

5　経過措置（基準附則第2条）

　基準附則第2条は、基準の施行の日から平成32年3月31日までの間、基準第10条第3項の規定の適用については、「都道府県知事が行う研修を修了したもの」に、平成32年3月31日までに研修を修了することを予定している者を含めるものとするものである。

第二　施行期日

　基準は、子ども・子育て支援法及び就学前の子どもに関する教育、保育等の総合的な提供の推進に関する法律の一部を改正する法律の施行に伴う関係法律の整備等に関する法律（平成24年法律第67号）の施行の日から施行する。

# 「放課後児童健全育成事業の設備及び運営に関する基準について」の留意事項について

（平成26年5月30日　雇児育発0530第1号　各都道府県・各指定都市・各中核市民生主管部（局）長宛　厚生労働省雇用均等・児童家庭局育成環境課長通知）

　本日、「放課後児童健全育成事業の設備及び運営に関する基準について」（平成26年5月30日雇児発0530第1号厚生労働省雇用均等・児童家庭局長通知。以下「局長通知」という。）が発出され、放課後児童健全育成事業の設備及び運営に関する基準（平成26年厚生労働省令第63号。以下「基準」という。）の趣旨及び内容が示されたところであるが、基準第10条第3項第9号の取扱いについては、下記の事項に留意されたい。

　なお、本通知は地方自治法（昭和22年法律第67号）第245条の4第1項の規定に基づく技術的助言であることを申し添える。

記

　基準第10条第3項第9号の「2年以上放課後児童健全育成事業に類似する事業に従事した者」とは、局長通知3の(3)のとおり、「遊びを通じて児童と継続的な関わりを持った経験のある者」としている。この者は、最終的には市区町村長の判断となるが、例えば、放課後子供教室に従事していた者のほか、地方

公共団体や民間団体が実施する、児童の遊びの場を提供する事業（いわゆる「プレイパーク」や「民間学童」など、児童福祉法上の「放課後児童健全育成事業」の届出を行わずに実施している類似の事業など）において、児童と継続的な関わりを持っていた者等が考えられる。ここでは、児童と積極的な関わりを持つことが必要であり、単なる見守りなどの経験は含まれないこと。なお、遊びを通じて児童と継続的な関わりを持った経験のある者が対象であり、例えば、学習支援を目的とする塾等で、児童に対し継続的に勉強を教えていたとしても、他に遊びを通じて児童と継続的な関わりを持った経験がない限り、対象とはならないこと。

　また、ここでの「継続的」とは、2年以上従事し、かつ、総勤務時間が2000時間程度あることが一定の目安と考えられること。

# 「放課後児童クラブ運営指針」の策定について

（平成27年3月31日　雇児発0331第34号　各都道府県知事・各指定都市市長・各中核市市長宛　厚生労働省雇用均等・児童家庭局長通知）

　子ども・子育て支援施策及び子どもの健全育成の推進については、かねてより格別の御配慮をいただいているところである

が、平成24年に制定された「子ども・子育て支援法及び就学前の子どもに関する教育、保育等の総合的な提供の推進に関する

法律の一部を改正する法律の施行に伴う関係法律の整備等に関する法律」（平成24年法律第67号）により改正された児童福祉法（昭和22年法律第164号）に基づき、厚生労働省においては、平成26年4月30日に「放課後児童健全育成事業の設備及び運営に関する基準」（平成26年厚生労働省令第63号。以下「省令基準」という。）を策定し、全国的な一定水準の質の確保に向けた取組をより一層進めることとしたところである。

平成27年4月からは、省令基準を踏まえて策定される各市町村の条例に基づいて放課後児童クラブが運営されることになるため、その運営の多様性を踏まえつつ、放課後児童クラブにおいて集団の中で子どもに保障すべき遊び及び生活の環境や運営内容の水準を明確化し、事業の安定性及び継続性の確保を図っていく必要があることから、今般、「放課後児童クラブガイドライン」を見直し、別紙のとおり、事業者（運営主体）及び実践者向けの「放課後児童クラブ運営指針」（以下「運営指針」という。）を新たに策定し、国として放課後児童クラブに関する運営及び設備についてのより具体的な内容を定め、平成27年4月1日より適用することとしたので通知する。

この新たな運営指針の策定に当たっては、

① 放課後児童クラブの運営の多様性を踏まえ、「最低基準」としてではなく、望ましい方向に導いていくための「全国的な標準仕様」としての性格を明確化する

② 子どもの視点に立ち、子どもの最善の利益を保障し、子どもにとって放課後児童クラブが安心して過ごせる生活の場となるように、放課後児童クラブが果たすべき役割を再確認し、その役割及び機能を適切に発揮できるような観点で内容を整理する

③ 子どもの発達過程や家庭環境なども考慮して、異なる専門性を有して従事している放課後児童支援員等が子どもとどのような視点で関わることが求められるのかという共通の認識を得るために必要となる内容を充実する

との観点で策定したところであり、各市町村においては、本運営指針に基づき管内の放課後児童クラブが適正かつ円滑に事業運営されているかを定期的に確認し、必要な指導及び助言を行うなど、放課後児童クラブの一定水準の質の確保及びその向上が図られるよう、御尽力いただきたい。

また、貴職におかれては、管内の市町村及び放課後児童クラブの関係者等に周知徹底を図っていただくようお願いしたい。

なお、本通知は地方自治法（昭和22年法律第67号）第245条の4第1項の規定に基づく技術的な助言であることを申し添える。

また、「放課後児童クラブガイドラインについて」（平成19年10月19日雇児発第1019001号）は本通知の施行に伴い廃止する。

**別　紙**

放課後児童クラブ運営指針

**1．放課後児童クラブ運営指針の目次構成**

第1章　総則

　1．趣旨

**2．放課後児童クラブ運営指針**

第1章　総則

1．趣旨

(1) この運営指針は、放課後児童健全育成事業の設備及び運営に関する基準（平成26年厚生労働省令第63号。以下「基準」という。）に基づき、放課後児童健全育成事業を行う場所（以下「放課後児童クラブ」という。）における、子どもの健全な育成と遊び及び生活の支援（以下「育成支援」という。）の内容に関する事項及びこれに関連する事項を定める。

(2) 放課後児童健全育成事業の運営主体は、この運営指針に

149

おいて規定される支援の内容等に係る基本的な事項を踏まえ、各放課後児童クラブの実態に応じて創意工夫を図り、放課後児童クラブの質の向上と機能の充実に努めなければならない。

2. 放課後児童健全育成事業の役割

(1) 放課後児童健全育成事業は、児童福祉法（昭和22年法律第164号。以下「法」という。）第6条の3第2項に基づき、小学校（以下「学校」という。）に就学している子ども（特別支援学校の小学部の子どもを含む。以下同じ。）であって、その保護者が労働等により昼間家庭にいないものに、授業の終了後（以下「放課後」という。）に児童厚生施設等の施設を利用して適切な遊び及び生活の場を与え、子どもの状況や発達段階を踏まえながら、その健全な育成を図る事業である。

(2) 放課後児童健全育成事業の運営主体及び放課後児童クラブは、児童の権利に関する条約の理念に基づき、子どもの最善の利益を考慮して育成支援を推進することに努めなければならない。

(3) 放課後児童健全育成事業の運営主体及び放課後児童クラブは、学校や地域の様々な社会資源との連携を図りながら、保護者と連携して育成支援を行うとともに、その家庭の子育てを支援する役割を担う。

3. 放課後児童クラブにおける育成支援の基本

(1) 放課後児童クラブにおける育成支援

　放課後児童クラブにおける育成支援は、子どもが安心して過ごせる生活の場としてふさわしい環境を整え、安全面に配慮しながら子どもが自ら危険を回避できるようにしていくとともに、子どもの発達段階に応じた主体的な遊びや生活が可能となるように、自主性、社会性及び創造性の向上、基本的な生活習慣の確立等により、子どもの健全な育成を図ることを目的とする。

(2) 保護者及び関係機関との連携

　放課後児童クラブは、常に保護者と密接な連携をとり、放課後児童クラブにおける子どもの様子を日常的に保護者に伝え、子どもに関する情報を家庭と放課後児童クラブで共有することにより、保護者が安心して子どもを育て、子育てと仕事等を両立できるように支援することが必要である。また、子ども自身への支援と同時に、学校等の関係機関と連携することにより、子どもの生活の基盤である家庭での養育を支援することも必要である。

(3) 放課後児童支援員等の役割

　放課後児童支援員は、豊かな人間性と倫理観を備え、常に自己研鑽に励みながら必要な知識及び技能をもって育成支援に当たる役割を担うとともに、関係機関と連携して子どもにとって適切な養育環境が得られるよう支援する役割を担う必要がある。また、放課後児童支援員が行う育成支援について補助する補助員も、放課後児童支援員と共に同

様の役割を担うよう努めることが求められる。

(4) 放課後児童クラブの社会的責任

① 放課後児童クラブは、子どもの人権に十分に配慮するとともに、子ども一人ひとりの人格を尊重して育成支援を行い、子どもに影響のある事柄に関して子どもが意見を述べ、参加することを保障する必要がある。

② 放課後児童クラブの運営主体は、放課後児童支援員及び補助員（以下「放課後児童支援員等」という。）に対し、その資質の向上のために職場内外の研修の機会を確保しなければならない。

③ 放課後児童支援員等は、常に自己研鑽に励み、子どもの育成支援の充実を図るために、必要な知識及び技能の修得、維持及び向上に努めなければならない。

④ 放課後児童クラブの運営主体は、地域社会との交流や連携を図り、保護者や地域社会に当該放課後児童クラブが行う育成支援の内容を適切に説明するよう努めなければならない。

⑤ 放課後児童クラブ及び放課後児童クラブの運営主体は、子どもの利益に反しない限りにおいて、子どもや保護者のプライバシーの保護、業務上知り得た事柄の秘密保持に留意しなければならない。

⑥ 放課後児童クラブ及び放課後児童クラブの運営主体は、子どもや保護者の苦情等に対して迅速かつ適切に対応して、その解決を図るよう努めなければならない。

第2章　事業の対象となる子どもの発達

　放課後児童クラブでは、放課後等に子どもの発達段階に応じた主体的な遊びや生活が可能となるようにすることが求められる。このため、放課後児童支援員等は、子どもの発達の特徴や発達過程を理解し、発達の個人差を踏まえて一人ひとりの心身の状態を把握しながら育成支援を行うことが必要である。

1. 子どもの発達と児童期

　6歳から12歳は、子どもの発達の時期区分において幼児期と思春期・青年期との間にあり、児童期と呼ばれる。

　児童期の子どもは、学校、放課後、家庭のサイクルを基本とした生活となる。

　学校において基礎学力が形成されることに伴い、知的能力や言語能力、規範意識等が発達する。また、身長や体重の増加に伴って体力が向上し、遊びも活発化する。

　社会性の発達に伴い、様々な仲間集団が形成されるなど、子ども同士の関わりも変化する。さらに、想像力や思考力が豊かになることによって遊びが多様化し、創意工夫が加わった遊びを創造できるようになる。

　児童期には、幼児期の発達的特徴を残しつつ、思春期・青年期の発達的特徴の芽生えが見られる。子どもの発達は、行きつ戻りつの繰り返しを経ながら進行していく。

　子どもは、家庭や学校、地域社会の中で育まれる。大人と

の安定した信頼関係のもとで、「学習」、「遊び」等の活動、十分な「休息」、「睡眠」、「食事」等が保障されることによって、子どもは安心して生活し育つことができる。

## 2．児童期の発達の特徴

児童期の発達には、主に次のような特徴がある。

○　ものや人に対する興味が広がり、その興味を持続させ、興味の探求のために自らを律することができるようになる。

○　自然や文化と関わりながら、身体的技能を磨き、認識能力を発達させる。

○　学校や放課後児童クラブ、地域等、子どもが関わる環境が広がり、多様な他者との関わりを経験するようになる。

○　集団や仲間で活動する機会が増え、その中で規律と個性を培うとともに、他者と自己の多様な側面を発見できるようになる。

○　発達に応じて「親からの自立と親への依存」、「自信と不安」、「善悪と損得」、「具体的思考と抽象的思考」等、様々な心理的葛藤を経験する。

## 3．児童期の発達過程と発達領域

児童期には、特有の行動が出現するが、その年齢は固定的なものではなく、個人差も大きい。目安として、おおむね6歳～8歳（低学年）、9歳～10歳（中学年）、11歳～12歳（高学年）の3つの時期に区分することができる。なお、この区分は、同年齢の子どもの均一的な発達の基準ではなく、一人ひとりの子どもの発達過程を理解する目安として捉えるべきものである。

### (1)　おおむね6歳～8歳

子どもは学校生活の中で、読み書きや計算の基本的技能を習得し、日常生活に必要な概念を学習し、係や当番等の社会的役割を担う中で、自らの成長を自覚していく。一方で、同時にまだ解決できない課題にも直面し、他者と自己とを比較し、葛藤も経験する。

遊び自体の楽しさの一致によって群れ集う集団構成が変化し、そこから仲間関係や友達関係に発展することがある。ただし、遊びへの参加がその時の気分に大きく影響されるなど、幼児的な発達の特徴も残している。

ものや人に対する興味が広がり、遊びの種類も多様になっていき、好奇心や興味が先に立って行動することが多い。

大人に見守られることで、努力し、課題を達成し、自信を深めていくことができる。その後の時期と比べると、大人の評価に依存した時期である。

### (2)　おおむね9歳～10歳

論理的な思考や抽象的な言語を用いた思考が始まる。道徳的な判断も、結果だけに注目するのではなく、動機を考慮し始める。また、お金の役割等の社会の仕組みについても理解し始める。

遊びに必要な身体的技能がより高まる。

同年代の集団や仲間を好み、大人に頼らずに活動しようとする。他者の視線や評価に一層敏感になる。

言語や思考、人格等の子どもの発達諸領域における質的変化として表れる「9、10歳の節」と呼ばれる大きな変化を伴っており、特有の内面的な葛藤がもたらされる。この時期に自己の多様な可能性を確信することは、発達上重要なことである。

### (3)　おおむね11歳～12歳

学校内外の生活を通じて、様々な知識が広がっていく。また、自らの得意不得意を知るようになる。

日常生活に必要な様々な概念を理解し、ある程度、計画性のある生活を営めるようになる。

大人から一層自立的になり、少人数の仲間で「秘密の世界」を共有する。友情が芽生え、個人的な関係を大切にするようになる。

身体面において第2次性徴が見られ、思春期・青年期の発達的特徴が芽生える。しかし、性的発達には個人差が大きく、身体的発育に心理的発達が伴わない場合もある。

## 4．児童期の遊びと発達

放課後児童クラブでは、休息、遊び、自主的な学習、おやつ、文化的行事等の取り組みや、基本的な生活に関すること等、生活全般に関わることが行われる。その中でも、遊びは、自発的、自主的に行われるものであり、子どもにとって認識や感情、主体性等の諸能力が統合化される他に代えがたい不可欠な活動である。

子どもは遊びの中で、他者と自己の多様な側面を発見できるようになる。そして、遊びを通じて、他者との共通性と自身の個性とに気付いていく。

児童期になると、子どもが関わる環境が急速に拡大する。関わる人々や遊びの種類も多様になり、活動範囲が広がる。また、集団での遊びを継続することもできるようになっていく。その中で、子どもは自身の欲求と相手の欲求を同時に成立させるすべを見いだし、順番を待つこと、我慢すること、約束を守ることや平等の意味等を身に付け、協力することや競い合うことを通じて自分自身の力を伸ばしていく。

子どもは、遊びを通じて成功や失敗の経験を積み重ねていく。子どもが遊びに自発的に参加し、遊びの楽しさを仲間の間で共有していくためには、大人の援助が必要なこともある。

## 5．子どもの発達過程を踏まえた育成支援における配慮事項

放課後児童支援員等は、子どもの発達過程を踏まえ、次に示す事項に配慮して子ども一人ひとりの心身の状態を把握しながら、集団の中での子ども同士の関わりを大切にして育成支援を行うことが求められる。

### (1)　おおむね6歳～8歳の子どもへの配慮

○　幼児期の発達的特徴も見られる時期であることを考慮する。

○　放課後児童支援員等が身近にいて、子どもが安心して

頼ることのできる存在になれるように心掛ける。

○ 子どもは遊びに夢中になると時間や場所を忘れることがある。安全や健康を管理するために子どもの時間と場所に関する意識にも目を届かせるようにする。

(2) おおむね9歳～10歳の子どもへの配慮

○ 「9、10歳の節」と呼ばれる発達諸領域における質的変化を伴うことを考慮して、子どもの意識や感情の変化を適切に捉えるように心掛ける。

○ 同年代の仲間との関わりを好み、大人に頼らず活動しようとする、他の子どもの視線や評価に敏感になるなど、大人に対する見方や自己と他者への意識や感情の発達的特徴の理解に基づいた関わりをする。

(3) おおむね11歳～12歳の子どもへの配慮

○ 大人から一層自立的になるとともに、子ども同士の個人的な関係を大切にするようになるなどの発達的特徴を理解することに努め、信頼に基づく関わりを心掛ける。

○ ある程度、計画性のある生活を営めるようになる時期であることを尊重し、子ども自身が主体的な遊びや生活ができるような関係を大切にする。

○ 思春期・青年期の発達的特徴が芽生えることを考慮し、性的発達を伴う身体的発育と心理的発達の変化について理解し、適切な対応をする。

(4) 遊びと生活における関わりへの配慮

子どもの遊びへの関わりは、安全の確保のような間接的なものから、大人が自ら遊びを楽しむ姿を見せるというような直接的なものまで、子どもの発達や状況に応じた柔軟なものであることが求められる。また、その時々の子どもの体調や気分によって、遊びの選択や子ども同士の関わり方が異なることを理解することも必要である。

子どもは時に大人の指示を拒んだり、反抗的に見える態度をとったりすることもある。子どもの言動の背景を理解することが求められる。

子どもが放課後児童クラブの中でお互いの役割を理解し合って生活していくためには、子ども同士の中での自律的な関係を認めつつ、一人ひとりの意識や発達の状況にも十分に配慮する必要がある。

第3章　放課後児童クラブにおける育成支援の内容

1．育成支援の内容

(1) 放課後児童クラブに通う子どもは、保護者が労働あるいは疾病や介護等により授業の終了後の時間帯（放課後、学校休業日）に子どもの養育ができない状況によって、放課後児童クラブに通うことが必要となっているため、その期間を子どもが自ら進んで通い続けるためには、放課後児童支援員等が保護者と連携して育成支援を行う必要がある。

(2) 放課後児童クラブは、年齢や発達の状況が異なる多様な子ども達が一緒に過ごす場である。放課後児童支援員等は、それぞれの子どもの発達の特徴や子ども同士の関係を捉えながら適切に関わることで、子どもが安心して過ごせるようにし、一人ひとりと集団全体の生活を豊かにすることが求められる。

(3) 子どもの発達や養育環境の状況等を把握し、子どもが発達面や養育環境等で固有の援助を必要としている場合には、その援助を適切に行う必要がある。

(4) 子どもにとって放課後児童クラブが安心して過ごせる生活の場であり、放課後児童支援員等が信頼できる存在であることを前提として、放課後児童クラブにおける育成支援には、主に次のような内容が求められる。

① 子どもが自ら進んで放課後児童クラブに通い続けられるように援助する。

・ 放課後児童クラブに通うことについて、その必要性を子どもが理解できるように援助する。

・ 放課後児童支援員等は、子どもの様子を日常的に保護者に伝え、放課後児童支援員等と保護者がお互いに子どもの様子を伝え合えるようにする。

・ 子どもが放課後児童クラブに通うことに関して、学校と情報交換し、連携する。

・ 子どもの遊びや生活の環境及び帰宅時の安全等について、地域の人々の理解と協力が得られるようにする。

② 子どもの出欠席と心身の状態を把握して、適切に援助する。

・ 子どもの出欠席についてあらかじめ保護者からの連絡を確認しておくとともに、連絡なく欠席したり来所が遅れたりした子どもについては速やかに状況を把握して適切に対応する。

・ 子どもの来所時には、子どもが安心できるように迎え入れ、子ども一人ひとりの心身の状態を把握する。

・ 遊びや生活の場面における子どもの状況や体調、情緒等を把握し、静養や気分転換が必要な時には適切に対応する。なお、病気やケガの場合は、速やかに保護者と連絡をとる。

③ 子ども自身が見通しを持って主体的に過ごせるようにする。

・ 子どもが放課後児童クラブでの過ごし方について理解できるようにし、主体的に生活できるように援助する。

・ 放課後児童支援員等は、子ども全体に共通する生活時間の区切りをつくり、柔軟に活用して子どもが放課後の時間を自己管理できるように援助する。

・ 放課後児童クラブにおける過ごし方や生活時間の区切り等は、保護者にも伝えて理解を得ておく。

④ 放課後児童クラブでの生活を通して、日常生活に必要となる基本的な生活習慣を習得できるようにする。

・ 手洗いやうがい、持ち物の管理や整理整頓、活動に

応じた衣服の着脱等の基本的な生活習慣が身に付くように援助する。

・　子ども達が集団で過ごすという特性を踏まえて、一緒に過ごす上で求められる協力及び分担や決まりごと等を理解できるようにする。

⑤　子どもが発達段階に応じた主体的な遊びや生活ができるようにする。

・　子ども達が協力し合って放課後児童クラブの生活を維持していくことができるようにする。その際、年齢や発達の状況が異なる子ども達が一緒に生活していることを考慮する。

・　子どもが仲間関係をつくりながら、自発的に遊びをつくり出すことができるようにする。

・　遊びや生活の中で生じる意見の対立やけんかなどについては、お互いの考え方の違いに気付くこと、葛藤の調整や感情の高ぶりを和らげること等ができるように、適切に援助する。

・　子どもの間でいじめ等の関係が生じないように配慮するとともに、万一そのような問題が起きた時には早期対応に努め、放課後児童支援員等が協力して適切に対応する。

・　屋内外ともに子どもが過ごす空間や時間に配慮し、発達段階にふさわしい遊びと生活の環境をつくる。その際、製作活動や伝承遊び、地域の文化にふれる体験等の多様な活動や遊びを工夫することも考慮する。

・　子どもが宿題、自習等の学習活動を自主的に行える環境を整え、必要な援助を行う。

・　放課後児童クラブの子ども達が地域の子ども達と一緒に遊んだり活動したりする機会を設ける。

・　地域での遊びの環境づくりへの支援も視野に入れ、必要に応じて保護者や地域住民が協力しながら活動に関わることができるようにする。

⑥　子どもが自分の気持ちや意見を表現することができるように援助し、放課後児童クラブの生活に主体的に関わることができるようにする。

・　子ども一人ひとりの放課後児童クラブでの生活状況を把握しながら、子どもの情緒や子ども同士の関係にも配慮し、子どもの意見を尊重する。

・　子どもが放課後児童支援員等に悩みや相談事も話せるような信頼関係を築く。

・　行事等の活動では、企画の段階から子どもの意見を反映させる機会を設けるなど、様々な発達の過程にある子どもがそれぞれに主体的に運営に関わることができるように工夫する。

⑦　子どもにとって放課後の時間帯に栄養面や活力面から必要とされるおやつを適切に提供する。

・　発達過程にある子どもの成長にあわせて、放課後の

時間帯に必要とされる栄養面や活力面を考慮して、おやつを適切に提供する。おやつの提供に当たっては、補食としての役割もあることから、昼食と夕食の時間帯等を考慮して提供時間や内容、量等を工夫する。

・　おやつの提供に際しては、安全及び衛生に考慮するとともに、子どもが落ちついて食を楽しめるようにする。

・　食物アレルギーのある子どもについては、配慮すべきことや緊急時の対応等について事前に保護者と丁寧に連絡を取り合い、安全に配慮して提供する。

⑧　子どもが安全に安心して過ごすことができるように環境を整備するとともに、緊急時に適切な対応ができるようにする。

・　子どもが自分で避けることのできない危険に遭遇しないように、遊びと生活の環境について安全点検と環境整備を行う。

・　子どもが危険に気付いて判断したり、事故等に遭遇した際に被害を最小限にしたりするための安全に関する自己管理能力を身に付けられるように援助する。

・　事故やケガ、災害等の緊急時に子どもの安全が守られるように、対応方針を作成して定期的に訓練を行う。

⑨　放課後児童クラブでの子どもの様子を日常的に保護者に伝え、家庭と連携して育成支援を行う。

・　放課後児童クラブにおける子どもの様子を日常的に保護者に伝える。

・　子どもに関する情報を家庭と放課後児童クラブで共有することにより、保護者が安心して子育てと仕事等を両立できるように支援する。

2．障害のある子どもへの対応

(1)　障害のある子どもの受入れの考え方

○　障害のある子どもについては、地域社会で生活する平等の権利の享受と、包容・参加（インクルージョン）の考え方に立ち、子ども同士が生活を通して共に成長できるよう、障害のある子どもも放課後児童クラブを利用する機会が確保されるための適切な配慮及び環境整備を行い、可能な限り受入れに努める。

○　放課後児童クラブによっては、新たな環境整備が必要となる場合なども考えられるため、受入れの判断については、子ども本人及び保護者の立場に立ち、公平性を保って行われるように判断の基準や手続等を定めることが求められる。

○　障害のある子どもの受入れに当たっては、子どもや保護者と面談の機会を持つなどして、子どもの健康状態、発達の状況、家庭の状況、保護者の意向等を個別に把握する。

○　地域社会における障害のある子どもの放課後の生活が保障されるように、放課後等デイサービス等と連携及び

協力を図る。その際、放課後等デイサービスと併行利用している場合には、放課後等デイサービス事業所と十分な連携を図り、協力できるような体制づくりを進めていくことが求められる。

(2) 障害のある子どもの育成支援に当たっての留意点

○ 障害のある子どもが、放課後児童クラブでの子ども達との生活を通して共に成長できるように、見通しを持って計画的な育成支援を行う。

○ 継続的な育成支援を行うために、障害のある子ども一人ひとりについて放課後児童クラブでの状況や育成支援の内容を記録する。

○ 障害のある子どもの育成支援についての事例検討を行い、研修等を通じて、障害について理解する。

○ 障害のある子どもの特性を踏まえた育成支援の向上のために、地域の障害児関係の専門機関等と連携して、相談できる体制をつくる。その際、保育所等訪問支援、障害児等療育支援事業や巡回支援専門員整備事業の活用等も考慮する。

○ 障害のある子どもの育成支援が適切に図られるように、個々の子どもの状況に応じて環境に配慮するとともに、職員配置、施設や設備の改善等についても工夫する。

○ 障害者虐待の防止、障害者の養護者に対する支援等に関する法律（平成23年法律第79号）の理念に基づいて、障害のある子どもへの虐待の防止に努めるとともに、防止に向けての措置を講ずる。

3．特に配慮を必要とする子どもへの対応

(1) 児童虐待への対応

○ 放課後児童支援員等は、児童虐待の防止等に関する法律（平成12年法律第82号）に基づき児童虐待の早期発見の努力義務が課されていることを踏まえ、子どもの状態や家庭の状況の把握により、保護者に不適切な養育等が疑われる場合には、市町村（特別区を含む。以下同じ。）や関係機関と連携し、法第25条の2第1項に規定する要保護児童対策地域協議会で協議するなど、適切に対応することが求められる。

○ 児童虐待が疑われる場合には、放課後児童支援員等は各自の判断だけで対応することは避け、放課後児童クラブの運営主体の責任者と協議の上で、市町村又は児童相談所に速やかに通告し、関係機関と連携して放課後児童クラブとして適切な対応を図らなければならない。

(2) 特別の支援を必要とする子どもへの対応

○ 放課後児童支援員等は、子どもの家庭環境についても配慮し、家庭での養育について特別の支援が必要な状況を把握した場合には、子どもと保護者の安定した関係の維持に留意しつつ、市町村や関係機関と連携して適切な支援につなげるように努める。

○ 放課後児童クラブでの生活に特に配慮を必要とする子

どもの支援に当たっては、保護者、市町村、関係機関と情報交換を行い、連携して適切な育成支援に努める。

(3) 特に配慮を必要とする子どもへの対応に当たっての留意事項

○ 特に配慮を必要とする子どもへの対応に当たっては、子どもの利益に反しない限りにおいて、保護者や子どものプライバシーの保護、業務上知り得た事柄の秘密保持に留意する。

4．保護者との連携

(1) 保護者との連絡

○ 子どもの出欠席についてあらかじめ保護者からの連絡を確認しておく。

○ 放課後児童クラブにおける子どもの遊びや生活の様子を日常的に保護者に伝え、子どもの状況について家庭と放課後児童クラブで情報を共有する。

○ 保護者への連絡については、連絡帳を効果的に活用することが必要である。その他、保護者の迎えの際の直接の連絡、通信、保護者会、個人面談等の様々な方法を有効に活用する。

(2) 保護者からの相談への対応

○ 放課後児童支援員等は、育成支援を通じて保護者との信頼関係を築くことに努めるとともに、子育てのこと等について保護者が相談しやすい雰囲気づくりを心掛ける。

○ 保護者から相談がある場合には、保護者の気持ちを受け止め、相互の信頼関係を基本に保護者の自己決定を尊重して対応する。また、必要に応じて市町村や関係機関と連携する。

(3) 保護者及び保護者組織との連携

○ 放課後児童クラブの活動を保護者に伝えて理解を得られるようにするとともに、保護者が活動や行事に参加する機会を設けるなどして、保護者との協力関係をつくる。

○ 保護者組織と連携して、保護者が互いに協力して子育ての責任を果たせるように支援する。

5．育成支援に含まれる職務内容と運営に関わる業務

(1) 育成支援に含まれる職務内容

放課後児童クラブにおける育成支援に係る職務内容には、次の事項が含まれる。

○ 子どもが放課後児童クラブでの生活に見通しを持てるように、育成支援の目標や計画を作成し、保護者と共通の理解を得られるようにする。

○ 日々の子どもの状況や育成支援の内容を記録する。

○ 職場内で情報を共有し事例検討を行って、育成支援の内容の充実、改善に努める。

○ 通信や保護者会等を通して、放課後児童クラブでの子どもの様子や育成支援に当たって必要な事項を、定期的かつ同時にすべての家庭に伝える。

(2) 運営に関わる業務

放課後児童クラブの運営に関わる業務として、次の取り組みも必要とされる。

- 業務の実施状況に関する日誌（子どもの出欠席、職員の服務に関する状況等）
- 運営に関する会議や打合せ、申合せや引継ぎ
- おやつの発注、購入等
- 遊びの環境と施設の安全点検、衛生管理、清掃や整理整頓
- 保護者との連絡調整
- 学校との連絡調整
- 地域の関係機関、団体との連絡調整
- 会計事務
- その他、事業運営に関する記録

第4章　放課後児童クラブの運営

1．職員体制

(1) 放課後児童クラブには、年齢や発達の状況が異なる子どもを同時にかつ継続的に育成支援を行う必要があること、安全面での管理が必要であること等から、支援の単位ごとに2人以上の放課後児童支援員（基準第10条第3項各号のいずれかに該当する者であって、都道府県知事が行う研修を修了したもの）を置かなければならない。ただし、そのうち1人は、補助員（放課後児童支援員が行う支援について放課後児童支援員を補助する者）に代えることができる。

(2) 放課後児童支援員等は、支援の単位ごとに育成支援を行わなければならない。なお、放課後児童クラブを利用する子どもが20人未満の場合で、放課後児童支援員のうち1人を除いた者又は補助員が同一敷地内にある他の事業所、施設等の職務に従事している場合等は、この限りではない。

(3) 子どもとの安定的、継続的な関わりが重要であるため、放課後児童支援員の雇用に当たっては、長期的に安定した形態とすることが求められる。

(4) 放課後児童支援員等の勤務時間については、子どもの受入れ準備や打合せ、育成支援の記録作成等、開所時間の前後に必要となる時間を前提として設定されることが求められる。

2．子ども集団の規模（支援の単位）

(1) 放課後児童クラブの適切な生活環境と育成支援の内容が確保されるように、施設設備、職員体制等の状況を総合的に勘案し、適正な子ども数の規模の範囲で運営することが必要である。

(2) 子ども集団の規模（支援の単位）は、子どもが相互に関係性を構築したり、1つの集団としてまとまりをもって共に生活したり、放課後児童支援員等が個々の子どもと信頼関係を築いたりできる規模として、おおむね40人以下とする。

3．開所時間及び開所日

(1) 開所時間及び開所日については、保護者の就労時間、学校の授業の終了時刻その他の地域の実情等を考慮して、当該放課後児童クラブごとに設定する。

(2) 開所時間については、学校の授業の休業日は1日につき8時間以上、学校の授業の休業日以外の日は1日につき3時間以上の開所を原則とする。なお、子どもの健全育成上の観点にも配慮した開所時間の設定が求められる。

(3) 開所する日数については、1年につき250日以上を原則として、保護者の就労日数、学校の授業の休業日その他の地域の実情等を考慮して、当該放課後児童クラブごとに設定する。

(4) 新1年生については、保育所との連続性を考慮し、4月1日より受け入れを可能にする必要がある。

4．利用の開始等に関わる留意事項

(1) 放課後児童クラブの運営主体は、放課後児童クラブの利用の募集に当たり、適切な時期に様々な機会を活用して広く周知を図ることが必要である。その際には、利用に当たっての留意事項の明文化、入所承認の方法の公平性の担保等に努める必要がある。

(2) 放課後児童クラブの利用を希望する保護者等に対しては、必要な情報を提供することが求められる。

(3) 利用の開始に当たっては、説明会等を開催し、利用に際しての決まり等について説明することが求められる。

(4) 特に新1年生の環境変化に配慮して、利用の開始の前に、子どもや家庭の状況、保護者のニーズ及び放課後児童クラブでの過ごし方について十分に保護者等と情報交換することが求められる。

(5) 子どもが放課後児童クラブを退所する場合には、その子どもの生活の連続性や家庭の状況に配慮し、保護者等からの相談に応じて適切な支援への引き継ぎを行う。

5．運営主体

(1) 放課後児童健全育成事業は、市町村が行うこととし、放課後児童クラブの運営については、育成支援の継続性という観点からも、安定した経営基盤と運営体制を有し、子どもの健全育成や地域の実情についての理解を十分に有する主体が、継続的、安定的に運営することが求められる。

(2) 放課後児童クラブの運営主体は、次の点に留意して運営する必要がある。

○ 子どもの人権に十分配慮するとともに、一人ひとりの人格を尊重して、その運営を行う。

○ 地域社会との交流及び連携を図り、子どもの保護者及び地域社会に対し、放課後児童クラブの運営の内容を適切に説明するように努める。

○ 放課後児童クラブの運営の内容について、自ら評価を行い、その結果を公表するように努める。

○ 子どもや保護者の国籍、信条又は社会的身分による差別的な扱いをしない。

○　放課後児童クラブごとに事業の運営についての重要事項（①事業の目的及び運営の方針、②職員の職種、員数及び職務の内容、③開所時間及び開所日、④育成支援の内容及び利用料、⑤定員、⑥事業の実施地域、⑦事業の利用に当たっての留意事項、⑧緊急時等における対応方法、⑨非常災害対策、⑩虐待の防止のための措置に関する事項、⑪その他事業の運営に関する重要事項）に関する運営規程を定め、また、職員、財産、収支及び利用者の処遇の状況を明らかにする帳簿を整備する。

○　放課後児童クラブの運営主体に変更が生じる場合には、育成支援の継続性が保障され、子どもへの影響が最小限に抑えられるように努めるとともに、保護者の理解が得られるように努める必要がある。

### 6．労働環境整備

(1)　放課後児童クラブの運営主体は、放課後児童支援員等の労働実態や意向を把握し、放課後児童支援員等が健康で意欲を持って就業できるように、労働環境の整備に努める必要がある。

(2)　放課後児童支援員等の健康管理や放課後児童クラブとしての衛生管理の観点から、健康診断等の実施が必要である。

(3)　放課後児童支援員等が、業務中あるいは通勤途上で災害等にあった場合の補償を行うため、事業主として労災保険に加入しておくことが必要である。また、必要に応じて厚生保険や雇用保険にも加入しておくことが求められる。

### 7．適正な会計管理及び情報公開

(1)　利用料等の徴収、管理及び執行に当たっては、定期的な検査や決算報告を行い、適正な会計管理を行うことが必要である。

(2)　社会福祉法（昭和26年法律第45号）第75条第1項の規定に基づき、福祉サービスを利用しようとする者が適切かつ円滑にこれを利用できるように、社会福祉事業を運営する事業者には、事業の内容に関する情報の提供についての努力義務が課せられている。このため、放課後児童クラブの運営主体は、会計処理や運営状況について、保護者や地域社会に対して情報公開することが求められる。

## 第5章　学校及び地域との関係

### 1．学校との連携

(1)　子どもの生活の連続性を保障するために、情報交換や情報共有、職員同士の交流等によって学校との連携を積極的に図る。

(2)　学校との情報交換や情報共有は日常的、定期的に行い、その実施に当たっては、個人情報の保護や秘密の保持についてあらかじめ取り決めておく。

(3)　子どもの遊びと生活の場を広げるために、学校の校庭、体育館や余裕教室等を利用できるように連携を図る。

### 2．保育所、幼稚園等との連携

(1)　新1年生については、子どもの発達と生活の連続性を保障するために、保育所、幼稚園等と子どもの状況について情報交換や情報共有を行う。

(2)　保育所、幼稚園等との子ども同士の交流、職員同士の交流等を行う。

### 3．地域、関係機関との連携

(1)　放課後児童クラブに通う子どもの生活について地域の協力が得られるように、自治会・町内会や民生委員・児童委員（主任児童委員）等の地域組織や子どもに関わる関係機関等と情報交換や情報共有、相互交流を図る。

(2)　地域住民の理解を得ながら、地域の子どもの健全育成の拠点である児童館やその他地域の公共施設等を積極的に活用し、放課後児童クラブの子どもの活動と交流の場を広げる。

(3)　事故、犯罪、災害等から子どもを守るため、地域住民と連携、協力して子どもの安全を確保する取り組みを行う。

(4)　子どもの病気やケガ、事故等に備えて、日常から地域の保健医療機関等と連携を図る。

### 4．学校、児童館を活用して実施する放課後児童クラブ

(1)　学校施設を活用して実施する放課後児童クラブ

○　学校施設を活用する場合には、放課後児童クラブの運営主体が責任をもって管理運営に当たるとともに、施設の使用に当たって学校や関係者の協力が得られるように努める。

○　「放課後子ども総合プラン」に基づき、放課後子供教室と一体的に実施する場合は、放課後児童クラブに通う子どもの生活の場としての機能を十分に担保し、育成支援の環境に配慮する。なお、放課後子供教室への参加に当たっては、体調や帰宅時刻等の理由から参加できない子どもがいることも考慮する。

○　放課後子供教室の企画内容や準備等について、円滑な協力ができるように放課後子供教室との打合せを定期的に行い、学校区ごとに設置する協議会に参加するなど関係者間の連携を図る。

(2)　児童館を活用して実施する放課後児童クラブ

○　児童館の中で放課後児童クラブを実施する場合は、放課後児童クラブに通う子どもの育成支援の環境及び水準が担保されるようにする。

○　児童館に来館する子どもと放課後児童クラブに在籍する子どもが交流できるように、遊びや活動に配慮する。

○　放課後児童クラブの活動は、児童館内に限定することなく近隣の環境を活用する。

## 第6章　施設及び設備、衛生管理及び安全対策

### 1．施設及び設備

(1)　施設

○　放課後児童クラブには、子どもが安全に安心して過ご

し、体調の悪い時等に静養することができる生活の場としての機能と、遊び等の活動拠点としての機能を備えた専用区画が必要である。

○ 専用区画の面積は、子ども1人につきおおむね1.65㎡以上を確保することが求められる。

○ 室内のレイアウトや装飾、採光等にも配慮し、子どもが心地よく過ごせるように工夫することも求められる。

○ 子どもの遊びを豊かにするため、屋外遊びを行う場所を確保することが求められる。その際、学校施設や近隣の児童遊園・公園、児童館等を有効に活用する。

○ 子どもの遊び及び生活の場の他に、放課後児童支援員等が事務作業や更衣ができるスペース等も求められる。

(2) 設備、備品等

○ 衛生及び安全が確保された設備を備え、子どもの所持品を収納するロッカーや子どもの生活に必要な備品、遊びを豊かにするための遊具及び図書を備える。

○ 年齢に応じた遊びや活動ができるように空間や設備、備品等を工夫する。

2. 衛生管理及び安全対策

(1) 衛生管理

○ 手洗いやうがいを励行するなど、日常の衛生管理に努める。また、必要な医薬品その他の医療品を備えるとともに、それらの管理を適正に行い、適切に使用する。

○ 施設設備やおやつ等の衛生管理を徹底し、食中毒の発生を防止する。

○ 感染症の発生状況について情報を収集し、予防に努める。感染症の発生や疑いがある場合は、必要に応じて市町村、保健所等に連絡し、必要な措置を講じて二次感染を防ぐ。

○ 感染症や食中毒等の発生時の対応については、市町村や保健所との連携のもと、あらかじめ放課後児童クラブとしての対応方針を定めておくとともに、保護者と共有しておく。

(2) 事故やケガの防止と対応

○ 日常の遊びや生活の中で起きる事故やケガを防止するために、室内及び屋外の環境の安全性について毎日点検し、必要な補修等を行う。これには、遠足等行事の際の安全点検も含まれる。

○ 事故やケガの防止に向けた対策や発生時の対応に関するマニュアルを作成し、マニュアルに沿った訓練又は研修を行い、放課後児童支援員等の間で共有する。

○ 放課後児童支援員等は、子どもの年齢や発達の状況を理解して、子どもが自らの安全を守るための行動について学習し、習得できるように援助する。

○ おやつの提供に際して、食物アレルギー事故、窒息事故等を防止するため、放課後児童支援員等は応急対応について学んでおく。

○ 事故やケガが発生した場合には、速やかに適切な処置を行うとともに、子どもの状況等について速やかに保護者に連絡し、運営主体及び市町村に報告する。

○ 放課後児童クラブの運営主体は、放課後児童支援員等及び子どもに適切な安全教育を行うとともに、発生した事故事例や事故につながりそうな事例の情報を収集し、分析するなどして事故防止に努める。

○ 放課後児童クラブの運営主体は、必ず損害賠償保険に加入し、賠償すべき事故が発生した場合は、損害賠償を速やかに行う。また、傷害保険等に加入することも必要である。

(3) 防災及び防犯対策

○ 放課後児童クラブの運営主体は、市町村との連携のもとに災害等の発生に備えて具体的な計画及びマニュアルを作成し、必要な施設設備を設けるとともに、定期的に（少なくとも年2回以上）訓練を行うなどして迅速に対応できるようにしておく。また、外部からの不審者等の侵入防止のための措置や訓練など不測の事態に備えて必要な対応を図る。

○ 市町村や学校等関係機関と連携及び協力を図り、防災や防犯に関する訓練を実施するなど、地域における子どもの安全確保や安全点検に関する情報の共有に努める。

○ 災害等が発生した場合には、子どもの安全確保を最優先にし、災害等の状況に応じた適切な対応をとる。

○ 災害等が発生した際の対応については、その対応の仕方を事前に定めておくとともに、緊急時の連絡体制を整備して保護者や学校と共有しておく。

(4) 来所及び帰宅時の安全確保

○ 子どもの来所や帰宅の状況について、必要に応じて保護者や学校と連絡を取り合って安全を確保する。

○ 保護者と協力して、地域組織や関係機関等と連携した、安全確保のための見守り活動等の取り組みを行う。

第7章 職場倫理及び事業内容の向上

1. 放課後児童クラブの社会的責任と職場倫理

(1) 放課後児童クラブには、社会的信頼を得て育成支援に取り組むことが求められる。また、放課後児童支援員等の言動は子どもや保護者に大きな影響を与えるため、放課後児童支援員等は、仕事を進める上での倫理を自覚して、育成支援の内容の向上に努めなければならない。

(2) 放課後児童クラブの運営主体は、法令を遵守するとともに、次の事項を明文化して、すべての放課後児童支援員等が職場倫理を自覚して職務に当たるように組織的に取り組む。

○ 子どもや保護者の人権に十分配慮するとともに、一人ひとりの人格を尊重する。

○ 児童虐待等の子どもの心身に有害な影響を与える行為

を禁止する。

○ 国籍、信条又は社会的な身分による差別的な扱いを禁止する。

○ 守秘義務を遵守する。

○ 関係法令に基づき個人情報を適切に取り扱い、プライバシーを保護する。

○ 保護者に誠実に対応し、信頼関係を構築する。

○ 放課後児童支援員等が相互に協力し、研鑽を積みながら、事業内容の向上に努める。

○ 事業の社会的責任や公共性を自覚する。

2．要望及び苦情への対応

(1) 要望や苦情を受け付ける窓口を設置し、子どもや保護者等に周知する。

(2) 苦情対応については、市町村と放課後児童クラブの運営主体が連携して、苦情解決責任者、苦情受付担当者、第三者委員の設置や、解決に向けた手順の整理等を行い、その仕組みについて子どもや保護者等にあらかじめ周知する。

(3) 子どもや保護者等からの要望や苦情に対しては、迅速かつ適切に、誠意を持って対応する。

(4) 要望や苦情については、その内容や対応について職員間で共有することにより、事業内容の向上に生かす。

3．事業内容向上への取り組み

(1) 職員集団のあり方

○ 放課後児童支援員等は、会議の開催や記録の作成等を通じた情報交換や情報共有を図り、事例検討を行うなど

相互に協力して自己研鑽に励み、事業内容の向上を目指す職員集団を形成する。

○ 放課後児童支援員等は、子どもや保護者を取り巻くさまざまな状況に関心を持ち、育成支援に当たっての課題等について建設的な意見交換を行うことにより、事業内容を向上させるように努める。

(2) 研修等

○ 放課後児童クラブの運営主体は、放課後児童支援員等のための職場内での教育訓練や研修のみならず、職場を離れての研修の機会を確保し、その参加を保障する必要がある。

○ 放課後児童支援員等は、研修等を通じて、必要な知識及び技能の習得、維持及び向上に努める。

○ 放課後児童クラブの運営主体には、職員が自発的、継続的に研修に参加できるように、研修受講計画を策定し、管理するなどの環境を整備していくとともに、職員の自己研鑽、自己啓発への時間的、経済的な支援や情報提供も含めて取り組んでいくことが求められる。

(3) 運営内容の評価と改善

○ 放課後児童クラブの運営主体は、その運営の内容について自己評価を行い、その結果を公表するように努める。評価を行う際には、子どもや保護者の意見を取り入れて行うことが求められる。

○ 評価の結果については、職員間で共有し、改善の方向性を検討して事業内容の向上に生かす。

# 職員の資質向上・人材確保等研修事業の実施について（抄）

（平成27年5月21日　雇児発0521第19号
各都道府県知事宛　厚生労働省雇用均等・児童家庭局長通知）

最終改正：令和2年3月27日子発0327第4号

子ども・子育て支援の推進に当たって、子ども・子育て支援法を始めとする子ども・子育て関連3法に基づき、質の高い保育及び地域型保育並びに地域子ども・子育て支援事業を提供することとしているが、その提供に当たっては、担い手となる職員の資質向上及び人材確保を行うことが重要である。このため、下記のとおり、職員の資質向上・人材確保等研修事業を実施し、平成27年4月1日より適用することとしたので通知する。

ついては、管内市町村（特別区を含む。）に対して周知をお願いするとともに、本事業の適正かつ円滑な実施に期されたい。

記

1　事業の種類

(1) 保育の質の向上のための研修等事業

(2) 保育士等キャリアアップ研修事業

(3) 新規卒業者の確保、就業継続支援事業

(4) 多様な保育研修事業

(5) 放課後児童支援員等研修事業

(6) ファミリー・サポート・センター事業アドバイザー・援助を行う会員研修事業

(7) 認可外の居宅訪問型保育研修事業

2　事業の実施

事業の実施に当たっては、次によること。

(1) 保育の質の向上のための研修等事業実施要綱（別添1）

(2) 保育士等キャリアアップ研修事業実施要綱（別添2）

(3) 新規卒業者の確保、就業継続支援事業実施要綱（別添3）

(4) 多様な保育研修事業実施要綱（別添4）

(5) 放課後児童支援員等研修事業実施要綱（別添5）

(6) ファミリー・サポート・センター事業アドバイザー・援助を行う会員研修事業実施要綱（別添6）

(7) 認可外の居宅訪問型保育研修事業実施要綱（別添7）

放課後児童支援員等研修事業実施要綱

I 放課後児童支援員認定資格研修事業（都道府県等認定資格研修ガイドライン）

1 趣旨・目的

本事業は、「放課後児童健全育成事業の設備及び運営に関する基準」（平成26年厚生労働省令第63号。以下「基準」という。）に基づき、基準第10条第3項の各号のいずれかに該当する者が、放課後児童支援員として必要となる基本的生活習慣の習得の援助、自立に向けた支援、家庭と連携した生活支援等に必要な知識及び技能を習得し、有資格者となるための都道府県知事、指定都市市長又は中核市市長が行う研修（以下「認定資格研修」という。）の円滑な実施に資するために実施するものである。

認定資格研修は、一定の知識及び技能を有すると考えられる基準第10条第3項の各号のいずれかに該当する者が、放課後児童健全育成事業（放課後児童クラブ）に従事する放課後児童支援員として必要な知識及び技能を補完し、新たに策定した基準及び放課後児童クラブ運営指針（平成27年3月31日雇児発0331第34号厚生労働省雇用均等・児童家庭局長通知）に基づく放課後児童支援員としての役割及び育成支援の内容等の共通の理解を得るため、職務を遂行する上で必要最低限の知識及び技能の習得とそれを実践する際の基本的な考え方や心得を認識してもらうことを目的として実施するものである。

2 実施主体

認定資格研修の実施主体は、都道府県、指定都市又は中核市（以下、「都道府県等」という。）とする。

ただし、都道府県は、認定資格研修を実施する上で適当と認める市町村（特別区を含む。以下同じ。）、民間団体等に事業の一部を委託することができる。また、指定都市及び中核市（以下、「指定都市等」という。）は、認定資格研修を実施する上で適当と認める民間団体等に事業の一部を委託することができる。

3 実施内容

(1) 研修対象者

基準第10条第3項の各号のいずれかに該当する者等で、放課後児童支援員として放課後児童健全育成事業に従事しようとする者とする。

(2) 定員

1回の認定資格研修の定員は、おおむね100名程度までとする。

ただし、認定資格研修の効果に支障が生じない限り、都道府県等の実情に応じて実施回数や研修会場の規模等を考慮して、おおむね100名程度を上回る定員を設定しても差し支えない。

(3) 研修項目・科目及び研修時間数（24時間）等

研修項目、研修科目及び研修時間数等については、別紙のとおりとし、都道府県等の実情に応じて研修科目等を追加して実施しても差し支えない。

また、授業形態は、適宜演習を取り入れたりするなどして学びを深めるように工夫しながら実施するものとする。

特に、講師の選定に当たっては、別紙の講師要件を参考として、認定資格研修を適切に実施、指導できる者により行われるよう十分配慮する必要がある。

(4) 研修期間等

1回の認定資格研修については、原則として2～3か月以内で実施するものとする。

ただし、都道府県等の実情に応じて2期に分けて実施するなど6か月の範囲内で実施しても差し支えない。

また、認定資格研修の時間帯及び曜日の設定については、都道府県等の実情に応じて受講者が受講しやすいよう適宜工夫するものとする。

(5) 研修の教材

認定資格研修の教材は、「放課後児童クラブ運営指針」（平成27年3月31日付け雇児発0331第34号厚生労働省雇用均等・児童家庭局長通知別紙）及び「放課後児童クラブ運営指針解説書」の使用を必須とする。なお、前記に加えて、研修カリキュラムを適切に実施する上で適当なものを使用することも可能とする。

(6) 科目の一部免除

都道府県等は、既に取得している資格等に応じて、以下のとおり、研修科目の一部について免除することができるものとする。

ア 基準第10条第3項第1号に規定する保育士の資格を有する者

別紙の「2—④ 子どもの発達理解」、「2—⑤ 児童期（6歳～12歳）の生活と発達」、「2—⑥ 障害のある子どもの理解」、「2—⑦ 特に配慮を必要とする子どもの理解」

イ 基準第10条第3項第2号に規定する社会福祉士の資格を有する者

別紙の「2—⑥ 障害のある子どもの理解」、「2—⑦ 特に配慮を必要とする子どもの理解」

ウ 基準第10条第3項第4号に規定する教諭となる資格を有する者

別紙の「2—④ 子どもの発達理解」、「2—⑤ 児童期（6歳～12歳）の生活と発達」

(7) 既修了科目の取扱い

受講者が認定資格研修受講中に、他の都道府県等に転居した場合や病気等のやむを得ない理由により認定資格研修の一部を欠席した場合等における既修了科目の取扱いについては、既に履修したものとみなし、認定資格研

修を実施した都道府県等は、受講者に対し「放課後児童支援員認定資格研修一部科目修了証」（様式第1号）を発行することができるものとする。

(8) 修了評価

認定資格研修の修了評価については、研修修了者の質の確保を図る観点から、適正に行われる必要があり、都道府県等は、例えば、1日単位でレポート又はチェックシートを提出させるなど、各受講者が放課後児童支援員として業務を遂行する上で必要最低限の知識及び技能の習得とそれを実践する際の基本的な考え方や心得の認識を確認するものとする。

なお、受講者が提出するレポート又はチェックシートには、科目の履修又は認定資格研修全体を通じて学んだこと、理解したこと、今後役に立つと思われること、研修講師の評価などを記載してもらうことを想定しており、レポート又はチェックシート自体に理解度の評価（判定）を行って、科目履修の可否を決定することまでは想定していないことに留意すること。

4 実施手続

(1) 受講の申込み及び受講資格等の確認

ア 受講の申込み及び受講資格の確認

都道府県等は、受講希望者が受講の申込みをするに当たり、受講希望者が希望する認定資格研修の実施主体である都道府県等に受講申込書を提出させるものとする。

ただし、都道府県は、受講希望者が受講の申込みをするに当たり、放課後児童健全育成事業所を所管する市町村を経由させて、受講申込書を提出させることができるものとする。その際、基準第10条第3項の各号等のいずれかに該当するかの確認を行うこととし、各種資格証や修了証明書、実務経験証明書の原本若しくはその写し等により、確実に要件の確認を行わなければならない。その実施に当たっては、市町村と連携及び協力して、円滑に実施できるような工夫が必要である。なお、基準第10条第3項第9号に該当するかの確認については、当該市町村が認定したことの分かる資料を添付させるなどの方法により行うこと。なお、受講者が5の(4)ア～エのいずれかに該当する者であると認める場合、都道府県等は関係する市町村と協議のうえ、受講の適否を検討すること。

イ 受講者本人の確認

都道府県等は、受講者本人であることの確認を併せて行うこととし、住民票の写し、健康保険証、運転免許証、パスポート等の公的機関発行の証明書等を提出又は提示させ、本人確認を行うものとする。

なお、①及び②の確認を行うに際しては、受講希望者に対して、募集時等に必要な情報を事前に周知する必要がある。

(2) 受講場所

認定資格研修の受講場所は、原則として、現に放課後児童クラブに従事している者はその勤務地の都道府県等で、それ以外の者は現住所地の都道府県等で受講するものとする。

(3) 修了の認定・修了証の交付

都道府県等は、基準第10条第3項の各号のいずれかに該当し、認定資格研修の全科目を履修し、放課後児童支援員としての必要な知識及び技能を習得したと認められる者に対して、修了の認定を行い、全国共通の「放課後児童支援員認定資格研修修了証」〔賞状形式及び携帯用形式〕（様式第2号）を都道府県知事名、指定都市市長名又は中核市市長名で交付するものとする。なお、基準第10条第3項各号のいずれかに該当する見込みの者が研修を修了した場合、都道府県等は、当該者が基準第10条第3項各号のいずれかに該当したことを確認した後、修了証を発行する。

ただし、修了の認定及び修了証の交付については、委託することができない。

5 認定等事務

(1) 認定者名簿の作成

都道府県は、「放課後児童支援員認定資格研修修了証」を交付した者の必要事項【氏名、生年月日、現住所又は連絡先、修了年月日、修了証番号等】を記載した「○○都道府県放課後児童支援員認定者名簿」を作成するものとする。

指定都市等は、「放課後児童支援員認定資格研修修了証」を交付した者の必要事項【氏名、生年月日、現住所又は連絡先、修了年月日、修了証番号等】を記載した「○○市放課後児童支援員認定者名簿」を作成し、所在の都道府県に速やかに報告するものとする。報告を受けた都道府県は、前記の「○○都道府県放課後児童支援員認定者名簿」に指定都市等から報告された「○○市放課後児童支援員認定者名簿」の内容を反映させ、指定都市等が「放課後児童支援員認定資格研修修了証」を交付した者も含めて管理するものとする。

(2) 認定者名簿の管理

都道府県等は、認定者名簿を管理するに際して、個人情報の保護に十分留意して、安全かつ適切な措置を講ずるとともに、永年保存とし、修了証の再交付等に対応できる体制を整備するものとする。

(3) 修了証の再交付等

都道府県等は、認定を受けた者が、認定者名簿に記載された内容（氏名、現住所又は連絡先）に変更が生じたこと、又は修了証を紛失（又は汚損）したことの申し出があった際には、速やかに、修了証の再交付等の手続を

行うものとする。また、指定都市等においては、変更内容等を所在の都道府県に速やかに報告するものとする。

(4) 認定の取消

都道府県等は、認定を受けた者が、次の事由に該当すると認められる場合には、当該者を認定者名簿から削除することができるものとする。また、指定都市等においては、当該者を認定者名簿から削除した場合には、その旨を所在の都道府県に速やかに報告するものとする。

ア　虚偽又は不正の事実に基づいて認定を受けた場合

イ　虐待等の禁止（基準第12条）に違反した場合

ウ　秘密保持義務（基準第16条第1項）に違反した場合

エ　その他放課後児童支援員としての信用失墜行為を行った場合　など

6　留意事項

(1) 都道府県は、認定資格研修の実施に当たって、管内の市町村や関係団体等と十分な連携を図り、効果的で円滑な実施が図られるよう努めること。特に、指定都市等が所在する都道府県においては、都道府県と指定都市等の間で研修実施について十分協議を行い、地域によって研修が受講できないといったことが起きないよう、地域の実情に応じた適切な対応をすること。

(2) 都道府県等又は本事業の委託を受けた者は、事業実施上知り得た研修受講者に係る秘密の保持について、十分留意すること。

7　研修会参加費用

研修会参加費用のうち、資料等に係る実費相当部分、研修会場までの受講者の旅費及び宿泊費については、受講者等が負担するものとする。

8　費用の補助

国は、都道府県等に対して、認定資格研修の実施に要する経費について、別に定めるところにより補助するものとする。

（様式第1号：用紙規格は日本産業規格A4縦型）

---

第○○○○○○○○号

放課後児童支援員認定資格研修一部科目修了証

氏　　名

年　　月　　日生

放課後児童健全育成事業の設備及び運営に関する基準（平成26年厚生労働省令第63号）第10条第3項に規定する研修において、次の研修科目を修了したことを証明する。

○研修科目名：

年　　月　　日

都道府県知事名、指定都市市長名又は中核市市長名

---

（様式第2号―①：用紙規格は日本産業規格A4縦型）

---

第○○○○○○○○号

放課後児童支援員認定資格研修修了証

氏　　名

年　　月　　日生

放課後児童健全育成事業の設備及び運営に関する基準（平成26年厚生労働省令第63号）第10条第3項に規定する研修を修了したことを証明する。

修了年月日　　年　　　月　　　日
発行年月日　　年　　　月　　　日

都道府県知事名、指定都市市長名又は中核市市長名

---

（様式第2号―②）

---

第○○○○○○○○号

放課後児童支援員認定資格研修修了証
（携帯用）

氏　　名

年　　月　　日生

放課後児童健全育成事業の設備及び運営に関する基準（平成26年厚生労働省令第63号）第10条第3項に規定する研修を修了したことを証明する。

修了年月日　　年　　　月　　　日
発行年月日　　年　　　月　　　日

都道府県知事名、指定都市市長名又は中核市市長名

---

別紙

放課後児童支援員に係る都道府県等認定資格研修の

項目・科目、時間数、ねらい、主な内容及び講師要件等

【研修項目・科目と研修時間数（16科目24時間〈90分×16〉）】

1 放課後児童健全育成事業（放課後児童クラブ）の理解（4.5時間・90分×3）

① 放課後児童健全育成事業の目的及び制度内容

② 放課後児童健全育成事業の一般原則と権利擁護

③ 子ども家庭福祉施策と放課後児童クラブ

2 子どもを理解するための基礎知識（6.0時間・90分×4）

④ 子どもの発達理解

⑤ 児童期（6歳〜12歳）の生活と発達

⑥ 障害のある子どもの理解

⑦ 特に配慮を必要とする子どもの理解

3 放課後児童クラブにおける子どもの育成支援（4.5時間・90分×3）

⑧ 放課後児童クラブに通う子どもの育成支援

⑨ 子どもの遊びの理解と支援

⑩ 障害のある子どもの育成支援

4 放課後児童クラブにおける保護者・学校・地域との連携・協力（3時間・90分×2）

⑪ 保護者との連携・協力と相談支援

⑫ 学校・地域との連携

5 放課後児童クラブにおける安全・安心への対応（3時間・90分×2）

⑬ 子どもの生活面における対応

⑭ 安全対策・緊急時対応

6 放課後児童支援員として求められる役割・機能（3時間・90分×2）

⑮ 放課後児童支援員の仕事内容

⑯ 放課後児童クラブの運営管理と運営主体の法令の遵守

| 項目名 | 1　放課後児童健全育成事業（放課後児童クラブ）の理解 |
|---|---|
| 科目名 | 1—①　放課後児童健全育成事業の目的及び制度内容 |
| 時間数 | 1.5時間（90分） |
| ねらい | ○放課後児童健全育成事業（放課後児童クラブ）の目的について理解している。<br>○放課後児童健全育成事業の役割について理解している。<br>○放課後児童健全育成事業に関する法律、政省令及び通知等について理解している。 |
| ポイント | ○主に、児童福祉法第6条の3第2項、放課後児童健全育成事業の設備及び運営に関する基準第5条第1項、放課後児童クラブ運営指針第1章の2及び放課後児童支援員認定資格研修事業（都道府県等認定資格研修ガイドライン）の内容に基づいて学び、放課後児童健全育成事業の目的、役割及び制度の内容について理解を促す。 |
| 主な内容 | ○放課後児童健全育成事業の目的及び役割<br>・児童福祉法及び放課後児童健全育成事業の設備及び運営に関する基準における放課後児童健全育成事業の目的<br>・放課後児童健全育成事業の設備及び運営に関する基準及び放課後児童クラブ運営指針における放課後児童健全育成事業の役割<br>○放課後児童健全育成事業の設備及び運営に関する基準の内容<br>・放課後児童健全育成事業の設備及び運営に関する基準と市町村が定める設備及び運営に関する基準条例の役割<br>・放課後児童健全育成事業の設備及び運営に関する基準の構成と事業運営に関する基本的な事項<br>○放課後児童クラブ運営指針の内容<br>・放課後児童クラブ運営指針の役割<br>・放課後児童クラブ運営指針の構成と主な内容<br>○放課後児童支援員認定資格研修事業の内容<br>・放課後児童支援員認定資格制度の目的<br>・放課後児童支援員認定資格研修事業の主な内容 |
| 講師要件 | ア　放課後児童健全育成事業の事務を担当している行政担当職員 |
| 備考 | |

| 項目名 | 1　放課後児童健全育成事業（放課後児童クラブ）の理解 |
|---|---|
| 科目名 | 1—②　放課後児童健全育成事業の一般原則と権利擁護 |
| 時間数 | 1.5時間（90分） |
| ねらい | ○放課後児童健全育成事業の一般原則について理解している。<br>○放課後児童クラブにおける権利擁護及び法令遵守の基本について理解している。<br>○子ども家庭福祉の理念と子どもの権利についての基礎を学んでいる。 |
| ポイント | ○主に、児童福祉法第33条の10、第33条の11及び第33条の12、児童の権利に関する条約、放課後児童健全育成事業の設備及び運営に関する基準第5条、第12条、第14条、第16条、第17条及び第19条、放課後児童クラブ運営指針第1章の3(4)の内容に基づいて学び、放課後児童健全育成事業の一般原則及び権利擁護、法令遵守の基本と子ども家庭福祉の理念について理解を促す。 |
| 主な | ○放課後児童健全育成事業の一般原則の内容<br>・放課後児童健全育成事業の設備及び運営に関する基準における放課後児童健全育成事業の一般原則の内容<br>・放課後児童健全育成事業の設備及び運営に関する基準における権利擁護及び法令遵守の内容<br>○放課後児童クラブの社会的責任<br>・放課後児童健全育成事業の設備及び運営に関する基準における放課後児童クラブの社会的責任の内容 |

| 内容 | ・子どもの人権に配慮し、一人ひとりの人格を尊重して運営を行うことの大切さ |
| --- | --- |
| | ○放課後児童クラブにおける子どもへの虐待等の禁止と予防 |
| | ・子どもへの虐待等の禁止と予防の理解 |
| | ・子どもの「心身に有害な影響を及ぼす行為」の具体的内容 |
| | ○子ども家庭福祉の理念と子どもの権利に関する基礎知識 |
| | ・今日の子ども家庭福祉と子どもの権利 |
| | ・放課後児童支援員が必要とする子どもの権利に関する法令等 |
| 講師要件 | ア　放課後児童クラブにおいて、一定の知識、経験を有すると認められる放課後児童支援員等（放課後児童指導員） |
| | イ　当該科目あるいは類似科目を現に教授している指定保育士養成施設、地方厚生局長等の指定する児童福祉施設の職員を養成する学校その他の養成施設又は福祉系大学等の教員 |
| 備考 | |

| 項目名 | 1　放課後児童健全育成事業（放課後児童クラブ）の理解 |
| --- | --- |
| 科目名 | 1—③　子ども家庭福祉施策と放課後児童クラブ |
| 時間数 | 1.5時間（90分） |
| ねらい | ○子ども家庭福祉施策の概要を学んでいる。<br>○放課後児童クラブと関連する子ども家庭福祉施策の内容を学んでいる。<br>○放課後児童クラブと関連する放課後関係施策を理解している。 |
| ポイント | ○主に、児童福祉法、子ども・子育て支援法、障害者総合支援法、児童虐待の防止等に関する法律及び放課後子ども総合プランなどの内容に基づいて学び、子ども家庭福祉施策の概要を理解し、放課後児童健全育成事業との関連について理解を促す。 |
| 主な内容 | ○子ども家庭福祉施策と子ども・子育て支援新制度の概要<br>・子ども家庭福祉施策の体系と内容<br>・子ども・子育て支援新制度の内容<br>○障害児福祉施策の概要<br>・今日の障害児福祉施策の内容<br>・放課後児童クラブと障害児福祉施策との関連<br>○児童虐待防止等の施策の概要<br>・児童虐待の内容と児童虐待防止等に関する施策の内容<br>・社会的養護に関する施策の概要<br>○放課後児童クラブと関連する放課後関係施策<br>・放課後児童クラブと放課後関係施策との関連<br>・放課後児童クラブと直接関わる放課後関係施策（児童館、放課後子供教室、放課後等デイサービス事業、保育所等訪問支援事業等）の内容 |
| 講師要件 | ア　当該科目あるいは類似科目を現に教授している指定保育士養成施設、地方厚生局長等の指定する児童福祉施設の職員を養成する学校その他の養成施設又は福祉系大学等の教員 |
| 備考 | |

| 項 目 名 | 2　子どもを理解するための基礎知識 |
|---|---|
| 科 目 名 | 2―④　子どもの発達理解 |
| 時 間 数 | 1.5時間（90分） |
| ねらい | ○子どもの発達を理解するための基礎を学んでいる。<br>○育成支援における子どもの発達の特徴や発達過程を理解している。<br>○子どもの発達理解のための継続的な学習の必要性を理解している。 |
| ポイント | ○主に、育成支援に必要な子どもの発達理解に関する基礎的な事項について学び、子どもの発達理解について継続的な学習が必要であることの理解を促す。 |
| 主な内容 | ○子どもの発達理解の基礎<br>　・発達の概念<br>　・発達の時期区分と特徴<br>○子どもの遊びや生活と発達<br>　・子どもの社会性の発達の理解<br>　・子どもの発達における遊びの大切さ<br>○子どもの発達理解と育成支援<br>　・発達の個人差を踏まえて一人ひとりの心身の状態を把握しながら育成支援を行うことの大切さ<br>　・子どもの発達過程における放課後児童支援員の存在の意味<br>○継続的な学習の必要性<br>　・子どもの理解を深めるために、子どもの発達について継続的に学習することの必要性 |
| 講師要件 | ア　当該科目あるいは類似科目を現に教授している指定保育士養成施設、地方厚生局長等の指定する児童福祉施設の職員を養成する学校その他の養成施設又は福祉系大学等の教員 |
| 備考 | |

| 項 目 名 | 2　子どもを理解するための基礎知識 |
|---|---|
| 科 目 名 | 2―⑤　児童期（6歳〜12歳）の生活と発達 |
| 時 間 数 | 1.5時間（90分） |
| ねらい | ○児童期の一般的な特徴を学んでいる。<br>○児童期の発達過程と発達領域の基礎を学んでいる。<br>○児童期の発達理解のための継続的な学習の必要性を理解している。 |
| ポイント | ○主に、放課後児童クラブ運営指針第2章の1、2及び3の内容に基づいて児童期の発達理解に関する基礎的な事項を学び、理解を深めるために継続的に学習することの大切さを理解する必要があることへの気づきを促す。 |
| 主な内容 | ○子どもの発達と児童期<br>　・子どもの発達から見た児童期の位置（幼児期、思春期・青年期との関わり等）<br>　・児童期の発達の特徴<br>○児童期の発達過程と発達領域<br>　・おおむね6歳〜8歳頃の発達の特徴<br>　・おおむね9歳〜10歳頃の発達の特徴<br>　・おおむね11歳〜12歳頃の発達の特徴<br>○継続的な学習の必要性 |

| | |
|---|---|
| | ・児童期の発達理解を深めるために継続的に学習することの必要性 |
| | ・事例検討から学ぶことの大切さ |
| 講師要件 | ア　当該科目あるいは類似科目を現に教授している指定保育士養成施設、地方厚生局長等の指定する児童福祉施設の職員を養成する学校その他の養成施設又は福祉系大学等の教員 |
| 備考 | |

| 項　目　名 | 2　子どもを理解するための基礎知識 |
|---|---|
| 科　目　名 | 2—⑥　障害のある子どもの理解 |
| 時　間　数 | 1.5時間（90分） |
| ねらい | ○障害のある子どもを理解するための基礎を学んでいる。<br>○障害のある子どもの保護者と連携するために必要なことを学んでいる。<br>○障害のある子どもと保護者を理解するための継続的な学習の必要性を理解している。 |
| ポイント | ○主に、児童福祉法第4条及び第6条の2の2、障害者基本法（障害者の権利に関する条約などを含む）、発達障害者支援法（発達障害に関する最近の研究動向などを含む）等の内容に基づいて学び、障害のある子どもや保護者の理解及び障害のある子どもの福祉に関する基礎と学習課題について理解を促す。 |
| 主な内容 | ○子どもの障害についての基礎知識<br>　・障害の概念<br>　・障害のある子どもの発達の特徴<br>○発達障害についての基礎知識<br>　・発達障害の定義と障害特性<br>　・発達障害理解の基礎<br>○障害のある子どもの保護者を理解するための基礎知識<br>　・障害のある子どもの保護者の気持ちを受け止めることの大切さ<br>　・障害のある子どもの保護者との連携に当たって配慮すること<br>○障害のある子どもと保護者を理解するための学習<br>　・障害のある子どもに関する専門機関等との連携の必要性<br>　・障害のある子どもと保護者の理解を深めるために継続的に学習することの必要性及び事例検討から学ぶことの大切さ |
| 講師要件 | ア　当該科目あるいは類似科目を現に教授している指定保育士養成施設、地方厚生局長等の指定する児童福祉施設の職員を養成する学校その他の養成施設又は福祉系大学等の教員<br>イ　養護教諭 |
| 備考 | |

| 項　目　名 | 2　子どもを理解するための基礎知識 |
|---|---|
| 科　目　名 | 2—⑦　特に配慮を必要とする子どもの理解 |
| 時　間　数 | 1.5時間（90分） |
| ねらい | ○児童虐待の現状と対応についての基礎を学んでいる。<br>○特に配慮を必要とする子どものいる家庭の状況について理解している。<br>○特に配慮を必要とする子どもについて、関連する事業と連携、協力して支援する必要があることについて理解している。 |

| ポイント | ○主に、児童虐待の防止等に関する法律、子どもの貧困対策の推進に関する法律、子供の貧困対策に関する大綱、要保護児童対策地域協議会設置・運営指針などの内容に基づいて学び、児童虐待及び特に配慮を必要とする子どもの現状と対応、支援のあり方について理解を促す。 |
|---|---|
| 主な内容 | ○児童虐待の内容と対応<br>・児童虐待の現状と内容<br>・児童虐待の早期発見と早期対応の必要性<br>○特に配慮を必要とする子どもの理解<br>・子どもの養育に困難を抱えている家庭の現状と課題<br>・ひとり親家庭への子育てと生活支援の施策<br>○特に配慮を必要とする子どもの支援についての理解<br>・特に配慮を必要とする子どもの家庭からの相談への配慮のあり方の理解<br>・特に配慮を必要とする子どもに関する学校との連携についての理解<br>○要保護児童対策地域協議会と放課後児童クラブ<br>・要保護児童対策地域協議会の目的及び役割<br>・要保護児童対策地域協議会と放課後児童クラブの関わり |
| 講師要件 | ア　当該科目あるいは類似科目を現に教授している指定保育士養成施設、地方厚生局長等の指定する児童福祉施設の職員を養成する学校その他の養成施設又は福祉系大学等の教員<br>イ　児童相談所長又は児童相談所において相談・指導業務に5年以上従事している児童福祉司<br>ウ　乳児院又は児童養護施設の長 |
| 備考 | |

| 項 目 名 | 3　放課後児童クラブにおける子どもの育成支援 |
|---|---|
| 科 目 名 | 3—⑧　放課後児童クラブに通う子どもの育成支援 |
| 時 間 数 | 1.5時間（90分） |
| ねらい | ○放課後児童クラブにおける育成支援の内容を理解している。<br>○子どもの視点からみた育成支援のあり方について理解している。<br>○育成支援の記録と職場内での事例検討の必要性について理解している。 |
| ポイント | ○主に、放課後児童クラブ運営指針第1章の3(1)、(2)、第2章及び第3章の内容に基づいて学び、放課後児童クラブにおいて、子どもの発達段階に応じた主体的な遊びや生活が可能となるように、自主性、社会性及び創造性の向上、基本的な生活習慣の確立等を図るための育成支援の具体的な内容の理解を促す。 |
| 主な内容 | ○放課後児童クラブにおける育成支援の基本<br>・放課後児童クラブ運営指針における育成支援の基本的な考え方<br>・子どもの発達過程を踏まえた育成支援の配慮事項<br>○育成支援の内容<br>・放課後児童クラブ運営指針における育成支援の主な内容<br>・育成支援における特に配慮を必要とする子どもへの対応<br>○育成支援における記録及び職場内での事例検討<br>・育成支援における記録の必要性<br>・職場内での情報共有と事例検討の必要性 |
| 講師要件 | ア　放課後児童クラブにおいて、一定の知識、経験を有すると認められる放課後児童支援員等（放課後児童指導員） |

| 項 目 名 | 3　放課後児童クラブにおける子どもの育成支援 |
|---|---|
| 科 目 名 | 3―⑨　子どもの遊びの理解と支援 |
| 時 間 数 | 1.5時間（90分） |
| ねらい | ○子どもの生活における遊びの大切さについて理解している。<br>○子どもが発達段階に応じた主体的な遊びを行うことの大切さを理解している。<br>○子どもの遊びへの放課後児童支援員の対応のあり方を理解している。 |
| ポイント | ○主に、放課後児童クラブ運営指針第2章の4、5及び第3章の1の内容に基づいて学び、子どもの生活における遊びの大切さ及び子どもの遊びへの対応のあり方について理解を促す。また、講義に際して、「2―④」及び「2―⑤」の科目内容を活用することが望ましい。 |
| 主な内容 | ○子どもの遊びと発達<br>・子どもの生活における遊びの大切さ<br>・児童期の遊びの特徴と発達との関わり<br>○子どもの遊びと仲間関係<br>・子どもが自発的に遊びをつくり出すことの理解<br>・遊びの中で子ども同士の仲間関係を育てることの必要性<br>○子どもの遊びと環境<br>・遊びには子どもが安心できる環境が必要であることの理解<br>・自分で遊びを選択し創造することができるように環境を整えることの大切さ<br>○子どもの遊びと放課後児童支援員の関わり<br>・子どもの発達や状況に応じた柔軟な関わりの必要性<br>・遊びの中での子ども同士の関わりを大切にして育成支援を行うことの必要性 |
| 講師要件 | ア　放課後児童クラブにおいて、一定の知識、経験を有すると認められる放課後児童支援員等（放課後児童指導員）<br>イ　児童厚生施設（児童館）の長又は児童厚生施設（児童館）に5年以上従事している児童の遊びを指導する者<br>ウ　当該科目あるいは類似科目を現に教授している指定保育士養成施設、地方厚生局長等の指定する児童福祉施設の職員を養成する学校その他の養成施設又は福祉系大学等の教員 |
| 備考 | |

| 項 目 名 | 3　放課後児童クラブにおける子どもの育成支援 |
|---|---|
| 科 目 名 | 3―⑩　障害のある子どもの育成支援 |
| 時 間 数 | 1.5時間（90分） |
| ねらい | ○障害のある子どもの育成支援のあり方について理解している。<br>○障害のある子どもの保護者との連携のあり方について理解している。<br>○専門機関等との連携のあり方について理解している。 |
| ポイント | ○主に、放課後児童クラブ運営指針第3章の2、4(2)及び(3)などの内容に基づいて学び、子ども同士が生活を通して共に成長できるように、障害のある子どもの育成支援のあり方や保護者との連携のあり方などについて理解を促す。また、講義に際して、「2―⑥」の科目内容を活用することが望ましい。 |

| 主な内容 | ○障害のある子どもの育成支援 |
|---|---|
| | ・障害のある子どもの受入れの考え方 |
| | ・障害のある子どもの育成支援に際して留意すること |
| | ○障害のある子どもの保護者との連携 |
| | ・家庭の状況の把握と、保護者の子どもへの気持ちを理解することの大切さ |
| | ・子どもの様子を丁寧に伝え、保護者と一緒に放課後児童クラブでの子どもの生活の見通しをつくることの必要性 |
| | ○障害のある子どもの育成支援における倫理的配慮と職員間の共通理解 |
| | ・障害のある子どもの育成支援における倫理的配慮の必要性 |
| | ・障害のある子どもの理解と育成支援のあり方を職員間で共有することの大切さ |
| | ○専門機関等との連携 |
| | ・放課後等デイサービス事業所、発達障害者支援センター等の専門機関等と連携して育成支援の見通しを持つことの大切さ |
| | ・専門機関等と連携する際の配慮事項 |
| 講師要件 | ア　放課後児童クラブにおいて、一定の知識、経験を有すると認められる放課後児童支援員等（放課後児童指導員）<br>イ　当該科目あるいは類似科目を現に教授している指定保育士養成施設、地方厚生局長等の指定する児童福祉施設の職員を養成する学校その他の養成施設又は福祉系大学等の教員 |
| 備考 | |

| 項目名 | 4　放課後児童クラブにおける保護者・学校・地域との連携・協力 |
|---|---|
| 科目名 | 4—⑪　保護者との連携・協力と相談支援 |
| 時間数 | 1.5時間（90分） |
| ねらい | ○保護者との連携のあり方について理解している。<br>○保護者組織との連携のあり方について理解している。<br>○保護者からの相談への対応のあり方を学んでいる。 |
| ポイント | ○主に、放課後児童健全育成事業の設備及び運営に関する基準第19条、放課後児童クラブ運営指針第１章の３⑵、第３章の１⑷⑨及び４の内容に基づいて学び、保護者や保護者組織との連携のあり方や保護者からの相談への対応に当たって配慮することなどの理解を促す。 |
| 主な内容 | ○保護者との連携 |
| | ・保護者と密接な連絡をとり、育成支援の内容を伝えて理解を得ることの必要性 |
| | ・保護者への連絡の際に配慮すること |
| | ○保護者組織との連携 |
| | ・父母の会等の保護者組織との協力関係をつくることの必要性 |
| | ・保護者同士が交流し協力して子育てが進められるように支援することの必要性 |
| | ○保護者からの相談への対応 |
| | ・保護者との信頼関係に基づいて、保護者からの相談に応じられるような関係を築くことの必要性 |
| | ・保護者からの相談への対応に当たって配慮すること |
| 講師要件 | ア　放課後児童クラブにおいて、一定の知識、経験を有すると認められる放課後児童支援員等（放課後児童指導員）<br>イ　当該科目あるいは類似科目を現に教授している指定保育士養成施設、地方厚生局長等の指定する児童福祉施設の職員を養成する学校その他の養成施設又は福祉系大学等の教員 |
| 備考 | |

| 項 目 名 | 4　放課後児童クラブにおける保護者・学校・地域との連携・協力 |
|---|---|
| 科 目 名 | 4—⑫　学校・地域との連携 |
| 時 間 数 | 1.5時間（90分） |

| ねらい | ○学校との連携の必要性とそのあり方について理解している。<br>○保育所、幼稚園等との連携の必要性とそのあり方について理解している。<br>○地域との連携の必要性とそのあり方について理解している。 |
|---|---|
| ポイント | ○主に、放課後児童健全育成事業の設備及び運営に関する基準第5条第3項及び第20条、放課後児童クラブ運営指針第5章の内容に基づいて学び、学校や保育所、幼稚園及び地域住民や関係機関等地域との連携のあり方や連携に当たって考慮すべきことなどの理解を促す。 |
| 主な内容 | 1　学校との連携<br>○子どもの生活の連続性を配慮した学校との連携の必要性<br>○学校との情報交換や情報共有を日常的、定期的に行う際に考慮すること<br>2　保育所、幼稚園等との連携<br>○子どもの発達の連続性を配慮した保育所、幼稚園等との連携の必要性<br>○子どもの状況について保育所、幼稚園等と情報交換や情報共有を行う際に考慮すること<br>3　地域住民や関係機関等との連携<br>○子どもの成長、発達にとって地域が果たす役割と地域の関係者、関係機関との連携の必要性<br>○子どもに関わる地域住民や福祉、保健及び医療等関係機関等との連携<br>4　学校、児童館を活用して実施する放課後児童クラブ<br>○学校施設を活用して実施する放課後児童クラブの運営<br>○児童館を活用して実施する放課後児童クラブの運営 |
| 講師要件 | ア　放課後児童クラブにおいて、一定の知識、経験を有すると認められる放課後児童支援員等（放課後児童指導員）<br>イ　当該科目あるいは類似科目を現に教授している指定保育士養成施設、地方厚生局長等の指定する児童福祉施設の職員を養成する学校その他の養成施設又は福祉系大学等の教員 |
| 備考 | |

| 項 目 名 | 5　放課後児童クラブにおける安全・安心への対応 |
|---|---|
| 科 目 名 | 5—⑬　子どもの生活面における対応 |
| 時 間 数 | 1.5時間（90分） |

| ねらい | ○子どもの健康管理及び情緒の安定を確保することの必要性とそのあり方を理解している。<br>○子どもの健康維持のための衛生管理について理解している。<br>○食物アレルギー等への対応に関する必要な知識を学んでいる。 |
|---|---|
| ポイント | ○主に、放課後児童健全育成事業の設備及び運営に関する基準第13条、放課後児童クラブ運営指針第3章の1(4)⑦、第6章の1(2)及び2(1)の内容に基づいて学び、子どもの健康管理、情緒の安定及び確保のあり方と食物アレルギー等への対応について理解を促す。なお、その際、「子どもの施設における衛生管理と衛生指導の知識」及び「食物アレルギーと救急対応の知識」については、その分野における関連資料を活用して行うことが望ましい。 |
| 主な内容 | ○子どもの健康管理及び情緒の安定<br>・出席確認及び来所時の健康状態や心身の状況の観察の必要性<br>・子どもの状態の把握と安定した情緒で過ごせるようにするための配慮<br>○子どもの健康管理に関する保護者との連絡や学校との連携<br>・保護者との子どもの健康状態等に関する情報の共有と緊急時の連絡の必要性<br>・学校との子どもの健康状態や心身の状況に配慮が必要な際の連絡や連携 |

| | | ○衛生管理と衛生指導 |
|---|---|---|
| | | ・施設及び設備の衛生管理と、遊びや活動の内容を考慮した衛生指導 |
| | | ・おやつの提供時の衛生管理と衛生指導 |
| | | ○食物アレルギーのある子ども等への対応 |
| | | ・食物アレルギーのある子どもの保護者からの情報提供の確認及び放課後児童クラブでの対応 |
| | | ・救急時（アナフィラキシー、誤飲事故等）対応の知識 |
| 講師要件 | | ア　放課後児童クラブにおいて、一定の知識、経験を有すると認められる放課後児童支援員等（放課後児童指導員） |
| | | イ　養護教諭 |
| | | ウ　従事期間が5年以上の栄養士又は管理栄養士 |
| | | エ　医師 |
| | | オ　当該科目あるいは類似科目を現に教授している指定保育士養成施設、地方厚生局長等の指定する児童福祉施設の職員を養成する学校その他の養成施設又は福祉系大学等の教員 |
| 備考 | | |

| 項目名 | 5　放課後児童クラブにおける安全・安心への対応 |
|---|---|
| 科目名 | 5—⑭　安全対策・緊急時対応 |
| 時間数 | 1.5時間（90分） |
| ねらい | ○安全対策及び緊急時対応のあり方について理解している。<br>○安全対策及び緊急時対応についての具体的な取り組みの内容について理解している。<br>○安全対策及び緊急時対応を行う際に知っておくべき法令等について理解している。 |
| ポイント | ○主に、放課後児童健全育成事業の設備及び運営に関する基準第5条第5項、第6条、第13条及び第21条、放課後児童クラブ運営指針第3章の1(4)⑧、第6章の2(2)、(3)及び(4)の内容に基づいて学び、放課後児童クラブにおける非常災害対策や緊急時、事故発生時の対応などについて理解を促す。その際、市町村の安全対策及び緊急時対応の実際例を活用して行うことが望ましい。 |
| 主な内容 | ○放課後児童クラブにおける子どもの安全<br>・育成支援の際に求められる子どもの安全の考え方<br>・安全対策及び緊急時対応における計画策定の必要性<br>○安全対策及び緊急時対応の内容<br>・事故やけがの防止と発生時の対応<br>・災害等の発生に備えた具体的な計画や防災や防犯に関する訓練の内容、感染症発生時の対応、来所及び帰宅時の安全確保等の内容<br>○安全対策及び緊急時対応の留意事項<br>・安全対策及び緊急時対応について保護者と情報を共有しておくことの必要性<br>・計画に基づく保護者や関係機関等との連携及び協力や定期的な訓練の実施の必要性 |
| 講師要件 | ア　放課後児童クラブにおいて、一定の知識、経験を有すると認められる放課後児童支援員等（放課後児童指導員）<br>イ　児童厚生施設（児童館）の長又は児童厚生施設（児童館）に5年以上従事している児童の遊びを指導する者<br>ウ　当該科目あるいは類似科目を現に教授している指定保育士養成施設、地方厚生局長等の指定する児童福祉施設の職員を養成する学校その他の養成施設又は福祉系大学等の教員 |
| 備考 | |

171

| 項 目 名 | 6 　放課後児童支援員として求められる役割・機能 |
|---|---|
| 科 目 名 | 6―⑮　放課後児童支援員の仕事内容 |
| 時 間 数 | 1.5時間（90分） |

| ねらい | ○放課後児童支援員の仕事内容と求められる資質及び技能について理解している。<br>○放課後児童支援員の育成支援以外の職務の内容について理解している。<br>○放課後児童クラブにおける職員集団のあり方と職場倫理について理解している。 |
|---|---|
| ポイント | ○主に、放課後児童健全育成事業の設備及び運営に関する基準第7条及び第8条、放課後児童クラブ運営指針第3章、第4章の5及び第7章の3の内容に基づいて学び、放課後児童支援員としての役割や求められる資質及び技能などについて理解を促す。また、講義に際して、「1―②」、「3―⑧」及び「6―⑯」の科目内容を活用することが望ましい。 |
| 主な内容 | ○放課後児童支援員の仕事内容<br>・育成支援の内容と放課後児童支援員の役割<br>・育成支援を支える職務の内容<br>○放課後児童支援員に求められる資質及び技能<br>・「健全な心身を有し、豊かな人間性と倫理観を備え、児童福祉事業に熱意のある者」、「児童福祉事業の理論及び実際について訓練を受けた者」の内容<br>・放課後児童支援員の自己研鑽と運営主体による資質向上のための研修機会の確保の必要性<br>○放課後児童クラブにおける職員集団のあり方<br>・情報交換や情報共有を図り、適切な分担と協力のもとで育成支援を行う職場体制の構築<br>・事例検討や自己研鑽を通して建設的な意見交換のできる職員集団の形成<br>○放課後児童支援員の社会的責任と職場倫理<br>・放課後児童クラブの役割から求められる放課後児童支援員の社会的責任<br>・職場倫理の自覚と事業内容の向上への組織的な取り組み |
| 講師要件 | ア　放課後児童クラブにおいて、一定の知識、経験を有すると認められる放課後児童支援員等（放課後児童指導員） |
| 備考 | |

| 項 目 名 | 6 　放課後児童支援員として求められる役割・機能 |
|---|---|
| 科 目 名 | 6―⑯　放課後児童クラブの運営管理と運営主体の法令の遵守 |
| 時 間 数 | 1.5時間（90分） |

| ねらい | ○放課後児童クラブの運営管理の内容について理解している。<br>○要望及び苦情への対応のあり方について理解している。<br>○運営主体の人権の尊重と法令の遵守のあり方について理解している。 |
|---|---|
| ポイント | ○主に、放課後児童健全育成事業の設備及び運営に関する基準第5条第2項及び第4項、第11条、第14条及び第17条、放課後児童クラブ運営指針第4章、第7章の1及び2の内容に基づいて学び、放課後児童クラブの運営管理に当たって留意すべき事項、要望及び苦情への取り組みのあり方、運営主体が行わなければならない人権の尊重と法令遵守のあり方及び取り組みなどについて理解を促す。また、講義に際して、「1―②」及び「6―⑮」の科目内容を活用することが望ましい。 |
| | ○放課後児童クラブの運営管理<br>・運営主体が定める事業運営についての重要事項に関する運営規程の内容<br>・労働環境整備の必要性と、適正な会計管理及び情報公開 |

| | |
|---|---|
| 主な内容 | ○利用内容等の説明責任と要望及び苦情への取り組み<br>・利用に当たっての留意事項の明確化や公平性に関する説明責任<br>・要望及び苦情への対応の体制整備や対応に当たっての考え方及び留意事項<br>○運営内容の自己評価と公表<br>・子どもや保護者の意見や関係機関等からの提言を事業内容に反映させることの必要性<br>・事業運営の自己評価と公表の必要性<br>○運営主体の人権の尊重と法令の遵守（個人情報保護等）<br>・放課後児童クラブの社会的責任と運営主体の責任<br>・運営主体が必要とする事業運営における倫理規定の内容と法令遵守 |
| 講師要件 | ア　放課後児童クラブにおいて、一定の知識、経験を有すると認められる放課後児童支援員等（放課後児童指導員）<br>イ　児童厚生施設（児童館）の長又は児童厚生施設（児童館）に5年以上従事している児童の遊びを指導する者 |
| 備考 | |

Ⅱ　放課後児童支援員等資質向上研修事業

1　趣旨・目的

「放課後児童健全育成事業の設備及び運営に関する基準」（平成26年厚生労働省令第63号。以下「基準」という。）第10条第1項に規定する放課後児童支援員及び同条第2項に規定する補助員（以下「放課後児童支援員等」という。）等に対して必要な知識及び技術の習得並びに課題や事例を共有するための研修を行うことにより、放課後児童支援員等の資質の向上を図るものである。

2　実施主体

実施主体は、都道府県又は市町村（特別区を含む。以下同じ。）とする。

ただし、実施主体が資質向上研修を実施する上で適当と認める民間団体等に事業の全部又は一部委託することができるものとする。

3　研修対象者

(1)　放課後児童健全育成事業実施要綱（平成27年5月21日雇児発0521第8号厚生労働省雇用均等・児童家庭局長通知）別添1に基づく放課後児童健全育成事業を行う者に従事する放課後児童支援員等及び放課後児童健全育成事業の運営主体の責任者並びに放課後児童健全育成事業の活動に関わるボランティアなど。

(2)　「学校・家庭・地域連携協力推進事業費補助金実施要領（学校を核とした地域力強化プラン）」（平成27年3月31日文部科学省生涯学習政策局長・初等中等教育局長裁定）に基づき放課後や週末等において、学校の余裕教室等を活用して全ての子供たちの安全・安心な活動場所を確保し、学習や様々な体験活動・交流活動の機会を定期的・継続的に提供する放課後等の支援活動（以下「放課後子供教室」という。）の担当者及び事業が円滑に運営

されるためにこれらの者と連携・協力を行う学校の教職員など。

4　研修の内容

(1)　都道府県が実施する研修

放課後児童支援員等に対して資質の向上を図るために必要な知識及び技術の習得のための研修を市町村と連携して実施する。

実施に当たっては、放課後児童健全育成事業を行う場所（以下「放課後児童健全育成事業所」という。）の運営や子どもの育成支援に関する事項について、専門的な知識・技術が求められるものや多くの放課後児童健全育成事業所で共通の課題になっているものをテーマとすること。

＜主な具体例＞

○実践発表会

○放課後児童健全育成事業の役割と運営主体の責務

○発達障害児など配慮を必要とする子どもへの支援

○子どもの発達の理解

○子どもの人権と倫理

○個人情報の取扱いとプライバシー保護

○保護者との連携と支援

○家庭における養育状況の理解

○いじめや虐待への対応　など

(2)　市町村が実施する研修

放課後児童支援員等に対して資質の向上を図るために、課題や事例を共有するための実務的な研修を都道府県と連携して実施する。

実施に当たっては、放課後児童健全育成事業所の運営や子どもの育成支援に関する事項について、基礎的な知識や事例、技術等の共有を図ることを目的としたテーマ

とすること。

　なお、いくつかの市町村が合同で実施することも可能である。

＜主な具体例＞

○事例検討（ワークショップ形式）

○放課後児童健全育成事業に関する基礎的理解

○安全指導と安全管理、危機管理

　・救急措置と救急対応（実技研修）

　・防火、防災、防犯の計画と対応

　・事故、けがの予防と事後対応等

　・アレルギーの理解と対応、アナフィラキシーへの対応

○おやつの工夫と提供時の衛生、安全

○放課後児童健全育成事業所における遊びや製作活動、表現活動

○育成支援に関する記録の書き方と工夫　など

5　留意事項

(1)　放課後児童健全育成事業における障害児の受入れを推進し、適切な対応を図るため、研修内容に必要な知識の習得や実践的な指導技術に関する援助方法を盛り込むなど、障害児対応を行う放課後児童支援員等の資質の向上に努めること。

(2)　放課後子供教室の担当者に対する研修を併せて実施する場合には、放課後子供教室及び放課後児童健全育成事業それぞれの担当者又は放課後児童支援員等が両研修を相互に受講できるよう連携を図るとともに、両研修内容の整合性や日程等にも配慮すること。

(3)　受講者名簿の管理等、研修受講者の受講履歴が確認できるよう必要な記録の整備に配慮すること。

6　研修参加費用

　研修参加費用のうち、教材等に係る実費相当部分、研修会場までの受講者の旅費及び宿泊費については、受講者等が負担するものとする。

7　費用の補助

　国は、都道府県又は市町村が実施する事業に対して、別に定めるところにより補助するものとする。

Ⅲ　児童厚生員等研修事業

1　趣旨・目的

　児童館等児童厚生施設などで児童の遊びの指導等に当たる児童厚生員や、地域で児童の健全育成に携わる地域児童健全育成支援者の資質の向上を図るため、児童厚生員等を対象とする研修会を実施し、もって児童の健全育成等の充実に資することを目的とする。

2　実施主体

　実施主体は、都道府県又は市町村（特別区を含む。以下

同じ。）とする。

　ただし、実施主体が研修を実施する上で適当と認める民間団体等に事業の全部又は一部を委託することができるものとする。

3　対象者

(1)　4(1)及び(3)の事業

　児童厚生員等

(2)　4(2)の事業

　4(1)の修了者であって、児童館等に3年以上従事した者

(3)　4(4)の事業

　児童の健全育成に寄与する自主的な活動を行う者や団体（地域児童健全育成支援者）

4　事業内容

(1)　児童厚生員等研修会（基礎研修会）

　児童館等に勤務する職員の資質の向上と、各地域における児童健全育成活動の拡充、推進を図ることを目的とする。

(2)　中堅児童厚生員等研修会（中堅職員研修会）

　地域に必要とされる児童福祉施設として児童館等が機能を発揮していくためには、「地域福祉」の視点を踏まえた活動展開を行うことが肝要であることから、児童厚生員等が地域に根ざした運営に関してその発想を広げ、ソーシャルワーカーとしての専門性を高めることを目的とする。

(3)　児童厚生員等専門研修会（テーマ別研修会）

　子ども・子育て支援新制度の情報や最新の事例、活動をしていく上での課題等を取り上げ、児童館等の役割や機能について改めて確認し、もって児童厚生員等の資質の向上を図ることを目的とする。

(4)　地域児童健全育成支援者研修会

　子どもを犯罪の被害から守るための活動や子どもの見守り活動、児童館等の活動等を支援する児童の健全育成に寄与する自主的な活動を行う者や団体を対象とした研修を実施し、地域での児童の健全育成の向上を図ることを目的とする。

5　研修参加費用

　研修参加費用のうち、教材等に係る実費相当部分、研修会場までの受講者の旅費及び宿泊費については、受講者が負担するものとする。

6　費用の補助

　国は、都道府県又は市町村が実施する事業に対して、別に定めるところにより補助するものとする。

Ⅳ　地域子育て支援拠点事業所職員等研修事業　略

# 「放課後児童健全育成事業」の実施について

（令和 5 年 4 月12日　こ成環第 5 号　）
（各都道府県知事宛　こども家庭庁成育局長通知）

標記については、今般、別紙のとおり「放課後児童健全育成事業実施要綱」を定め、令和 5 年 4 月 1 日から適用することとしたので通知する。

ついては、管内市町村（特別区を含む。）に対して周知をお願いするとともに、本事業の適正かつ円滑な実施に期されたい。

なお、本通知の施行に伴い、平成27年 5 月21日付け雇児発0521第 8 号雇用均等・児童家庭局長通知「「放課後児童健全育成事業」の実施について」は、令和 5 年 3 月31日限りで廃止する。

**別　紙**

### 放課後児童健全育成事業実施要綱

1　目的

近年における女性の就業割合の高まりや核家族化の進行など、児童と家庭を取り巻く環境の変化を踏まえ、放課後や週末等に児童が安心して生活できる居場所を確保するとともに、次代を担う児童の健全な育成を支援することを目的とする。

2　事業の種類

(1)　放課後児童健全育成事業　　　　　　　　【別添 1 】
(2)　放課後子ども環境整備事業　　　　　　　【別添 2 】
(3)　放課後児童クラブ支援事業（障害児受入推進事業）
　　　　　　　　　　　　　　　　　　　　　【別添 3 】
(4)　放課後児童クラブ支援事業（放課後児童クラブ運営支援事業）　　　　　　　　　　　　　　　　【別添 4 】
(5)　放課後児童クラブ支援事業（放課後児童クラブ送迎支援事業）　　　　　　　　　　　　　　　　【別添 5 】
(6)　放課後児童支援員等処遇改善等事業　　　【別添 6 】
(7)　障害児受入強化推進事業　　　　　　　　【別添 7 】
(8)　小規模放課後児童クラブ支援事業　　　　【別添 8 】
(9)　放課後児童クラブにおける要支援児童等対応推進事業
　　　　　　　　　　　　　　　　　　　　　【別添 9 】
(10)　放課後児童クラブ育成支援体制強化事業　【別添10】
(11)　放課後児童クラブ第三者評価受審推進事業【別添11】
(12)　放課後児童支援員キャリアアップ処遇改善事業
　　　　　　　　　　　　　　　　　　　　　【別添12】
(13)　放課後児童支援員等処遇改善事業（月額9,000円相当賃金改善）　　　　　　　　　　　　　　　【別添13】
(14)　放課後児童クラブ利用調整支援事業　　　【別添14】

3　事業の実施方法

各事業の実施及び運営は、別添 1 ～別添14の定めによること。

別添 1

---

### 放課後児童健全育成事業

1　趣旨

児童福祉法（昭和22年法律第164号。以下「法」という。）第 6 条の 3 第 2 項及び放課後児童健全育成事業の設備及び運営に関する基準（平成26年厚生労働省令第63号。以下「設備運営基準」という。）に基づき、保護者が労働等により昼間家庭にいない小学校に就学している児童に対し、授業の終了後等に小学校の余裕教室、児童館等を利用して適切な遊び及び生活の場を与えて、家庭、地域等との連携の下、発達段階に応じた主体的な遊びや生活が可能となるよう、当該児童の自主性、社会性及び創造性の向上、基本的な生活習慣の確立等を図り、その健全な育成を図るものである。

2　実施主体

本事業の実施主体は、市町村（特別区及び一部事務組合を含む。以下同じ。）とする。

ただし、市町村が適切と認めた者に委託等を行うことができるものとする。

なお、本事業の対象となるために、国、都道府県及び市町村以外の者が放課後児童健全育成事業を行う場合は、児童福祉法施行規則の一部を改正する省令（平成27年厚生労働省令第17号）（以下「改正省令」という。）で定めるところにより、あらかじめ、改正省令で定める事項を市町村に届け出る必要がある。

3　対象児童

対象児童は、法第 6 条の 3 第 2 項及び設備運営基準に基づき、保護者が労働等により昼間家庭にいない小学校に就学している児童とし、その他に特別支援学校の小学部の児童も加えることができること。（以下「放課後児童」という。）

なお、「保護者が労働等」には、保護者の疾病や介護・看護、障害なども対象となること。

4　規模

設備運営基準第10条第 2 項に規定する支援の単位は、放課後児童健全育成事業における支援であって、その提供が同時に一又は複数の利用者に対して一体的に行われるものをいい、一の支援の単位を構成する児童の数は、おおむね40人以下とする。

なお、放課後児童健全育成事業の設備及び運営に係る市町村が条例で定める基準（以下「条例基準」という。）が、おおむね40人以下とする児童の数に関する設備運営基準を満たしていない場合であっても、経過措置等により、当該設備運営基準に適合しているものとみなしている場合についても、本事業の対象とする。

5　職員体制

(1) 放課後児童支援員、補助員の員数

　設備運営基準第10条第1項に規定する放課後児童支援員の数は、一の支援の単位ごとに2人以上とする。ただし、その1人を除き、補助員（放課後児童支援員が行う支援について放課後児童支援員を補助する者をいう。）をもってこれに代えることができる。

　なお、前記によらない場合でも、児童の支援に支障がなく、条例等により利用児童の安全確保方策について定め、それによる対策を講じている場合については、本事業の対象とする。

(2) 放課後児童支援員、補助員の要件

　放課後児童支援員は、設備運営基準第10条第3項各号のいずれかに該当するものであって、「職員の資質向上・人材確保等研修事業の実施について」（平成27年5月21日付け雇児発0521第19号雇用均等・児童家庭局長通知）の別添5「放課後児童支援員等研修事業実施要綱」の「Ⅰ　放課後児童支援員認定資格研修事業（都道府県等認定資格研修ガイドライン）」に基づき都道府県知事、指定都市市長又は中核市市長が行う研修（以下「認定資格研修」という。）を修了したもの（職員の研修計画を定めた上で、放課後児童支援員としての業務に従事することとなってから2年以内に研修を修了することを予定している者（以下「研修修了予定者」という。）を含む。）でなければならない。なお、研修修了予定者を放課後児童支援員とみなす場合は、研修計画の内容に限らず、原則採用から1年以内に研修を修了させるよう努めること。研修修了予定者の研修計画は、放課後児童健全育成事業者等と相談し市町村が作成すること。

　また、補助員については、「子育て支援員研修事業の実施について」（平成27年5月21日付け雇児発0521第18号雇用均等・児童家庭局長通知）の別添「子育て支援員研修事業実施要綱」の別表1に定める「子育て支援員基本研修」及び別表2―3に定める「子育て支援員専門研修（放課後児童コース）」を修了していることが望ましい。

6　開所日数

　開所する日数は、その地方における児童の保護者の就労日数、小学校の授業の休業日その他の状況等を考慮し、年間250日以上開所すること。ただし、利用者に対するニーズ調査を行った結果、実態として250日開所する必要がない場合には、特例として200日以上の開所でも本事業の対象とする。

7　開所時間

　開所する時間は、次の各号に掲げる区分に応じ、それぞれ当該各号に定める時間以上を原則とし、その地方における児童の保護者の労働時間、小学校の授業の終了の時刻その他の状況等を考慮して定める。

(1) 小学校の授業の休業日（長期休暇期間等）に行う放課後児童健全育成事業

　　1日につき8時間

(2) 小学校の授業の休業日以外の日（平日）に行う放課後児童健全育成事業

　　1日につき3時間

8　施設・設備

(1) 小学校の余裕教室や小学校敷地内の専用施設の活用を図るほか、児童館、保育所・幼稚園等の社会資源や民家・アパートなども活用して実施すること。

(2) 放課後児童健全育成事業を行う場所（以下「放課後児童健全育成事業所」という。）には、遊び及び生活の場としての機能並びに静養するための機能を備えた区画(以下「専用区画」という。)を設けるほか、支援の提供に必要な設備及び備品等（活動に必要な遊具、図書、児童の所持品を収納するロッカーのほか、生活の場として必要なカーペット、畳等）を備えなければならない。

(3) 専用区画の面積は、児童1人につきおおむね1.65㎡以上でなければならない。

　なお、条例基準が、児童1人につきおおむね1.65㎡以上とする専用区画の面積に関する設備運営基準を満たしていない場合であっても、経過措置等により、当該設備運営基準に適合しているものとみなしている場合についても、本事業の対象とする。

(4) 専用区画並びに(2)の設備及び備品等（以下「専用区画等」という。）は、放課後児童健全育成事業所を開所している時間帯を通じて専ら当該放課後児童健全育成事業の用に供するものでなければならない。ただし、利用者の支援に支障がない場合は、この限りではない。

(5) 専用区画等は、衛生及び安全が確保されたものでなければならない。

9　運営内容

　放課後児童クラブ運営指針（平成27年3月31日付け雇児発0331第34号雇用均等・児童家庭局長通知）に定める以下の事項を踏まえ、各放課後児童健全育成事業を行う者は、それぞれの実態に応じて創意工夫を図り、質の向上と機能の充実に努めること。

　①　放課後児童健全育成事業の役割
　②　放課後児童クラブにおける育成支援の基本
　③　事業の対象となる子どもの発達
　④　育成支援の内容
　⑤　障害のある子どもへの対応
　⑥　特に配慮を必要とする子どもへの対応
　⑦　保護者との連携
　⑧　育成支援に含まれる職務内容と運営に関わる業務
　⑨　利用の開始等に関わる留意事項
　⑩　労働環境整備
　⑪　適切な会計管理及び情報公開
　⑫　学校との連携
　⑬　保育所、幼稚園等との連携

⑭　地域、関係機関との連携

⑮　衛生管理及び安全対策

⑯　放課後児童クラブの社会的責任と職場倫理

⑰　要望及び苦情への対応

⑱　事業内容向上への取り組み

10　留意事項

(1)　法第6条の3第2項に基づき実施する放課後児童健全育成事業と目的を異にする公共性に欠ける事業を実施するものについては、本事業の対象とならない。なお、放課後児童健全育成事業に付加する事業として、スポーツクラブや塾など、その他特別な活動内容を実施することは差し支えない。ただし、当該特別な活動内容に必要な経費については、本事業の対象とならない。

(2)　別添2〜別添14に基づき実施される事業に必要な経費については、本事業の対象とならない。

(3)　「放課後児童健全育成事業等実施要綱」（平成26年4月1日付け雇児発0401第14号厚生労働省雇用均等・児童家庭局長通知）別添3に規定する放課後児童クラブ支援事業（ボランティア派遣事業）については、平成26年度限りで廃止とするが、本事業の実施に当たっては、地域での遊びの環境づくりへの支援も視野に入れ、必要に応じて保護者や地域住民が協力しながら活動に関わることができるようにすること。

　また、屋内外ともに児童が過ごす空間や時間に配慮し、発達段階にふさわしい遊びと生活の環境をつくること。その際、製作活動や伝承遊び、地域の文化にふれる体験、児童の創造性や情操を高める劇等の多様な活動や遊びを工夫することも考慮すること。

(4)　放課後児童健全育成事業に従事している者が、認定資格研修や資質の向上を図るための研修を受講する際に必要となる代替職員の雇上げ等経費は、本事業の対象となるものである。

(5)　放課後児童健全育成事業の運営主体は、損害賠償保険に加入し、賠償すべき事故が発生した場合は、損害賠償を速やかに行うものとする。また、傷害保険等に加入することも必要である。

(6)　放課後児童健全育成事業の運営内容についての自己評価、第三者評価に必要な経費は、本事業の対象として差し支えない。

(7)　児童数が20人未満になる時間帯及び曜日のみ職員1名配置とする場合には、利用登録時などに利用時間を聞くなどして、事前に児童数が少なくなる時間帯等を把握しておくことが必要である。

11　費用

(1)　国は、2〜10の要件を満たした市町村が実施する事業又は助成する事業に対して、別に定めるところにより補助するものとする。

なお、一の支援の単位を構成する児童の数が10人未満の支援の単位については、

①　山間地、漁業集落、へき地、離島で実施している場合

②　前記のほか、当該放課後児童健全育成事業を実施する必要があるとこども家庭庁長官が認める場合

のいずれかに該当するものについて、補助対象とする。

(2)　市町村等は、本事業を実施するために必要な経費の一部を保護者から徴収することができるものとする。

別添2

放課後子ども環境整備事業

1　趣旨

児童福祉法（昭和22年法律第164号）第6条の3第2項及び放課後児童健全育成事業の設備及び運営に関する基準（平成26年厚生労働省令第63号。）に基づく放課後児童健全育成事業を実施するため、既存の小学校の余裕教室等の改修や必要な設備の整備などの環境整備を行うことにより、放課後児童健全育成事業の設置促進等を図るものである。

2　実施主体

本事業の実施主体は、市町村（特別区及び一部事務組合を含む。以下同じ。）とする。

ただし、市町村が適切と認めた者に委託等を行うことができるものとする。

3　対象事業

(1)　放課後児童クラブ設置促進事業

①　別添1に基づく放課後児童健全育成事業を新たに実施するために必要となる小学校の余裕教室、民家・アパートなど既存施設の改修（耐震化等の防災対策や防犯対策を含む。）を行った上、必要に応じ設備の整備・修繕及び備品の購入を行う事業並びに開所準備に必要な経費（礼金・賃借料（開所前月分））を支弁する事業。

②　別添1に基づく既存の放課後児童健全育成事業を実施している場合において、高学年の児童の受入れ等による児童の数の増加又は防災（耐震化等を含む。）、防犯対策の実施に伴い、必要となる小学校の余裕教室、民家・アパートなど既存施設の改修を行った上、必要に応じ設備の整備・修繕及び備品の購入を行う事業。

③　①の事業を実施する際に、「学校・家庭・地域連携協力推進事業費補助金実施要領（学校を核とした地域力強化プラン）」（平成29年3月31日付け文部科学省生涯学習政策局長・初等中等教育局長決定）に基づき放課後や週末等において、学校の余裕教室等を活用して全ての子供たちの安全・安心な活動場所を確保し、学習や様々な体験・交流活動の機会を定期的・継続的に提供する放課後等の支援活動（以下「放課後子供教室」という。）と一体的に実施する場合に必要となる小学校の余裕教室の改修（耐震化等の防災対策や防犯対策を含む。）を行った

上で、必要に応じ設備の整備・修繕及び備品の購入を行う事業。

(2) 放課後児童クラブ環境改善事業

① 別添1に基づく放課後児童健全育成事業を新たに実施するために必要な設備の整備・修繕及び備品の購入を行う事業並びに開所準備に必要な経費（礼金・賃借料（開所前月分））を支弁する事業（(1)①に該当する場合を除く。）

② 別添1に基づく既存の放課後児童健全育成事業を実施している場合における設備の更新等又は防災、防犯対策の実施に必要な設備の整備及び備品の購入を行う事業（(1)②に該当する場合を除く。）

③ ①の事業を実施する際に、放課後子供教室と一体的に実施する場合に必要な設備の整備・修繕及び備品の購入を行う事業（(1)③に該当する場合を除く。）

④ 別添1に基づく放課後児童健全育成事業を新たに幼稚園、認定こども園等において実施するために必要な設備の整備・修繕及び備品の購入を行う事業（(2)①及び③に該当する場合を除く。）

(3) 放課後児童クラブ障害児受入促進事業

別添1に基づく既存の放課後児童健全育成事業を実施している場合において、障害児を受け入れるために必要な改修、設備の整備・修繕及び備品の購入を行う事業。

(4) 倉庫設備整備事業

別添1に基づく放課後児童健全育成事業を新たに小学校の余裕教室等において実施するため、教材等の保管場所として使用されている余裕教室等に代わる保管場所の確保に必要な倉庫設備の整備を行う事業。

4 対象事業の制限

(1) 他の国庫補助を受ける場合は、本事業の対象とならない。

(2) 既に放課後児童健全育成事業を実施している場合の既存建物の破損や老朽化等に伴う改修や修繕は、本事業の対象とならない。

(3) 放課後児童健全育成事業を新たに実施するために必要な3の(1)①及び3の(2)①の事業については、事業を行う場所1か所につき1回限りとすること。ただし、別添1に掲げる対象児童（放課後児童）の人数が一定規模以上になった場合に、一の支援の単位を分ける等の方法により適正な人数規模への転換を図る場合には、この限りではない。

(4) 既に放課後児童健全育成事業を実施している場合の3の(1)②の事業については、事業を行う場所1か所につき、児童の数の増加による実施、防災対策による実施、防犯対策による実施それぞれ1回限りとすること。ただし、子どもの安全が著しく脅かされる場合は、この限りではない。

(5) 既に放課後児童健全育成事業を実施している場合の3の(2)②の事業については、補助金等に係る予算の執行の適正化に関する法律施行令（昭和30年政令第255号）第14条第1項第2号の規定に基づき、こども家庭庁長官が別に定め

る期間（以下「こども家庭庁長官が定める期間」という。）を経過していることを条件とし、事業を行う場所1か所につき、設備の更新や備品購入等、防災対策、防犯対策による実施それぞれ1回限りとすること。

ただし、

ア こども家庭庁長官が定める期間を経過したものについて設備等の更新を行う場合

イ 児童の数の増加に伴う施設の整備などにより、設備等が不足する場合の追加的な設備の整備及び備品の購入を行う場合

については、事業を行う同一の場所において複数回、実施することを可能とする。

(6) 3の(1)①及び③、3の(2)①及び③、④及び3の(4)の事業について、放課後児童健全育成事業を行う者は、当該年度中又は翌年度4月1日に事業を実施するものであること。

(7) 3の(3)の事業については、受け入れる障害児の障害の種類や程度等によっては、事業を行う同一の場所において複数回、実施することを可能とする。

なお、本事業は、放課後児童健全育成事業を行う者が、当該年度中又は翌年度に障害児の受入れを予定している場合に限る。

(8) 3の(1)③及び3の(2)③及び④の事業については、次世代育成支援対策推進法（平成15年法律第120号）第8条に基づく市町村行動計画（以下「市町村行動計画」という。）への放課後児童クラブ及び放課後子供教室の一体型の目標事業量等の記載がある場合に限る。

(9) 3の(1)①及び3の(2)①のうち、開所準備に必要な経費（礼金・賃借料（開所前月分））については、別添4の放課後児童クラブ支援事業（放課後児童クラブ運営支援事業）の国庫補助を受けようとする又は受けた場合は対象とならない。

5 費用

国は、市町村が実施する事業又は助成する事業に対して、別に定めるところにより補助するものとする。

別添3

放課後児童クラブ支援事業（障害児受入推進事業）

1 趣旨

児童福祉法（昭和22年法律第164号）第6条の3第2項及び放課後児童健全育成事業の設備及び運営に関する基準（平成26年厚生労働省令第63号。）に基づき放課後児童健全育成事業を行う者において、障害児の受入れに必要となる専門的知識等を有する放課後児童支援員等を配置することで、放課後児童健全育成事業の円滑な実施を図るものである。

2 実施主体

本事業の実施主体は、市町村（特別区及び一部事務組合を含む。以下同じ。）とする。

ただし、市町村が適切と認めた者に委託等を行うことができるものとする。

3　事業内容

別添1に基づく放課後児童健全育成事業における障害児の受入れを推進するため、以下の(1)～(3)のいずれかの方法により、障害児を受け入れるために必要な専門的知識等を有する放課後児童支援員等を配置する。

なお、障害児については、療育手帳や身体障害者手帳等を所持する児童、特別児童扶養手当証書を所持する児童又は、手帳等を所持していない場合であっても、医師、児童相談所、発達障害者支援センター等公的機関の意見等によりこれらの児童と同等の障害を有していると認められる児童とするが、柔軟に対応すること。

(1)　市町村が専門的知識等を有する放課後児童支援員等を直接雇用し、放課後児童健全育成事業を行う者に派遣して配置

(2)　放課後児童健全育成事業を行う者が専門的知識等を有する放課後児童支援員等を雇用して配置し、当該費用を市町村が委託費として支出

(3)　放課後児童健全育成事業を行う者が雇用した放課後児童支援員等について、市町村が一定期間内に必要な研修を受講させた、又は個々の放課後児童支援員等が有する経歴、資格等から専門的知識等を有すると市町村が認めた上で配置し、当該費用を市町村が助成（補助）

4　留意事項

(1)　本事業の実施に当たっては、都道府県等が実施する「職員の資質向上・人材確保等研修事業の実施について」（平成27年5月21日付け雇児発0521第19号厚生労働省雇用均等・児童家庭局長通知）の別添5「放課後児童支援員等研修事業実施要綱」により行う放課後児童支援員等資質向上研修事業を十分に活用するなどして、障害児対応を行う放課後児童支援員等の研修の機会を確保し、専門的知識や技術等の習得に努め、障害児の受入れの推進を図ること。

(2)　障害児を3人以上受け入れている場合の障害児対応職員及び医療的ケア児を受け入れる場合の看護師等の人件費については、別添7に基づく障害児受入強化推進事業に計上するものとし、本事業の対象とならない。

5　費用

(1)　国は、市町村が実施する事業又は助成する事業に対して、別に定めるところにより補助するものとする。

(2)　市町村等は、本事業を実施するために必要な経費として、保護者から徴収した額を充当してはならない。

別添4

放課後児童クラブ支援事業（放課後児童クラブ運営支援事業）

1　趣旨

放課後児童健全育成事業の量的拡充を図り、待機児童の解消を図るため、待機児童が存在している地域等において、学校敷地外の民家・アパート等を活用して放課後児童健全育成事業を新たに実施するために必要な賃借料の補助を行うものである。

2　実施主体

本事業の実施主体は、市町村（特別区及び一部事務組合を含む。以下同じ。）とする。

ただし、市町村が適切と認めた者に委託等を行うことができるものとする。

3　対象事業

(1)　賃借料補助

①　別添1に基づく放課後児童健全育成事業を、学校敷地外の民家・アパート等を活用して、平成27年度以降に新たに実施した、又は実施する場合に必要な賃借料（開所前月分の賃借料及び礼金を含む。）を支弁する事業。

ただし、所有権移転の条項が附されている賃貸借契約（いわゆるリース契約）に係る費用は対象とならない。

②　別添1に基づく放課後児童健全育成事業を、学校の敷地又は公有地内にプレハブ施設を設置して実施するために必要な費用（リース料）を支弁する事業。

(2)　移転関連費用補助

学校敷地外の民家・アパート等を活用して別添1に基づく放課後児童健全育成事業を実施しており、児童の数の増加に伴い、より広い実施場所に移転することで受入れ児童数を増やす場合や、防災対策としてより耐震性の高い建物に移転する等の場合に、その移転に係る経費（移転前の実施場所に係る原状回復費を含む。）を支弁する事業。

(3)　土地借料補助

学校敷地外の土地を活用して、別添1の放課後児童健全育成事業を新たに実施する際に必要な土地借料を支弁する事業。

4　対象事業の制限

(1)　本事業を実施しようとする場合は、以下の要件を満たすこと。

ア　当該市町村において待機児童が既に存在している、又は当該放課後児童健全育成事業を実施しなければ、待機児童が発生する可能性がある状況（学校の余裕教室等が使用できなくなる場合も含む。）にあること

イ　3の(1)賃借料補助については、平成27年度以降に新たに実施した、又は実施する放課後児童健全育成事業であること

ウ　市町村行動計画への放課後児童クラブ及び放課後子供教室の一体型の目標事業量等の記載があること

(2)　他の国庫補助を受ける場合は、本事業の対象とならない。

(3)　3の(1)賃借料補助については、既に民家・アパート等を活用して放課後児童健全育成事業を実施している場合の賃

借料については、本事業の対象とならない。ただし、児童の数の増加に伴い、実施場所を移転し、支援の単位を分けて対応するための賃借など、新たな受け皿の確保を図るものについては、本事業の対象とする。

(4) 3の(1)賃借料補助②の実施に当たっては、以下の要件を全て満たすこと。
　ア　当該施設が、都市開発や学校の余裕教室が使用できなくなる場合等の突発的な事情により、緊急的に必要であること。
　イ　新たに放課後児童健全育成事業を実施するための施設を整備する建物を新築する（プレハブ施設の整備を除く）よりも、早期に待機児童の解消が見込めること。
　ウ　リース契約期間中は、当該プレハブ施設（契約当初から施設の一部において放課後児童健全育成事業を実施する場合は、当該部分に限る。）においては、原則として放課後児童健全育成事業を実施するものとし、それ以外の用途には使用しないこと。
　　　ただし、リース契約期間中に待機児童が解消し、又はその後も待機児童が発生しないことが見込まれ、当該プレハブ施設において放課後児童健全育成事業を実施する必要が無くなった場合（利用児童数の減少により支援の単位を減らすなど、施設の使用範囲を縮小して事業を実施する場合も含む。）においてはこの限りでない。なお、この場合において、放課後児童健全育成事業を実施していない期間や放課後児童健全育成事業に使用していない部分のリース料は補助対象外とする。

(5) 3の(1)賃借料補助のうち、リース料への補助に当たっては、放課後児童健全育成事業を実施するプレハブ施設に係るリース料のみ補助対象とし、リース料に含まれない工事費等は本事業の対象とならない。また、放課後児童健全育成事業を実施していない期間や放課後児童健全育成事業に使用していない部分のリース料は本事業の対象とならない。

(6) 3の(3)土地借料補助については、放課後児童健全育成事業者が市町村、社会福祉法人、学校法人、公益社団法人、公益財団法人、一般社団法人、一般財団法人及びその他児童福祉法第34条の8第2項に基づき事業を実施する市町村が認めた法人の場合は、本事業の対象とならない。また、事業実施の初年度に限り本事業の対象とする。ただし、児童の数の増加に伴い、実施場所を移転し、支援の単位を増やすための土地の貸借など、新たな受け皿の確保を図るものについては、本事業の対象とする。

5　費用
(1) 国は、市町村が実施する事業又は助成する事業に対して、別に定めるところにより補助するものとする。
(2) 市町村等は、本事業を実施するために必要な経費として、保護者から徴収した額を充当してはならない。

別添5

## 放課後児童クラブ支援事業（放課後児童クラブ送迎支援事業）

1　趣旨
　授業終了後に学校敷地外の放課後児童健全育成事業を行う場所（以下「放課後児童健全育成事業所」という。）に移動する際に、児童の安全・安心を確保するため、地域人材の活用等による送迎支援を行うことで、市域内の需給バランスの改善を図り、もって待機児童の解消を図るものである。

2　実施主体
　本事業の実施主体は、市町村（特別区及び一部事務組合を含む。以下同じ。）とする。
　ただし、市町村が適切と認めた者に委託等を行うことができるものとする。

3　事業内容
　別添1に基づく放課後児童健全育成事業を、学校敷地外で実施している場合に、児童の安全・安心を確保するため、授業終了後の学校から放課後児童健全育成事業所への移動時や、放課後児童健全育成事業所からの帰宅時に、地域において児童の健全育成等に関心を持つ高齢者や主婦等による児童への付き添いや、バス等による送迎を行うものとする。

4　対象事業の制限
(1) 他の国庫補助を受ける場合は、本事業の対象とならない。
(2) 送迎を行うためのバス等車輌に係る経費については、燃料費のみ本事業の対象とする。

5　費用
(1) 国は、市町村が実施する事業又は助成する事業に対して、別に定めるところにより補助するものとする。
(2) 市町村等は、本事業を実施するために必要な経費として、保護者から徴収した額を充当してはならない。

別添6

## 放課後児童支援員等処遇改善等事業

1　趣旨
　児童福祉法（昭和22年法律第164号）第6条の3第2項及び放課後児童健全育成事業の設備及び運営に関する基準（平成26年厚生労働省令第63号。）に基づき放課後児童健全育成事業を行う者において、放課後児童支援員等の処遇の改善に取り組むとともに、18時半を超えて事業を行う者に対して職員の賃金改善に必要な経費の補助を行うことにより、放課後児童健全育成事業の質の向上及び保育所との開所時間の乖離を縮小し、児童の安全・安心な居場所を確保するとともに、次世代を担う児童の健全な育成に資することを目的とする。

2　実施主体
　本事業の実施主体は、市町村（特別区及び一部事務組合を含む。以下同じ。）とする。
　ただし、市町村が適切と認めた者に委託等を行うことがで

きるものとする。
3　事業の内容
　　本事業は、以下の(1)及び(2)を対象とする。
　　なお、一の支援の単位が、同時に両事業の対象となることはできない。
　(1)　別添1に基づく放課後児童健全育成事業を行う者において、家庭、学校等との連絡及び情報交換等の育成支援を行っており、そのうちいずれかの業務に従事する職員を配置する場合に、当該職員の賃金改善に必要な費用の一部を補助する事業。
　(2)　別添1に基づく放課後児童健全育成事業において、(1)の育成支援に加えて4(3)の育成支援を行っており、そのうちいずれかの業務に従事する常勤職員を配置する場合に、その賃金改善に必要な費用を含む当該常勤職員を配置するための追加費用及び常勤職員以外の当該業務に従事する職員の賃金改善に必要な費用の一部を補助する事業。
　　　なお、本事業の対象となる常勤職員は、放課後児童健全育成事業を行う者と雇用契約を締結して、放課後児童健全育成事業を行う場所（以下「放課後児童健全育成事業所」という。）ごとに定める運営規程に記載されている「開所している日及び時間」に従事している職員（嘱託職員等の非常勤職員を除く。）とする。
4　実施方法
　(1)　本事業の対象となる放課後児童健全育成事業を行う者は、別添1の3～10(1)の内容を満たすことを基本とする。
　　　ただし、
　　①　開所する時間は、平日につき、18時30分を超えて開所する又は開所していること。また、長期休暇期間などについては、1日8時間以上開所する又は開所していること。
　　②　開所する日数は、年間250日以上開所すること。
　　　を要件とするとともに、平成25年度の当該放課後児童健全育成事業所に従事する職員の賃金（退職手当を除く。）に対する改善を行っていることが必要である。
　　　また、以下の(2)若しくは(3)の内容により運営すること。
　(2)　3の(1)の事業の対象となる放課後児童健全育成事業を行う者においては、以下の育成支援を行うとともに、本事業の対象となる職員は、放課後児童クラブ運営指針（平成27年3月31日雇児発0331第34号雇用均等・児童家庭局長通知）に規定する以下の育成支援のうちいずれかに従事すること。
　　①　子どもの生活の連続性を保障するために、来所や帰宅の状況、学校施設の利用、災害等が発生した際の対応の仕方や緊急時の連絡体制などについて、日常的、定期的な情報交換や情報共有、職員同士の交流等によって学校との連携を積極的に図ること。
　　②　子どもの来所や帰宅の状況、遊びや生活の様子について、連絡帳、迎えの際、保護者会等の方法を活用して、日常的に保護者に伝え、情報を共有し、信頼関係を築くことに努めるとともに、保護者から相談がある場合には、気持ちを受け止め、自己決定を尊重して対応する。また、事故やケガが発生した場合には、子どもの状況等について速やかに保護者に連絡すること。
　　③　市町村との連携のもとに災害等の発生に備えて具体的な計画及びマニュアルを作成し、必要な施設設備を設けるとともに、定期的に（少なくとも年2回以上）訓練を行うなどして迅速に対応できるようにしておく。また、外部からの不審者等の侵入防止のための措置や訓練など不測の事態に備えて必要な対応を図ること。
　　④　子どもや保護者等からの要望や苦情に対して、迅速かつ適切に、誠意を持って対応するため、要望や苦情を受け付ける窓口を設置し、周知するとともに、その対応に当たっては、市町村と連携して、苦情解決責任者、苦情受付担当者、第三者委員の設置や、解決に向けた手順の整理等を行い、その仕組みについて子どもや保護者等にあらかじめ周知すること。
　　⑤　児童虐待の早期発見の努力義務が課されていることを踏まえ、子どもの発達や養育環境の状況等を把握し、固有の援助を必要としている場合は、適切に行うとともに、児童虐待が疑われる場合には、各自の判断だけで対応することは避け、運営主体の責任者と協議の上で、市町村又は児童相談所に速やかに通告すること。
　(3)　3の(2)の事業の対象となる放課後児童健全育成事業を行う者においては、4の(2)の①～⑤に加えて、以下の育成支援を行うとともに、本事業の対象となる常勤職員及び常勤職員以外の職員は、放課後児童クラブ運営指針に規定する4の(2)の①～⑤又は以下の育成支援のうちいずれかに従事すること。なお、⑥については、必要に応じて行う場合に従事すること。
　　①　子どもの遊びや生活の環境及び帰宅時の安全等について地域の協力が得られるように、自治会・町内会や民生委員・児童委員（主任児童委員）等の地域組織や子どもに関わる関係機関等と情報交換や情報共有、相互交流を図ること。
　　②　地域住民の理解を得ながら、地域の子どもの健全育成の拠点である児童館やその他地域の公共施設等を積極的に活用し、放課後児童クラブの子どもの活動と交流の場を広げること。
　　③　事故、犯罪、災害等から子どもを守るため、地域住民と連携、協力して子どもの安全を確保する取り組みを行うこと。
　　④　子どもの病気やケガ、事故等に備えて、日常から地域の保健医療機関等と連携を図ること。
　　⑤　子どもの状態や家庭の状況の把握により、保護者に不

適切な養育等が疑われる場合には、要保護児童対策地域協議会に情報提供を行い、個別ケース検討会議に参加し、具体的な支援の内容等を関係機関と検討・協議して適切に対応すること。

⑥ 「新・放課後子ども総合プラン」に基づき、放課後子供教室と一体的に又は連携して実施する場合は、放課後子供教室の企画内容や準備等について、円滑な協力ができるように放課後子供教室との打合せを定期的に行い、学校区ごとに設置する協議会に参加するなど関係者間の連携を図ること。

5 対象事業の制限等

(1) 本事業は、放課後児童健全育成事業を行う者において、職員の賃金改善に必要な経費に充てるための費用に係る事業費を計上するものとしており、開所時間延長の取り組みによる通常の運営に係る経費（人件費や光熱水費等）については、別添1に基づく放課後児童健全育成事業に計上するものとする。

(2) 本事業の趣旨に鑑み、経営に携わる法人の役員である職員については、原則として、本事業の対象とならない。

また、賃金改善を実施する職員の範囲や賃金改善の具体的な内容については、実情に応じて各放課後児童健全育成事業を行う者において決定するものとする。

なお、最低賃金の上昇等に伴う賃金改善分（ベースアップ分）は、本事業における賃金改善には含めないものとする。

(3) 本事業により、賃金の額を増加させる給与項目以外の項目において賃金水準を低下させてはならないこと。

ただし、業績等に応じて変動することとされている賞与等が、当該要因により変動した場合については、この限りではない。

(4) 賃金増加分に対する実際の支払いの時期については、月ごとの支払いのほか一括して支払うことも可能とし、各放課後児童健全育成事業を行う者の実情に応じた方法によるものとする。

(5) 本事業による賃金改善額については、別添12の「放課後児童支援員キャリアアップ処遇改善事業」及び別添13の「放課後児童支援員等処遇改善事業（月額9,000円相当賃金改善）」における賃金改善額及び支払賃金には含めないこととする。また、別添12及び13に基づき実施される事業に必要な経費については、本事業の対象とならない。

6 費用

(1) 国は、市町村が実施する事業又は助成する事業に対して、別に定めるところにより補助するものとする。

(2) 市町村等は、本事業を実施するために必要な経費として、保護者から徴収した額を充当してはならない。

別添7

障害児受入強化推進事業

1 趣旨

児童福祉法（昭和22年法律第164号）第6条の3第2項及び放課後児童健全育成事業の設備及び運営に関する基準（平成26年厚生労働省令第63号。）に基づき放課後児童健全育成事業を行う者において、3人以上の障害児を受け入れる場合に、障害児の受入れに必要となる専門的知識等を有する放課後児童支援員等を複数配置するとともに、医療的ケア児を受け入れる場合に看護師、准看護師、保健師、助産師又は医療的ケア児受入のための専門的知識を有する者（以下「看護職員等」という。）の配置等や送迎支援を行うことで、放課後児童健全育成事業の円滑な実施を図るものである。

2 実施主体

本事業の実施主体は、市町村（特別区及び一部事務組合を含む。以下同じ。）とする。

ただし、市町村が適切と認めた者に委託等を行うことができるものとする。

3 事業内容

(1) 3人以上の障害児の受け入れを行う場合

別添1に基づく放課後児童健全育成事業における障害児の受入れを推進するため、3人以上の障害児（(2)による看護職員等の配置を行っている場合は医療的ケア児を除く。）の受入れを行う場合に、別添3に基づく放課後児童クラブ支援事業（障害児受入推進事業）による放課後児童支援員等の配置に加えて、以下の①〜③のいずれかの方法により、障害児を受け入れるために必要な専門的知識等を有する放課後児童支援員等を障害児の数に応じて1名以上配置する。

なお、障害児の対象については、別添3と同様とする。

① 市町村が専門的知識等を有する放課後児童支援員等を直接雇用し、放課後児童健全育成事業を行う者に派遣して配置

② 放課後児童健全育成事業を行う者が専門的知識等を有する放課後児童支援員等を雇用して配置し、当該費用を市町村が委託費として支出

③ 放課後児童健全育成事業を行う者が雇用した放課後児童支援員等について、市町村が一定期間内に必要な研修を受講させた、又は個々の放課後児童支援員等が有する経歴、資格から専門的知識等を有すると市町村が認めた上で配置し、当該費用を市町村が助成（補助）

(2) 医療的ケア児の受け入れを行う場合

① 看護職員等の配置

別添1に基づく放課後児童健全育成事業における障害児の受入れを推進するため、医療的ケア児の受入れを行う場合に、以下のア〜エのいずれかの方法により、医療的ケア児を受け入れるために必要な看護職員等を配置する。

なお、医療的ケア児とは、児童福祉法第56条の6第2

項に規定する「人工呼吸器を装着している障害児その他の日常生活を営むために医療を要する状態にある障害児」をいう（以下、同じ。）。

ア　市町村が看護職員等を直接雇用し、放課後児童健全育成事業所に派遣して配置

イ　放課後児童健全育成事業を行う者が看護職員等を雇用して配置し、当該費用を市町村が委託費として支出

ウ　放課後児童健全育成事業を行う者が雇用した看護職員等について、配置し、当該費用を市町村が助成（補助）

エ　医療機関等において雇い上げた看護職員等を放課後児童健全育成事業所に派遣して配置し、当該費用を市町村が委託費等として支出

また、職員がたん吸引等を実施するための研修を受講するための代替職員の配置等、医療的ケア児の受入れに必要な経費も補助対象とする。

②　看護職員等による送迎支援の実施

別添1に基づく放課後児童健全育成事業における障害児の受入れを推進するため、医療的ケア児の受入れを行う場合に、以下のア～エのいずれかの送迎支援を実施する。

なお、送迎は看護職員等による付き添いや看護職員等が乗車しバスや介護タクシー等による送迎を行うものとする。

ア　授業終了後の学校から放課後児童健全育成事業所への移動

イ　放課後児童健全育成事業所からの帰宅

ウ　放課後児童健全育成事業所から病院への送迎支援

エ　その他医療的ケア児を受け入れるために必要となる送迎支援

4　留意事項

(1)　別添3に基づく放課後児童クラブ支援事業（障害児受入推進事業）の対象となっていること。ただし、3の(2)の事業のみを行う場合を除く。

(2)　3の(2)の②の事業の実施に当たっては、別添5に基づく放課後児童クラブ支援事業（放課後児童クラブ送迎支援事業）の実施の有無にかかわらず、対象となること。

(3)　本事業の実施に当たっては、都道府県等が実施する「職員の資質向上・人材確保等研修事業の実施について」（平成27年5月21日付け雇児発0521第19号厚生労働省雇用均等・児童家庭局長通知）の別添5「放課後児童支援員等研修事業実施要綱」により行う放課後児童支援員等資質向上研修事業を十分に活用するなどして、障害児対応を行う放課後児童支援員等の研修の機会を確保し、専門的知識や技術等の習得に努め、障害児の受入れの推進を図ること。

(4)　「医療的ケア児受入のための専門的知識を有する者」は、社会福祉士及び介護福祉士法（昭和62年法律第30号）附則

第4条第2項に規定する喀痰吸引等研修の課程を修了した者や個々の経歴、資格等から専門的知識等を有すると市町村が認めた者等を想定している。

(5)　送迎を行うためのバス等車輌に係る経費については、燃料費のみ本事業の対象とすること。

5　費用

(1)　国は、市町村が実施する事業又は助成する事業に対して、別に定めるところにより補助するものとする。

(2)　市町村等は、本事業を実施するために必要な経費として、保護者から徴収した額を充当してはならない。

別添8

小規模放課後児童クラブ支援事業

1　趣旨

児童福祉法（昭和22年法律第164号）第6条の3第2項及び放課後児童健全育成事業の設備及び運営に関する基準（平成26年厚生労働省令第63号。）に基づく放課後児童健全育成事業を行う場所（以下「放課後児童健全育成事業所」という。）のうち、一の支援の単位を構成する児童の数が19人以下の小規模な放課後児童健全育成事業所に複数の放課後児童支援員等を配置することにより、放課後児童健全育成事業の円滑な実施を図るものである。

2　実施主体

本事業の実施主体は、市町村（特別区及び一部事務組合を含む。以下同じ。）とする。

ただし、市町村が適切と認めた者に委託等を行うことができるものとする。

3　事業内容

別添1に基づく放課後児童健全育成事業を行う者において、一の支援の単位を構成する児童の数が、19人以下の小規模な放課後児童健全育成事業所に放課後児童支援員等を複数配置する。

4　実施方法

本事業の対象となる放課後児童健全育成事業を行う者は、別添1の3～10(1)及び11(1)の内容を満たすことを基本とし、一の支援の単位を構成する児童の数は19人以下を要件とする。

5　留意事項

(1)　本事業は、一の支援の単位を構成する児童の数が19人以下の放課後児童健全育成事業所における2人目以降の放課後児童支援員等に係る人件費を計上するものであり、それ以外の運営に係る経費（1人目の人件費や光熱水費等）については、別添1に基づく放課後児童健全育成事業に計上するものとする。

(2)　別添2～別添7及び別添9～別添12に基づき実施される事業に必要な経費については、本事業の対象とならない。

6　費用

(1)　国は、市町村が実施する事業又は助成する事業に対して、

別に定めるところにより補助するものとする。

(2) 市町村等は、本事業を実施するために必要な経費の一部を保護者から徴収することができるものとする。

別添9

### 放課後児童クラブにおける要支援児童等対応推進事業

1 趣旨

放課後児童クラブに、要支援児童等（要支援児童、要保護児童及びその保護者）に対応する職員を配置し、放課後児童クラブにおける、要支援児童等への対応や関係機関との連携の強化等を図るものである。

2 実施主体

本事業の実施主体は、児童福祉法（昭和22年法律第164号）第25条の2に基づく、要保護児童対策地域協議会（以下「地域協議会」という。）を設置し、放課後児童クラブが地域協議会を構成する関係機関として参加している市町村（特別区及び一部事務組合を含む。以下同じ。）とする。

ただし、市町村が適切と認めた者に委託等を行うことができるものとする。

3 事業内容

(1) 要支援児童等の対応をする職員の配置

別添1に基づく放課後児童健全育成事業における要支援児童等への適切な支援を図るため、必要な専門的知識等を有する放課後児童支援員等、市町村が適切と認めた者を地域協議会に参加している放課後児童クラブに配置する。

(2) 要支援児童等の対応をする職員の業務

要支援児童等の対応をする職員は、以下の①から④を必須とするとともに、⑤又は⑥のいずれかの業務についても行うこととする。

① 放課後児童支援員等が有する専門性を活かした保護者の状況に応じた相談支援

② 地域協議会が開催する個別ケース検討会議に参加し、関係機関への情報の提供及び共有

③ 地域協議会を活用し、放課後児童クラブにおける要支援児童等の出欠状況等について、市町村や児童相談所への定期報告の実施

④ 要支援児童等について、当該児童が通う小学校との情報共有、連携

⑤ 他の放課後児童クラブへの巡回支援

⑥ 子育て支援や虐待予防の取組等に資する地域活動への参画等

4 個人情報の保護

事業に携わる者は、事業により知り得た個人情報等を漏らしてはならないものとする。

また、事業終了後及びその職を退いた後も同様とする。

なお、本事業を実施する市町村が、事業の全部又は一部を委託等する場合は、個人情報の保護を十分に遵守させるように指導しなければならない。

5 留意事項

本事業の実施に当たっては、都道府県等が実施する「職員の資質向上・人材確保等研修事業の実施について」（平成27年5月21日付け雇児発0521第19号厚生労働省雇用均等・児童家庭局長通知）の別添5「放課後児童支援員等研修事業実施要綱」により行う放課後児童支援員等資質向上研修事業を十分に活用するなどして、要支援児童等の対応を行う放課後児童支援員等の研修の機会を確保し、専門的知識や技術等の習得に努めること。

6 費用

(1) 国は、市町村が実施する事業又は助成する事業に対して、別に定めるところにより補助するものとする。

(2) 市町村等は、本事業を実施するために必要な経費として、保護者から徴収した額を充当してはならない。

別添10

### 放課後児童クラブ育成支援体制強化事業

1 趣旨

放課後児童健全育成事業を行う者において、遊び及び生活の場の消毒・清掃、おやつの発注・購入、会計事務等の運営に関わる業務、児童の宿題等の学習活動が自主的に行える環境整備の補助等、育成支援の周辺業務を行う職員（以下「運営事務等を行う職員」という。）の配置等を行うことにより、放課後児童健全育成事業の育成支援の内容の向上を図る。

2 実施主体

本事業の実施主体は、市町村（特別区及び一部事務組合を含む。以下同じ。）とする。

ただし、市町村が適切と認めた者に委託等を行うことができるものとする。

3 事業内容

(1) 運営事務等を行う職員の配置等

別添1に基づく放課後児童健全育成事業における育成支援の内容の向上を図るため、別添1の5の(1)に基づく職員体制に加え、運営事務等を行う職員の配置等を行う。

(2) 運営事務等を行う職員の業務

運営事務等を行う職員は次の業務を行うこととする。

① 業務の実施状況に関する日誌（子どもの出欠席、職員の服務に関する状況等）の作成

② おやつの発注、購入等

③ 遊びの環境と施設の安全点検、衛生管理（清掃や消毒等）、整理整頓

④ 会計事務等

⑤ 児童の宿題等の学習活動が自主的に行える環境整備の補助

⑥ その他、放課後児童クラブの運営に関わる業務や育成

支援の周辺業務

4 留意事項

3の(2)の業務を外部委託等により実施し、当該費用を放課後児童健全育成事業を行う者が委託費等として支出する場合も本事業の対象となること。

5 費用

(1) 国は、市町村が実施する事業又は助成する事業に対して、別に定めるところにより補助するものとする。

(2) 市町村等は、本事業を実施するために必要な経費として、保護者から徴収した額を充当してはならない。

別添11

放課後児童クラブ第三者評価受審推進事業

1 趣旨

放課後児童健全育成事業を行う者における第三者評価の受審を推進するため、当該評価の受審に必要となる費用を補助することにより、放課後児童健全育成事業の質の向上を図り、児童の安全・安心な居場所を確保するとともに、次世代を担う児童の健全な育成に資することを目的とする。

2 実施主体

本事業の実施主体は、市町村（特別区及び一部事務組合を含む。以下同じ。）とする。

ただし、市町村が適切と認めた者に委託等を行うことができるものとする。

3 事業内容

別添1に基づく放課後児童健全育成事業を行う者が「放課後児童健全育成事業における第三者評価基準ガイドラインについて」（令和3年3月29日付け子発0329第8号子ども家庭局長、社援発0329第36号社会・援護局長通知）等に沿って、第三者評価を適切に実施することが可能であると市町村が認める第三者評価機関による評価（市町村が委託等により行わせるものも含む。）を受審するために必要となる費用を補助する。

なお、受審結果についてはホームページ等により広く公表すること。

4 留意事項

(1) 評価機関との間の契約書等により、当年度に第三者評価の受審や結果の公表（評価機関からの評価結果の提示が翌年度となるため、結果の公表が翌年度になる場合を含む。）が行われることが確認できる場合に本事業の対象となること。

(2) 第三者評価の受審は3年に一度程度を想定しており、同一の放課後児童健全育成事業を行う者に対しては、当該補助を行った年度から3年間は再度の補助は行えないこと。

5 費用

(1) 国は、市町村が実施する事業に対して、別に定めるところにより補助するものとする。

(2) 市町村等は、本事業を実施するために必要な経費として、保護者から徴収した額を充当してはならない。

別添12

放課後児童支援員キャリアアップ処遇改善事業

1 趣旨

児童福祉法（昭和22年法律第164号）第6条の3第2項及び放課後児童健全育成事業の設備及び運営に関する基準（平成26年厚生労働省令第63号。）に基づく放課後児童健全育成事業を行う者に対して放課後児童支援員の賃金改善に必要な経費の補助を行うことにより、経験等に応じた放課後児童支援員の処遇の改善を促進し、もって児童の安全・安心な居場所を確保するとともに、次世代を担う児童の健全な育成に資することを目的とする。

2 実施主体

本事業の実施主体は、市町村（特別区及び一部事務組合を含む。以下同じ。）とする。

ただし、市町村が適切と認めた者に委託等を行うことができるものとする。

3 事業内容

別添1に基づく放課後児童健全育成事業を行う者が、放課後児童支援員に対し、経験年数や研修実績等に応じた段階的な賃金改善の仕組を設けることを目指す又は設けている場合に、以下の①～③の段階に応じた賃金改善に必要な費用の一部を補助する。

① 放課後児童支援員

② 経験年数が概ね5年以上の放課後児童支援員で、以下の研修を受講した者

・都道府県又は市町村が実施する「職員の資質向上・人材確保等研修事業の実施について」（平成27年5月21日雇児発0521第19号厚生労働省雇用均等・児童家庭局長通知）の別添5「放課後児童支援員等研修事業実施要綱」の「Ⅱ放課後児童支援員等資質向上事業」に基づく研修又は同程度の研修で、市町村が適当と認める研修

③ 経験年数が概ね10年以上の放課後児童支援員で、前記②の研修を受講した事業所長的立場にある者

4 実施方法

(1) 本事業の対象となる放課後児童健全育成事業を行う者は、別添1の3～10(1)の内容を満たすこと。

(2) 平成28年度の当該放課後児童健全育成事業所に従事する放課後児童支援員の賃金に対する改善が行われていること。

(3) 3の①～③の要件に該当する放課後児童支援員の賃金改善の全部又は一部が、基本給（月給等や決まって毎月支払われる手当）により行われていること。

(4) 放課後児童健全育成事業を行う者は、経験年数等に応じた定期昇級等の仕組みの導入に努めること。

(5) 現在勤務している放課後児童健全育成事業所の勤続年数

に加え、以下の施設・事業所における経験年数を合算することができる。

① 子ども・子育て支援法第7条第4項に定める教育・保育施設、同条第5項に定める地域型保育事業を行う事業所及び第30条第1項第4号に定める特例保育を行う施設・事業所における勤続年数

② 学校教育法第1条に定める学校及び同法第124条に定める専修学校における勤続年数

③ 社会福祉法第2条に定める社会福祉事業を行う施設・事業所における勤続年数

④ 児童福祉法第12条の4に定める施設における勤続年数

⑤ 認可外保育施設（児童福祉法第59条第1項に定める施設をいう。以下同じ。）で以下に掲げる施設の勤続年数

　ア 地方公共団体における単独保育施策による施設

　イ 認可外保育施設指導監督基準を満たす旨の証明書を交付された施設

　ウ 企業主導型保育施設

　エ 幼稚園を設置する者が当該幼稚園と併せて設置している施設

　オ アからエまでに掲げる施設以外の認可外保育施設が①の施設・事業所に移行した場合における移行前の認可外保育施設

⑥ 医療法に定める病院、診療所、介護老人保健施設、介護医療院及び助産所における勤続年数（保健師、看護師又は准看護師に限る。）

⑦ 放課後児童健全育成事業に類似する事業を行う施設・事業所における勤続年数

(6) 経験年数の期間に係る要件は、各放課後児童健全育成事業所の職員構成・状況を踏まえ、市町村の判断で柔軟な対応が可能であること。

(7) 経験年数の期間は、当該年度の4月1日現在において算定することを基本とする。

5　対象事業の制限等

(1) 本事業は、放課後児童健全育成事業を行う者において、職員の賃金改善に必要な経費に充てるための費用に係る事業費を計上するものとしており、通常の運営に係る経費（人件費や光熱水費等）については、別添1に基づく放課後児童健全育成事業に計上するものとする。

　なお、最低賃金の上昇等に伴う賃金改善分（ベースアップ分）は、本事業における賃金改善には含めないものとする。

(2) 本事業により賃金の額を増加させる給与項目以外の項目において賃金水準を低下させてはならないこと。

　ただし、業績等に応じて変動することとされている賞与等が、当該要因により変動した場合については、この限りではない。

　なお、これらの賃金の額の変動等を確認できる書類を整

理しておくこと。

(3) 放課後児童支援員1人あたりの補助対象経費は、別に定める放課後児童支援員1人あたりの国庫補助基準額の範囲内とすること。

　また、本事業の対象は、原則、放課後児童支援員とするが、放課後児童支援員以外の職員についても経験年数や研修実績等に応じた段階的な賃金改善の仕組を設けることを目指す又は設けている場合には、別に定める放課後児童支援員1人あたりの国庫補助基準額に対象人数を乗じて算出した合計額の範囲内で対象とすることができること。

(4) 本事業の趣旨に鑑み、経営に携わる法人の役員である職員については、原則として、本事業の対象とならない。

(5) 本事業による賃金改善額については、別添6の「放課後児童支援員等処遇改善等事業」及び別添13の「放課後児童支援員等処遇改善事業（月額9,000円相当賃金改善）」における賃金改善額及び支払賃金には含めないこととする。また、別添6及び13に基づき実施される事業に必要な経費については、本事業の対象とならない。

(6) 事業所長的立場にある者は一の支援の単位につき、原則1名までとする。

6　費用

(1) 国は、市町村が実施する事業又は助成する事業に対して、別に定めるところにより補助するものとする。

(2) 市町村等は、本事業を実施するために必要な経費として、保護者から徴収した額を充当してはならない。

別添13

放課後児童支援員等処遇改善事業（月額9,000円相当賃金改善）

1　事業の目的

　新型コロナウイルス感染症への対応と少子高齢化への対応が重なる最前線で働く、放課後児童クラブにおける放課後児童支援員や補助員等の職員（非常勤職員を含み、経営に携わる法人の役員である職員を除く。以下同じ。）の処遇の改善のため、賃上げ効果が継続される取組を行うことを前提として、収入を3％程度（月額9,000円相当）引き上げるための措置を実施することを目的とする。

2　実施主体

　本事業の実施主体は、市町村（特別区及び一部事務組合を含む。以下同じ。）とする。

　ただし、市町村が適切と認めた者に委託等を行うことができるものとする。

3　対象施設等

　本事業の対象は別添1に基づく放課後児童健全育成事業を行う事業所に勤務する職員とする。

4　事業内容

(1) 放課後児童クラブの職員に対する3％程度（月額9,000

円相当）の賃金改善を実施する。

※　賃金改善とは、本事業の実施により、職員について、雇用形態、職種、勤続年数、職責等が事業実施年度と同等の条件の下で、令和４年１月の賃金水準を超えて、賃金を引き上げることをいう。

(2)　本事業による賃金改善に係る計画書を作成し、計画の具体的な内容を職員に周知する。

5　補助額の算定等

(1)　放課後児童クラブ（一支援の単位）ごとに、別に定める補助基準額を基に、以下の算式により算定すること。

　　＜算式＞

　　補助基準額（月額）×賃金改善対象者数×事業実施月数

※　「賃金改善対象者数」とは、賃金改善を行う常勤職員数に、１か月当たりの勤務時間数を就業規則等で定めた常勤の１か月当たりの勤務時間数で除した非常勤職員数（常勤換算）を加えたものをいう。なお、「賃金改善対象者数」については当該年度において、賃金改善が行われている又は賃金改善を行う見込みの職員数により算出すること。

　　ただし、新規採用等により、賃金改善対象者数の増加が見込まれる場合には、適宜賃金改善対象者数に反映し、算出すること。

※　常勤職員とは、施設で定めた勤務時間（所定労働時間）の全てを勤務する者をいう。ただし、１日６時間以上かつ月20日以上勤務している者は、これを常勤職員とみなして含めること。

※　事業実施月数は、賃金改善の月数によること。

(2)　本事業による補助額は、職員の賃金改善及び当該賃金改善に伴い増加する法定福利費等の事業主負担分に全額充てること。

※　法定福利費等の事業主負担分については、以下の算式により算定した金額を標準とする。

　　＜算式＞

　　「前年度における法定福利費等の事業主負担分の総額」÷「前年度における賃金の総額」×「賃金改善額」

(3)　本事業による賃金改善が、賃上げ効果の継続に資するよう、最低でも賃金改善の合計額の３分の２以上は、基本給又は決まって毎月支払われる手当の引上げにより改善を図ること。

(4)　本事業により改善を行う賃金項目以外の賃金項目（業績等に応じて変動するものを除く。）の水準を低下させていないこと。

(5)　本事業により講じた賃金改善の水準を維持すること。

(6)　「放課後児童支援員等処遇改善臨時特例事業」（令和３年12月23日付け子発1223第１号厚生労働省子ども家庭局長通知）に基づく賃金改善を実施している場合には、当該事業により改善を行った賃金水準から低下させてはならないこ

と。

6　事業実施手続

(1)　放課後児童クラブは、事業開始に当たって、市町村に対し、事業計画書（別紙様式１）を提出することとする。

(2)　放課後児童クラブは、本事業の終了後、市町村に対し、事業実績報告書（別紙様式２）を提出することとする。

(3)　市町村は、放課後児童クラブから提出された事業計画書及び事業実績報告書の内容をもとに、処遇改善が適切に実施されているか確認を行い、必要に応じて、放課後児童クラブに対する助言・指導を行うものとする。

7　留意事項

(1)　本事業は、常勤職員については別に定める補助基準額（月額9,000円相当）以上、非常勤職員については、常勤職員の勤務時間数に対する割合（１か月当たりの勤務時間数を就業規則等で定めた常勤の１か月当たりの勤務時間数で除したもの）を別に定める補助基準額に乗じて算出した金額（月額）以上の賃金改善を行うことを基本的な考え方とする。なお、一律月額9,000円相当の賃金改善ではなく、職員の勤続年数や職務内容等に応じた賃金改善も可能とするが、特定の職員や特定の勤務形態の職員に偏った賃金改善を行うなど、合理的な理由のない、恣意的な賃金改善を行うことがないようにすること。

なお、最低賃金の上昇等に伴う賃金改善分（ベースアップ分）は、本事業における賃金改善には含めないものとする。

(2)　事業実績報告書等により、放課後児童クラブにおいて実施された賃金改善の内容が、本事業の要件を満たさない場合、特段の理由がある場合を除き、補助金の全部又は一部について返還させる。

(3)　本事業による賃金改善については、別添６の「放課後児童支援員等処遇改善等事業」及び別添12の「放課後児童支援員キャリアアップ処遇改善事業」における賃金改善額及び支払賃金には含めないこととする。また、別添６及び12の事業に基づき実施される事業に必要な経費については、本事業の対象とならない。

8　経費の負担等

(1)　国は、市町村が実施する事業又は助成する事業に対して、別に定めるところにより補助するものとする。

(2)　市町村等は、本事業を実施するために必要な経費として、保護者から徴収した額を充当してはならない。


別添14

放課後児童クラブ利用調整支援事業

1　趣旨

放課後児童クラブを利用できなかった児童等に対して、利用者のニーズに応じ、他の放課後児童クラブや児童館等の放課後に利用可能な施設等の利用をあっせんするとともに、放

課後児童クラブの設置等に向けた既存施設の空きスペースの確保支援等を行うことにより、早期の待機児童解消を図ることを目的とする。

2　実施主体

本事業の実施主体は、市町村（特別区及び一部事務組合を含む。以下同じ。）とする。

ただし、市町村が適切と認めた者に委託等を行うことができるものとする。

3　事業内容

別添1に基づく放課後児童健全育成事業の利用が出来なかった若しくは登録児童数等の状況から利用ができない可能性がある児童（希望した放課後児童クラブの利用が出来なかった児童を含む。）等について、当該児童のニーズにあった放課後に利用可能な施設等の利用のあっせん等を行う職員（以下、「放課後待機児童利用調整支援員」という。）を配置し、以下の(1)、(2)の全てを実施すること。

(1)　利用調整支援

別添1に基づく放課後児童クラブの利用が出来なかった若しくは登録児童数等の状況から利用ができない可能性がある児童について、他の放課後児童クラブ（学区外を含む。）や児童館等、当該児童のニーズにあった放課後に利用可能な施設等をあっせんする（年間を通じて継続的に、児童が利用可能な施設等の利用をあっせんする。）とともに、障害児の受入れに向けた、受入可能クラブの利用のあっせん、障害児支援機関等との連絡調整等を行う。

(2)　放課後児童クラブ設置場所の確保支援等

地域の待機児童解消に向け、新たな放課後児童クラブの設置や既存の放課後児童クラブの拡張を行うために、放課後児童支援員等の人材確保や整備用地及び学校・児童館・民間アパート等の既存施設の空きスペースの確保等に向けた支援（学校・地域企業等からの情報収集、放課後児童クラブ運営法人等への情報提供、地域住民向けの説明会の開催等）を行う。

4　対象事業の制限等

(1)　本事業の対象となる要件として、当該市町村において待機児童が既に存在している、又は本事業を実施しなければ、待機児童が発生する可能性がある状況にあること。

(2)　利用調整支援に当たっては、放課後児童クラブ（学区外を含む。）の登録児童数や利用実態、児童館その他施設の活動状況等を定期的に把握し、空き状況の変化等に応じて、随時、利用可能な施設等へのあっせんを行うこと。

なお、放課後児童クラブへのあっせんを優先し、クラブの利用が困難な場合に、児童館その他の施設の利用をあっせんすること。

(3)　学区外の放課後児童クラブへのあっせんを行う場合は、別添の5「放課後児童クラブ支援事業（放課後児童クラブ送迎支援事業）」の実施を検討すること。

5　費用

(1)　国は、市町村が実施する事業又は助成する事業に対して、別に定めるところにより補助するものとする。

(2)　市町村等は、本事業を実施するために必要な経費として、保護者から徴収した額を充当してはならない。

# 放課後児童健全育成事業の設備及び運営に関する基準の一部を改正する省令の施行について

（令和元年10月3日　子発1003第1号　各都道府県知事・各指定都市市長・各中核市市長宛　厚生労働省子ども家庭局長通知）

本日、別添1のとおり放課後児童健全育成事業の設備及び運営に関する基準の一部を改正する省令（令和元年厚生労働省令第61号。以下「改正省令」という。）が公布されたところであるが、改正省令の趣旨、内容及び留意事項は下記のとおりであるので、各位におかれては、御了知の上、貴管内の市町村（特別区を含み、指定都市及び中核市を除く。）をはじめ、関係者、関係団体等に対し、その周知を図るとともに、その運用に遺漏無きを期されたい。

なお、本通知は地方自治法（昭和22年法律第67号）第245条の4第1項に基づく技術的な助言であることを申し添える。

記

第一　改正の趣旨及び内容

児童福祉法（昭和22年法律第164号。以下「法」という。）

第34条の8の2第1項の規定に基づき、市町村は、放課後児童健全育成事業（以下「事業」という。）の設備及び運営について、条例で基準を定めなければならないこととされている。

現在、市町村（特別区を含む。以下同じ。）が条例で基準を定めるに当たっては、事業に従事する者及びその員数については放課後児童健全育成事業の設備及び運営に関する基準（平成26年厚生労働省令第63号。以下「設備運営基準」という。）に従い定めるものとし、その他の事項については設備運営基準を参酌するものとされている。

本年6月7日に地域の自主性及び自立性を高めるための改革の推進を図るための関係法律の整備に関する法律（令和元年法律第26号）が公布され、市町村が条例で基準を定めるに

当たっては、事業に従事する者及びその員数を含む全ての事項について、設備運営基準を参酌することとされた。これに伴い、設備運営基準第1条第1項について、「従うべき基準」と「参酌すべき基準」の区分を削除し、設備運営基準で定める事項を全て「参酌すべき基準」とする。

第二　留意事項

1　今般、事業に従事する者及びその員数に係る基準が「従うべき基準」から「参酌すべき基準」とされたが、その基準の内容は変わるものではない。

2　事業をいかなる体制で運営する場合でも、利用者の安全の確保について最大限留意し、児童が安心して放課後の時間を過ごせるようにすることが必要である。そのため、市町村が、地域の実情に応じ条例で設備運営基準と異なる基準を定める場合については、児童の安全や事業の質が確保されることが前提であり、設備運営基準の内容を十分参酌した上で、責任を持って判断しなければならない。また、条例制定過程において、利用者の保護者や関係者、関係団体等から広く意見を求めるとともに、その内容について、十分説明責任を果たすことが必要である。

事業者においては、児童の安全の確保には最大限の留意が必要であることから、「放課後児童クラブ運営指針」（平成27年3月31日付け雇児発0331第34号厚生労働省雇用均等・児童家庭局長通知。以下「運営指針」という。）にあるとおり、事故等の防止及び対応に関する訓練等を実施するとともに、市町村や学校等関係機関と連携・協力体制を整備しなければならない（別添2）。

3　法第34条の8の3に規定する報告及び立入調査等については、設備運営基準、運営指針等を参考にしつつ、条例に則った運営がされているかや、児童の安全や事業の質が確保されているかという観点から、各市町村において適切に実施すべきである。特に、地域の実情に応じ条例で設備運営基準と異なる基準を定める場合については、2で示した体制等が整備されているかという観点から実施するべきである。

4　設備運営基準第10条第3項及び附則第2条に規定する放課後児童支援員については、令和2年3月31日にその経過措置が終了する予定であることも踏まえ、都道府県及び指定都市においては、設備運営基準第10条第3項に規定する都道府県知事又は地方自治法第252条の19第1項の指定都市の長が行う研修（以下「放課後児童支援員認定資格研修」という。）の機会の提供に引き続き積極的に努めることとし、研修の回数や開催場所など受講者への配慮も必要である。また、市町村及び事業者においても、放課後児童支援員認定資格研修を未だ受講していない職員に対して、研修受講機会を確保するよう特段の配慮を行うことが必要である。

第三　施行期日

改正省令は、令和2年4月1日から施行する。

別添1・2　略

# 放課後児童健全育成事業の質の確保及び向上に向けた取組の推進について

（令和元年10月3日　子子発1003第1号
各都道府県・各指定都市・各中核市民生主管部（局）長宛
厚生労働省子ども家庭局子育て支援課長通知）

今般、放課後児童健全育成事業の設備及び運営に関する基準の一部を改正する省令（令和元年厚生労働省令第61号）が公布され、改正の趣旨及び内容等については「放課後児童健全育成事業の設備及び運営に関する基準の一部を改正する省令の施行について」（令和元年10月3日付け子子発1003第1号厚生労働省子ども家庭局長通知）でお示ししたとおりである。

放課後児童健全育成事業（以下「事業」という。）の質の確保及び向上に向けては、これまでも種々の取組を行ってきたところであるが、取組を進めるに当たっての留意点等を下記のとおりお示しするので、各位におかれては、御了知の上、貴管内の市町村（特別区を含み、指定都市及び中核市を除く。）をはじめ、関係者、関係団体等に対し、その周知を図るとともに、その運用に遺漏無きを期されたい。

なお、本通知は地方自治（昭和22年法律第67号）第245条の4第1項に基づく技術的な助言であることを申し添える。

記

1　放課後児童支援員の要件について

今般、放課後児童健全育成事業の設備及び運営に関する基準（平成26年厚生労働省令第63号。以下「設備運営基準」という。）のうち、放課後児童支援員の要件に係る基準が「従うべき基準」から「参酌すべき基準」とされたが、その基準の内容は変わるものではない。市町村（特別区を含む。以下同じ。）は、設備運営基準を参照しつつ、地域の実情に応じ条例で設備運営基準と異なる基準を定めることが可能となるが、放課後児童支援員としての全国共通の認定資格を付与するためには、設備運営基準第10条第3項に規定する要件を満たす必要がある。なお、市町村が、地域の実情に応じ条例で設備運営基準と異なる基準を定める場合については、児童の

189

安全や育成支援の質が確保されていることが前提であり、設備運営基準の内容を十分参酌した上で、責任を持って判断しなければならない。

設備運営基準第10条第3項に規定する都道府県知事又は地方自治法第252条の19第1項の指定都市の長が行う研修（以下「認定資格研修」という。）は、放課後児童支援員として必要な知識及び技能を補完するものであり、事業の質を高める上で極めて重要であることから、各都道府県等におかれては、今後も積極的に実施されたい。

認定資格研修の実施に当たっては、関係市町村や関係団体等と十分な連携を図り、

・認定資格研修の開催日、時間帯等の設定
・受講人数枠及び研修回数、研修開催場所

等について、都道府県等の実情に応じて受講者が受講しやすいよう適宜工夫するなど、効果的で円滑な実施が図られるよう努められたい。

また、各放課後児童健全育成事業者（以下「事業者」という。）においては、職員に対し、認定資格研修をはじめ、その資質の向上のための研修の受講機会を十分に確保していただくことが必要である。

なお、

・認定資格研修の実施に必要な経費については、子ども・子育て支援体制整備総合推進事業費国庫補助金（放課後児童支援員等研修事業）により国庫補助を受けることが可能となっているほか、

・放課後児童支援員等が認定資格研修や資質の向上を図るための研修を受講する際に必要となる代替職員の雇上げ等経費については、子ども・子育て支援交付金（放課後児童健全育成事業）により国庫補助を受けることが可能となっている

ため、積極的にご活用いただきたい。

2　運営内容の評価について

設備運営基準第5条において、事業者は、その運営の内容について、自ら評価（以下「自己評価」という。）を行い、その結果を公表するよう努めなければならないとしている。

定期的な自己評価を実施している事業者の数は約50％（平成30年5月1日現在）にとどまっているところであるが、自己評価を実施することで、

・自己評価を通じて明らかとなった課題等について職員間で共有し、改善の方向性を検討して事業内容の向上に活かすこと
・自己評価の結果を公表することにより、児童や保護者、地域との継続的な対話や協力関係づくりを進め、信頼される開かれた事業となる契機となること

等の効果が期待されることから、積極的に実施されたい。

なお、自己評価の実施に当たっては、平成30年度子ども・子育て支援推進調査研究事業「放課後児童クラブの第三者評価マニュアル等に関する調査研究」において作成した「放課後児童クラブ自己チェックリスト」を活用いただきたい。

3・4　略

# 「新・放課後子ども総合プラン」について

（平成30年9月14日　30文科生第396号・子発0914第1号
各都道府県知事・各都道府県教育委員会教育長・各指定都市市長・各指定都市教育委員会教育長・各中核市市長・各中核市教育委員会教育長宛　文部科学省生涯学習政策・初等中等教育局長・大臣官房文教施設企画部長・厚生労働省子ども家庭局長連名通知）

次代を担う人材を育成し、加えて共働き家庭等が直面する「小1の壁」を打破する観点から、厚生労働省と文部科学省の連携のもと、平成26年7月に「放課後子ども総合プラン」を策定し、当該プランに基づき、放課後児童クラブと放課後子供教室の一体的な実施を中心に両事業の計画的な整備が進められてきたところです。

この間、平成28年に児童福祉法（昭和22年法律第164号）が改正され、児童の福祉を保障するための原理として、「全て児童は、児童の権利に関する条約の精神にのっとり、適切に養育されること」と規定されました。児童の権利に関する条約第3条に示された、子どもの最善の利益をいかに実現していくか、児童福祉事業である放課後児童クラブに限らず放課後児童対策全般に強く求められています。

また、地域と学校が連携・協働し、地域全体で子どもたちの成長を支え、地域を創生する「地域学校協働活動」を推進するために、平成29年に社会教育法（昭和24年法律第207号）の一部改正が行われ、同年4月1日から施行されました。地域学校協働活動の一環として、放課後等においても地域と学校が連携・協働し、子どもの地域における多様な体験や学びの機会の充実を図ることが重要であり、社会総掛かりでの教育の実現が求められています。

このたび、これまでの当該プランの進捗状況や、児童福祉や教育分野における施策の動向も踏まえ、これまでの放課後児童対策の取組をさらに推進させるため、放課後児童クラブの待機児童の早期解消、放課後児童クラブと放課後子供教室の一体的な実施の推進等による全ての児童（小学校に就学している児童

をいう。）の安全・安心な居場所の確保を図ること等を内容とした、向こう5年間を対象とする新たな放課後児童対策のプラン（以下「新プラン」という。）を別紙のとおり取りまとめました。

つきましては、その効果的かつ円滑な実施に御配慮いただくとともに、管内・域内市町村に対して、都道府県・指定都市・中核市教育委員会におかれては、所管の学校及び域内市町村教育委員会等に対して周知いただきますようお願いいたします。

これに伴い、「「放課後子ども総合プラン」について」（平成26年7月31日付け26文科生第277号、雇児発0731第4号文部科学省生涯学習政策局長、文部科学省大臣官房文教施設企画部長、文部科学省初等中等教育局長、厚生労働省雇用均等・児童家庭局長連名通知）の通知は廃止いたします。ただし、当該通知に基づく取組を実施している地方公共団体については、2019年3月31日までの間は、なお従前の例によるものとします。

なお、新プランは2019年度から実施するものですが、実施が可能な取組については、直ちに進めていただくことも可能であること、本通知は地方自治法（昭和22年法律第67号）第245条の4第1項に規定する技術的助言として発出するものであることを申し添えます。

**（別　紙）**

「新・放課後子ども総合プラン」

1　趣旨・目的

共働き家庭等の「小1の壁」を打破するとともに、次代を担う人材を育成するため、全ての児童（小学校に就学している児童をいう。以下同じ。）が放課後等を安全・安心に過ごし、多様な体験・活動を行うことができるよう、文部科学省と厚生労働省が協力し、一体型を中心とした放課後児童健全育成事業（以下「放課後児童クラブ」という。）及び地域住民等の参画を得て、放課後等に全ての児童を対象として学習や体験・交流活動などを行う事業（以下「放課後子供教室」という。）の計画的な整備等を進める。

2　背景

平成26年7月に策定した「放課後子ども総合プラン」においては、放課後児童クラブについて、平成31年度末までに約30万人分を新たに整備するとともに、全ての小学校区で、放課後児童クラブ及び放課後子供教室を一体的に又は連携して実施することを目標とし、計画的な整備が行われてきたところであるが、近年の女性就業率の上昇等により、更なる共働き家庭の児童数の増加が見込まれている。そのため、「待機児童」を解消し、「小1の壁」を打破するためには、放課後児童クラブの追加的な整備が不可欠となっている。

また、「放課後子ども総合プラン」に掲げた一体型の実施については増加傾向にあるものの、平成29年度時点で約4500か所と、目標である1万か所への到達は果たしていない。一方で、地域の実情に応じて社会教育施設や児童館等の小学校以外の施設を活用して、一体型と同様に、共働き家庭等の児童を含めた全ての児童が放課後子供教室の活動プログラムに参加できるような取組の例も見られるところであり、全ての児童が放課後に多様な体験・活動を行うことができるよう、一体型を中心とした両事業の実施に向け、両事業に関係する自治体や事業者が、連携を一層深めていくことが求められている。

上記を踏まえると、両事業の継続的な整備等が必要な状況となっており、両事業の連携を前提とした、2019年度から向こう5年間を対象とする新たなプランを策定することとした。

3　国全体の目標

全ての児童の安全・安心な居場所を確保するため、一体型を中心とした放課後児童クラブ及び放課後子供教室の計画的な整備等を以下のとおり進める。

① 放課後児童クラブについて、2021年度末までに約25万人分を整備し、待機児童の解消を図る。その後、女性就業率の更なる上昇に対応できるよう整備を行い、2019年度から2023年度までの5年間で約30万人分の整備を図る。

② 全ての小学校区で放課後児童クラブ及び放課後子供教室を一体的に又は連携して実施し、うち一体型の放課後児童クラブ及び放課後子供教室（詳細については、7(2)を参照のこと。）について、引き続き1万か所以上で実施することを目指す。

③ 新たに放課後児童クラブ又は放課後子供教室を整備等する場合には、学校施設を徹底的に活用することとし、新たに開設する放課後児童クラブの約80%を小学校内で実施することを目指す。なお、既に小学校外で放課後児童クラブを実施している場合についても、ニーズに応じ、小学校の余裕教室等を活用することが望ましい。

④ 放課後児童クラブは、単に保護者が労働等により昼間家庭にいない小学校に就学している児童を授業の終了後に預かるだけではなく、児童が放課後児童支援員の助けを借りながら、基本的な生活習慣や異年齢児童等との交わり等を通じた社会性の習得、発達段階に応じた主体的な遊びや生活ができる「遊びの場」「生活の場」であり、子どもの主体性を尊重し、子どもの健全な育成を図る役割を負っているものであることを踏まえ、こうした放課後児童クラブの役割を徹底し、子どもの自主性、社会性等のより一層の向上を図る。

4　事業計画

(1)　基本的な考え方

全ての児童の安全・安心な居場所づくりの観点から、小学校の余裕教室等の活用や、教育と福祉との連携方策等について検討しつつ、放課後児童クラブ及び放課後子供教室を計画的に整備等していくことが必要である。

市町村（特別区を含む。以下同じ。）が計画的に両事業の整備を進めていけるよう、国は「新・放課後子ども総合プラン」に基づく取組等について、子ども・子育て支援法

（平成24年法律第65号）第60条の規定に基づく教育・保育及び地域子ども・子育て支援事業の提供体制の整備並びに子ども・子育て支援給付並びに地域子ども・子育て支援事業及び仕事・子育て両立支援事業の円滑な実施を確保するための基本的な指針（平成26年内閣府告示第159号）や次世代育成支援対策推進法（平成15年法律第120号）第7条第1項の規定に基づく行動計画策定指針（平成26年内閣府、国家公安委員会、文部科学省、厚生労働省、農林水産省、経済産業省、国土交通省、環境省告示第1号）を見直す中で記載し、市町村はこれらの指針に則し、(2)に掲げる内容について市町村子ども・子育て支援事業計画又は市町村行動計画に盛り込むこととする。また、都道府県は、実施主体である市町村において円滑な取組促進が図られるようにする観点から、これらの指針に則し、(3)に掲げる内容について都道府県子ども・子育て支援事業計画又は都道府県行動計画に盛り込むこととする。

なお、市町村行動計画又は都道府県行動計画の策定に当たっては、放課後児童クラブ及び放課後子供教室に係る事項のみの策定とすることや、子ども・子育て支援法に定める市町村子ども・子育て支援事業計画又は都道府県子ども・子育て支援事業計画と一体のものとして策定することも差し支えない。

(2) 市町村行動計画等に盛り込むべき内容

① 放課後児童クラブの年度ごとの量の見込み及び目標整備量

② 一体型の放課後児童クラブ及び放課後子供教室の2023年度に達成されるべき目標事業量

③ 放課後子供教室の2023年度までの実施計画

④ 放課後児童クラブ及び放課後子供教室の一体的な、又は連携による実施に関する具体的な方策

⑤ 小学校の余裕教室等の放課後児童クラブ及び放課後子供教室への活用に関する具体的な方策

⑥ 放課後児童クラブ及び放課後子供教室の実施に係る教育委員会と福祉部局の具体的な連携に関する方策

⑦ 特別な配慮を必要とする児童への対応に関する方策

⑧ 地域の実情に応じた放課後児童クラブの開所時間の延長に係る取組

⑨ 各放課後児童クラブが、3④に記載した放課後児童クラブの役割をさらに向上させていくための方策

⑩ 3④に掲げた放課後児童クラブの役割を果たす観点から、各放課後児童クラブにおける育成支援の内容について、利用者や地域住民への周知を推進させるための方策
等

(3) 都道府県行動計画等に盛り込むべき内容

① 地域の実情に応じた放課後児童クラブ及び放課後子供教室の研修の実施方法、実施回数等（研修計画）

② 放課後児童クラブ及び放課後子供教室の実施に係る教

育委員会と福祉部局の具体的な連携に関する方策

③ 特別な配慮を必要とする児童への対応に関する方策
等

(4) 事業計画策定に当たっての留意事項

地域と学校が連携・協働し、幅広い地域住民や保護者等の参画により地域全体で子どもたちの成長を支え、地域を創生する「地域学校協働活動」を全国的に推進するため、平成29年3月に社会教育法が改正、同年4月に施行された。

都道府県・市町村の教育委員会は、放課後子供教室を含む地域学校協働活動の機会を提供する事業を実施するに当たっては、地域住民等と学校との連携協力体制の整備、普及啓発その他必要な措置を講じることや、地域学校協働活動の円滑かつ効果的な実施を図るため「地域学校協働活動推進員」を委嘱できることとされたことから、市町村及び都道府県は地域学校協働活動の実施計画と本プランの事業計画との間で齟齬が生じないよう十分に留意する必要がある。

5 市町村の体制、役割等

(1) 運営委員会の設置

市町村は、地域の実情に応じた効果的な放課後児童クラブ及び放課後子供教室の実施に関する検討の場として、「運営委員会」を設置する。

その際、市町村の教育委員会と福祉部局が連携を深め、学校の教職員や放課後児童クラブ、放課後子供教室の関係者との間で共通理解や情報共有を図るとともに、学校施設の使用計画や活用状況等について、十分に協議を行い、教育委員会と福祉部局の双方が責任を持つ仕組みとなるよう、適切な体制づくりに努めることが必要である。

なお、地域の実情に応じ、運営委員会に代わり得る既存の組織等をもって代替することも可能とする。

① 主な構成員

行政関係者（教育委員会及び福祉部局）、学校関係者、ＰＴＡ関係者、社会教育関係者、児童福祉関係者、学識経験者、放課後児童クラブ関係者、放課後子供教室を含む地域学校協働活動関係者、学校運営協議会関係者、地域住民
等

② 主な検討内容

教育委員会と福祉部局の具体的な連携方策、小学校の余裕教室等の活用方策と公表、活動プログラムの企画・充実、安全管理方策、ボランティア等の地域の協力者の人材確保方策、広報活動方策、放課後児童クラブ及び放課後子供教室実施後の検証・評価
等

6 都道府県の体制、役割等

(1) 推進委員会の設置

都道府県は、市町村において円滑な取組促進が図られるよう、管内・域内における放課後児童対策の総合的な在り方についての検討の場として、「推進委員会」を設置する。

なお、地域の実情に応じ、推進委員会に代わり得る既存の組織等をもって代替することも可能とする。

① 主な構成員

行政関係者（教育委員会及び福祉部局）、学校関係者、ＰＴＡ関係者、社会教育関係者、児童福祉関係者、学識経験者、放課後児童クラブ関係者、放課後子供教室を含む地域学校協働活動関係者、学校運営協議会関係者　等

② 主な検討内容

教育委員会と福祉部局の具体的な連携方策、都道府県内における放課後児童クラブ及び放課後子供教室の実施方針、安全管理方針、人材確保及び質の向上のための従事者・参画者の研修の企画・充実、広報活動方策、事業実施後の検証・評価　　　　　　　　　　　等

(2) 従事者・参画者の研修等

都道府県は、放課後児童クラブにおける放課後児童支援員となるための研修のほか、管内・域内の各市町村が実施する放課後児童クラブの従事者（放課後児童支援員、補助員）・放課後子供教室の参画者（地域学校協働活動推進員、協働活動支援員、協働活動サポーター等）の資質向上や、両事業の従事者・参画者と小学校の教職員等との間での情報交換・情報共有を図るため、合同の研修を開催する。

7　市町村における放課後児童クラブ及び放課後子供教室の実施

※放課後児童クラブについては、「市町村」に社会福祉法人等を含む。

※放課後子供教室については、都道府県が実施する場合には、「市町村」を「都道府県」と読み替える。

(1) 学校施設を活用した放課後児童クラブ及び放課後子供教室の実施促進

学校は、放課後も、児童が校外に移動せずに安全に過ごせる場所であり、同じ学校に通う児童の健やかな成長のため、学校関係者と両事業の関係者とが、実施主体にかかわらず立場を越えて、放課後児童対策について連携して取り組むことが重要である。このため、市町村は、放課後児童クラブ及び放課後子供教室の実施に当たって、以下の内容に留意しつつ、学校教育に支障が生じない限り、余裕教室や放課後等に一時的に使われていない特別教室等の徹底的な活用を促進するものとする。

なお、長期休業日や土曜日等、学校の授業日以外の活動についても、ニーズ等に応じて柔軟に対応することが必要である。

① 学校施設の活用に当たっての責任体制の明確化

放課後児童クラブ及び放課後子供教室は、学校施設を活用する場合であっても、学校教育の一環として位置付けられるものではないことから、実施主体は、学校ではなく、市町村の教育委員会、福祉部局等となり、これらが責任を持って管理運営に当たる必要がある。

その際、事故が起きた場合の対応や、例えば、教室不足等により放課後児童クラブ及び放課後子供教室に転用したスペースを学校教育として使用する必要性が生じた場合の移転先の確保とスペースの返還などの取決め等について、あらかじめ教育委員会と福祉部局等で協定を締結するなどの工夫により、学校施設の使用に当たって、学校や関係者の不安感が払拭されるよう努める必要がある。

② 全ての児童の安全・安心な放課後等の居場所の確保に向けた余裕教室等の活用

ⅰ）余裕教室の活用促進

○ 余裕教室の徹底活用等に向けた検討

児童の放課後等の安全・安心な居場所や活動場所の確保は、地域や学校にとっても重要な課題であり、優先的な学校施設の活用が求められていることから、運営委員会等において、放課後児童クラブ及び放課後子供教室の実施に当たって、各学校に使用できる余裕教室がないかを十分協議することが必要である。

また、各学校の余裕教室等の年間使用計画等については、地域の実情に応じて、小学校区ごとに学校関係者、放課後児童クラブ関係者、放課後子供教室（地域学校協働活動）関係者、保護者等からなる協議会を設置するなどして、関係者間の理解を深めつつ、協議を行うことが望ましい。

特に、既に活用されている余裕教室（学習方法・指導方法の多様化に対応したスペース、教職員のためのスペース、地域住民の学習活動のためのスペース等）についても、改めて、放課後児童クラブ及び放課後子供教室に利用できないか、検討することが重要である。

なお、市町村教育委員会は、余裕教室等の使用計画や活用状況等について公表するなど、可能な限り、検討の透明化を図ることが求められる。

○ 国庫補助を受けて整備された学校施設を転用する場合の財産処分手続

国庫補助を受けて整備された学校施設を使用する場合で、学校施設を転用し、財産処分手続が必要となる場合であっても、「公立学校施設整備費補助金等に係る財産処分の承認等について」（平成27年7月1日付け27文科施第158号文部科学省大臣官房文教施設企画部長通知）において、財産処分手続の大幅な弾力化が図られていることに留意すること。

また、放課後等において一時的に学校教育以外の用途に活用する場合は、財産処分には該当せず手続は不要となるため、積極的な活用について検討すること。なお、「一時的」とは、学校教育の目的で使

193

用している学校施設について、学校教育に支障を及ぼさない範囲で、ほかの用途に活用する場合であることに留意が必要である。

ii）放課後等における学校施設の一時的な利用の促進

全ての小学校区で、放課後児童クラブ及び放課後子供教室を一体的に又は連携して実施していくためには、放課後児童クラブの児童の生活の場と、共働き家庭等の児童か否かを問わず全ての児童が放課後等に多様な学習・体験プログラムに参加できる実施場所との両方を確保することが重要である。

このため、7(1)②i）に記載した余裕教室の活用に加え、学校の特別教室や図書館、体育館、校庭等（けが等が発生した場合の保健室を含む）のスペースや、既に学校の用途として活用されている余裕教室を、学校教育の目的には使用していない放課後等の時間帯について放課後児童クラブ及び放課後子供教室の実施場所として活用するなど、一時的な利用を積極的に促進することが望まれる。とりわけ、放課後子供教室については、学校の図書室や家庭科室、音楽室、理科室といったスペースを、学校教育の目的には使用していない放課後等の時間帯において積極的に活用し、多様な体験・学習プログラムを実施しているケースもみられることから、こうした取組を児童や保護者、地域のニーズに応じてより一層進めていくことが期待される。

加えて、放課後児童クラブ及び放課後子供教室の児童が参加する共通のプログラムを実施する際には、多くの児童が参加でき、活動が充実したものとなるよう、参加人数やプログラムの内容等に応じて、これらの多様なスペースを積極的に活用することが必要である。

なお、こうした場所の確保に当たっては、特別な配慮を必要とする児童の受入れとそれらの児童が安心して過ごすことができる環境の配慮にも十分留意することが重要である。

(2) 一体型の放課後児童クラブ及び放課後子供教室の実施

① 一体型の放課後児童クラブ及び放課後子供教室の考え方

一体型の放課後児童クラブ及び放課後子供教室とは、全ての児童の安全・安心な居場所を確保するため、同一の小学校内等で両事業を実施し、共働き家庭等の児童を含めた全ての児童が放課後子供教室の活動プログラムに参加できるものをいう。

一体型の放課後児童クラブ及び放課後子供教室の中には、放課後子供教室を毎日実施するものと、定期的に実施するものが考えられるが、地域の実情に応じ、適切と考えられる頻度で整備を進めていくものとする。

この場合、活動プログラムの企画段階から両事業の従事者・参画者が連携して取り組むことが重要である。

また、一体型として実施する場合でも、放課後児童クラブの児童の生活の場としての機能を十分に担保することが重要であり、児童福祉法第34条の8の2第1項の規定により、市町村が条例で定める基準を満たす必要がある。

なお、放課後子供教室を毎日実施する場合は、放課後児童クラブの児童の生活の場を確保するとともに、共働き家庭等の児童を含めた全ての児童が放課後子供教室の活動プログラムに参加できる環境整備に配慮する必要があり、例えば、両事業の実施場所が同一の小学校内であるが、余裕教室と専用施設などのように、活動場所が離れているような場合、両事業の従事者・参画者が常に連携し、放課後児童クラブの児童も放課後子供教室の活動プログラムに参加できるようにすることが必要である。

また、放課後子供教室を定期的（週1～2回程度）に実施する場合は、放課後子供教室の活動プログラムに放課後児童クラブの児童も参加できるよう、両事業の従事者・参画者が常に情報共有を図り、活動内容や実施日を放課後児童支援員等が把握し、児童の主体的な参加を促すよう配慮する必要がある。

② 一体型の放課後児童クラブ及び放課後子供教室の留意点

一体型の放課後児童クラブ及び放課後子供教室の実施に当たっては、以下の点に留意しつつ、一体型の利点を生かした取り組みの推進を図ることが重要である。

○ 全ての児童を対象とした多様な学習・体験活動のプログラムの充実

両事業を一体的に実施することにより、共働き家庭等か否かを問わず、全ての児童が一緒に参加できる学習・体験活動プログラム（共通プログラム）を実施することが必要である。

その際、共通のプログラムの充実を図る上では、地域学校協働活動推進員等のコーディネーターが中心となって、地域にある様々な教育資源を幅広く活用し、学校での学びを深めたり広げたりする学習や、補充学習、文化・芸術に触れあう活動、スポーツ活動等、児童の興味・関心やニーズ、地域の資源等を踏まえた多様なプログラム、児童が主体となって企画したプログラムを充実するとともに、児童によるボランティア活動など、低学年だけでなく高学年の児童の学ぶ意欲を満たす内容や、異年齢児交流を促す内容も充実することが望ましい。

なお、活動場所の広さや安全管理上の都合等により、参加人数を一定数に制限しているプログラムがある場合にも、両事業の従事者・参画者が連携して情報を共有するなどして、希望する児童が参加できるよう十分留意することが必要である。

(3) 放課後児童クラブ及び放課後子供教室の連携による実施
　　学校施設を活用して放課後児童クラブ及び放課後子供教室を整備しても、なお地域に利用ニーズがある場合等については、希望する幼稚園や総合型地域スポーツクラブなどの地域の社会資源の活用も検討しつつ、小学校外での整備を進めていくものとする。

　　また、公民館や児童館等、小学校以外で実施している放課後児童クラブ及び放課後子供教室等、保護者や地域のニーズを踏まえ、一体型として実施していない場合についても、両事業を連携して実施できるようにすることが必要である。

　　例えば、児童館で実施している放課後児童クラブと学校施設内で実施している放課後子供教室の場合、一体型と同様に、放課後子供教室の活動プログラムの企画段階から両事業の従事者や参画者が連携して全ての児童を対象とした活動プログラムを企画し、学校施設内のみならず、児童館でも実施するなど、両事業の児童が交流できるような連携方法が考えられる。

(4) 学校・家庭と放課後児童クラブ及び放課後子供教室との密接な連携
　　本プランの実施に当たっては、児童の様子の変化や小学校の下校時刻の変更、事件・事故や天災等の緊急時などにも対応できるよう、学校関係者と放課後児童クラブ及び放課後子供教室の関係者との間で、迅速な情報交換・情報共有を行うなど、事業が円滑に進むよう、十分な連携・協力を図られたい。特に、両事業を小学校内で実施する場合は、小学校の教職員と両事業の従事者・参画者の距離が近く、連携が図りやすい環境にあることを生かし、日常的・定期的に情報共有を図り、一人一人の児童の状況を共有の上、きめ細かに対応するよう努める必要がある。

　　また、保護者との連絡帳のやりとりや日常的・定期的な対話等を通じて、家庭とも密接に連携し、児童の成長を関係者で共有していくことが重要である。なお、児童の状況等には家庭が関係する場合もあることから、対話等を通じて保護者が抱える悩みや不安を把握した上で、保護者に対する支援につなげることも考えられる。

　　こうした学校と家庭、放課後児童クラブ及び放課後子供教室の関係者間の連携に当たっては、先述（7(1)②）の小学校区ごとに設置する協議会を活用することや、平成29年3月に改正され、同年4月に施行された地方教育行政の組織及び運営に関する法律（昭和31年法律第162号）により設置が努力義務化された学校運営協議会において、情報や課題等を共有し、活動の改善や発展につなげることも重要である。

(5) 来所・帰宅時における児童の安全確保
　　平成30年6月22日に関係閣僚会議において策定された「登下校防犯プラン」において、登下校時の児童生徒等の安全を確保するための総合的な防犯対策が取りまとめられた。放課後児童クラブや放課後子供教室は、児童が放課後に来所し、そこから帰宅する場所であり、各々の事業関係者は、児童の来所・帰宅時の安全確保の一端を担う者として期待されている。

　　こうした観点から、各事業関係者が来所・帰宅時の安全確保について取り組む際の参考となるよう、「放課後児童クラブ等への児童の来所・帰宅時における安全点検リストについて」（平成30年7月11日付け30生教第4号・子子発0711第1号文部科学省生涯学習政策局社会教育課長事務取扱、厚生労働省子ども家庭局子育て支援課長連名通知）のとおり、放課後児童クラブをはじめ、放課後子供教室、児童館等、児童が放課後を過ごす事業の関係者を対象としたチェックリストを作成したので、積極的に活用いただきたい。

　　なお、児童の下校時の安全確保を図る上では、地域学校協働活動の一環として実施される登下校の見守り等に関わる地域住民等と連携を図ることも重要である。

(6) 民間サービス等を活用した多様なニーズへの対応
　　児童の放課後活動について、サービスの水準・種類に対する多様なニーズを満たすためには、地域における民間サービスを活用し、公的な基盤整備と組み合わせることも有効である。

　　そのため、放課後児童クラブについては、既に多様な運営主体により実施されているが、待機児童が数多く存在している地域を中心に、民間企業が実施主体としての役割をより一層担っていくことが考えられる。その際、地域のニーズに応じ、本来事業に加えて高付加価値型のサービス（塾、英会話、ピアノ、ダンス等）を提供することも考えられる。

　　また、放課後子供教室については、地域と学校が連携・協働して社会総掛かりで子どもの育ちを支える観点から、大学生・高校生や企業退職者、高齢者などの地域住民の一層の参画促進を図るとともに、子育て・教育支援に関わるNPO、習い事や学習塾等の民間教育事業者、スポーツ・文化・芸術団体などの地域人材の参画を促進していくことも望まれる。

8　特別な配慮を必要とする児童への対応
(1) 基本的な考え方
　　放課後児童クラブにおける障害のある児童の受入れクラブ数や受入れ児童数は年々増加しており、放課後子供教室においても、活動を希望する児童が多く参加しているものと考えられる。また、虐待やいじめを受けた児童が放課後児童クラブや放課後子供教室に来所すること、地域によっては日本語能力が十分でない児童も多く来所することもあることから、事業の実施者において、こうした特別な配慮を必要とする児童が安心して過ごすことができるようにすることが重要である。

特別な配慮を必要とする児童の利用を推進するに当たっては、7⑷に記載したことに加え、当該児童の状況等を学校関係者と放課後児童クラブ及び放課後子供教室との間で相互に話し合い、必要に応じ、専門機関や要保護児童対策地域協議会、障害児通所支援事業所等の関係機関と連携して適切に対応する必要がある。

(3)　放課後等デイサービス事業への学校施設の活用や放課後児童クラブとの連携

障害のある児童の中には、放課後児童クラブと生活能力の向上のために必要な訓練等を提供する放課後等デイサービス事業所に通う者もみられる。児童の放課後等の安全・安心な居場所や活動場所の確保の観点から、放課後等デイサービスの実施に当たっても、学校施設の積極的な活用が望まれるほか、両事業者が連携をとりながら、こうした児童の育成支援及び療育を進めていくことが重要である。

9　総合教育会議の活用による総合的な放課後児童対策の検討

平成26年6月に公布され、平成27年4月から施行された地方教育行政の組織及び運営に関する法律の一部を改正する法律（平成26年法律第76号）に基づく、新たな教育委員会制度では、全ての地方公共団体に、首長と教育委員会を構成員とする総合教育会議を設けることとなっている。総合教育会議においては、教育を行うための諸条件の整備その他の地域の実情に応じた教育、学術及び文化の振興を図るために重点的に講ずべき施策等について協議を行うこととなっている。

この総合教育会議を活用し、首長と教育委員会が、総合的な放課後児童対策の在り方について十分に協議し、放課後等の活動への学校施設の積極的な活用や、放課後児童クラブ及び放課後子供教室の一体的な、又は連携による実施の促進を図っていくことも重要である。

なお、「地方教育行政の組織及び運営に関する法律の一部を改正する法律について」（平成26年7月17日付け26文科初第490号文部科学省初等中等教育局長通知）においても、総合教育会議の協議事項の一つとして、教育委員会と福祉部局が連携した総合的な放課後児童対策について取り上げることも想定されているところである。

10　市町村等の取組に対する支援

本プランに基づく市町村等の取組に対し、国は、必要な財政的支援策を講じるため、毎年度予算編成過程において検討していくとともに、効果的な事例の収集・提供等を通じて地域の取組の活性化を図るものとする。

# 社会保障審議会児童部会放課後児童クラブの基準に関する専門委員会報告書
## ～放課後児童健全育成事業の質の確保と事業内容の向上をめざして～

（平成25年12月25日）

目　次

はじめに

○　我が国の合計特殊出生率は、平成17年に1.26と過去最低を更新し、その後は横ばい若しくは微増傾向にあるものの、

平成24年も1.41と依然として低い水準にとどまっており、少子化が続いている。

○ 平成20年に取りまとめられた社会保障国民会議最終報告では、希望と現実の乖離を解消するため、仕事と家庭の両立支援と子育て支援の充実を車の両輪として取り組むことが重要であると指摘されている[1]。しかしながら、厚生労働省の調査によれば、独身男女の9割が結婚意欲を持っており、いずれ結婚する意志のある男女が持ちたいと考えている子どもの数は2人以上とされており[2]、なお、この希望が叶えられていない状況にある。

○ このように少子化が深刻な問題となっている中、子どもを持ちたい夫婦が子どもを持てる社会、子ども達が安心して健やかに成長することのできる社会の実現を目指して、社会保障・税一体改革において、社会保障に要する費用の主な財源となる消費税の充当先が、現在の高齢者向けの3経費（基礎年金、老人医療、介護）から、社会保障4経費（年金、医療、介護、子ども・子育て）に拡大され、現役世代を含む全世代型の社会保障への転換が図られた。

○ この子ども・子育て分野の受け皿となる、新たな次世代育成支援として、質の高い幼児期の学校教育・保育の総合的な提供や地域の子育て支援の充実のため、政府は子ども・子育て関連3法を国会へ提出し、法案は議員修正の上、平成24年8月に成立した[3]。子ども・子育て関連3法では、認定こども園、幼稚園、保育所を通じた共通の給付（「施設型給付」）及び小規模保育等への給付（「地域型保育給付」）の創設や、認定こども園制度の改善のほか、地域の実情に応じた子ども・子育て支援の充実を図ることとされており、放課後児童クラブ[4]もその一つとして位置付けられている。

○ また、放課後児童クラブについては、子ども・子育て関連3法の中の児童福祉法（昭和22年法律第164号）の改正により、事業の設備及び運営について、厚生労働省令で定める基準を踏まえて市町村が条例で基準を定めることとされたほか、対象児童の明確化、市町村の関与の強化、市町村の情報収集の規定等が盛り込まれた。

○ 本委員会は、本年5月に、新たに国が定める放課後児童クラブの設備及び運営に関する基準等について検討を行うために設置され、基準等に関する事項について、7回にわたり議論を重ねてきたところであり、本報告書は、その検

討の結果を取りまとめたものである。

1．基準の範囲・方向性について
⑴ 策定する基準の範囲・方向性について
○ 放課後児童クラブは、保護者が就労等により昼間家庭にいない児童[5]に対して、学校の余裕教室や児童館等で、放課後に適切な遊び及び生活の場を与えて、その健全育成を図る事業であり、平成9年の児童福祉法の改正により法律に位置づけられた。

○ 放課後児童クラブのクラブ数と登録児童数は共に年々増加しており、平成25年においては、21,482か所、登録児童数889,205人と、調査開始年の平成10年と比較すると、クラブ数は約2.2倍、登録児童数は約2.6倍となっている。また、放課後児童クラブを利用できなかった児童数（いわゆる待機児童数）は、8,689人となっている。

○ 現在、国として事業のあるべき水準を示しているのは、放課後児童クラブガイドライン（平成19年10月19日厚生労働省雇用均等・児童家庭局長通知）と国庫補助基準（「放課後子どもプラン推進事業の実施について」（平成19年3月30日文部科学省生涯学習政策局長、厚生労働省雇用均等・児童家庭局長連名通知））である。

○ 放課後児童クラブは、これまで多様な形態で運営され、各地域におけるニーズを満たしてきたことから、今後、新たな基準を策定する上で、現に事業を行っている放課後児童クラブが着実に質の改善に向けた努力を積み重ねて行けるよう、全体的な質の底上げを図りつつも、一定の経過措置等の検討が必要である。

○ なお、省令上の基準として定めるものとしては、「子ども・子育て新システムに関する基本制度」（平成24年3月2日少子化社会対策会議決定）で示された内容（職員の資格、員数、施設、開所日数・開所時間）や、放課後児童クラブガイドラインで示されている集団の規模、「児童福祉施設の設備及び運営に関する基準（昭和23年厚生省令第63号）」の総則（一般原則等）に規定されている事項とすることが適当である。また、今後、新たに作成するガイドライン等で示すべき主なものとしては、以下のものが考えられるので、子ども・子育て支援新制度の施行までに整理していく必要がある。
・放課後児童クラブの具体的な機能・役割の明確化
（放課後児童クラブに通う児童への育成・支援の内容

---

1　平成20年11月4日社会保障国民会議最終報告
2　第14回出生動向基本調査（2010年）
3　「子ども・子育て支援法（平成24年法律第65号）」、「就学前の子どもに関する教育、保育等の総合的な提供の推進に関する法律の一部を改正する法律（平成24年法律第66号）」、「子ども・子育て支援法及び就学前の子どもに関する教育、保育等の総合的な提供の推進に関する法律の一部を改正する法律の施行に伴う関係法律の整備等に関する法律（平成24年法律第67号）」
4　児童福祉法上の事業名は、「放課後児童健全育成事業」。放課後児童クラブガイドラインにおいて、「放課後児童クラブ」という用語が使用されている。
5　改正前の児童福祉法では、「小学校に就学しているおおむね10歳未満の児童」とされており、改正後の児童福祉法では、「小学校に就学している児童」とされた。

の明確化を含む。)

・資格要件としての研修科目・内容等

・児童と継続的な関わりを持つ経験を有する者における
資格要件の考え方

・職員の資の向上のための体系的な研修制度の在り方、
実施体制

・安全管理、おやつ等によるアレルギー対策等の運用上
の留意点

・障害のある児童の受入体制

・被虐待児、養育困難家庭など特別な支援を必要とする
家庭の児童への対応

(2) 放課後児童クラブの基本的な考え方

○ 本委員会は放課後児童クラブの設備及び運営に関する
基準について検討する場であるが、まず、基準の検討に
当たっては、「放課後児童クラブの提供すべきサービス・
特性とは何か」という点について検討し、以下のように
整理した。

・放課後児童クラブは、児童福祉法に定めるとおり「授
業の終了後に児童厚生施設等の施設を利用して適切な
遊び及び生活の場を与えて、その健全な育成を図る」
ことを目的とする事業である。その事業の基準は、改
正児童福祉法第34条の8の2に規定されるとおり、「児
童の身体的、精神的及び社会的な発達のために必要な
水準を確保するものでなければならない。」

・また、放課後児童クラブは、これまで多様な形態によ
り運営されてきているが、特に、保護者が昼間家庭に
いない児童にとって、放課後に安心して過ごせる生活
の場としての機能を重視して運営されている実態が見
受けられる。

・したがって、放課後児童クラブに求められる機能とし
ては、児童と保護者が安心して利用できる居場所とし
て相応しい環境を整備していくことが適当である。そ
のためには、安全面に配慮し、児童が自らの危険を回
避できるよう自己管理能力を育てていくとともに、児
童の発達段階に応じた主体的な生活や遊びが可能とな
るよう支援を行うことが適当である。また、放課後児
童クラブにおける児童の様子を家庭に伝え、日常的な
情報交換を行うことにより児童を見守る視点を家庭と
放課後児童クラブとで補い合うことで、保護者が安心
して子育てと就労を両立できるよう支えることが適当
である。放課後児童クラブは、こうした機能・役割を
持って、児童の発達・成長と自立を促し、健全な育成
を図る事業であるということを明確に位置付けるべき

である。

・このため、省令の冒頭に事業や基準の目的について記
載するとともに、放課後児童クラブの具体的な機能、
役割については、上記の点を踏まえ、現行の放課後児
童クラブガイドラインの内容を基本として、子ども・
子育て支援新制度の施行までに整理し、新たに作成す
るガイドライン等により明確化することが適当である。

○ 上記(1)(2)を踏まえ、2．に具体的な基準の内容につい
て示した。

2．具体的な基準の内容について

○ 改正後の児童福祉法第38条の8の2第2項では、「放課
後児童健全育成事業に従事する者及びその員数については
厚生労働省令で定める基準に従い定めるもの」(従うべき
基準)[6]とされ、「その他の基準については、厚生労働省令
で定める基準を参酌するもの」(参酌すべき基準)[7]とされ
たため、この整理に従って具体的な基準の検討を行った。

(1) 従事する者【従うべき基準】

○ 現在、放課後児童クラブガイドラインでは、放課後児
童クラブには放課後児童指導員を配置することとされて
おり、その放課後児童指導員は、「児童の遊びを指導す
る者」(児童福祉施設の設備及び運営に関する基準第38
条で定める児童厚生施設に置かなければならない者)」
の資格を有する者が望ましいとされている。放課後児童
指導員として業務に従事している者のうち、「児童の遊
びを指導する者」の資格を有する者は、約74％となって
いる。

○ これまでも全国の放課後児童クラブでは、このような
職員によって運営されてきた現状を踏まえ、放課後児童
クラブに置くべき有資格者は、これまで国が放課後児童
クラブガイドラインで望ましいものとして示してきた
「児童の遊びを指導する者」の資格を基本とすることが
適当である。

○ ただし、保護者が就労等により昼間家庭にいない児童
を対象として、適切な遊び及び生活の場を与える放課後
児童クラブと、児童厚生施設とでは、児童との関わり方
の観点等から求められる知識や職務の内容が異なるた
め、基本的生活習慣の習得の援助、自立に向けた支援、
家庭と連携した生活支援等に必要な知識・技能を補完す
るための研修を制度化することが適当である。

○ このため、省令上の資格の水準は、児童福祉施設の設
備及び運営に関する基準第38条第2項各号のいずれかに
該当する者であって、上述のような知識・技能を習得す
るための研修を受講した者とすることが適当である。

---

6 「従うべき基準」とは、条例の内容を直接的に拘束する、必ず適合しなければならない基準であり、当該基準に従う範囲内で地域の実情に応
じた内容を定める条例は許容されるものの、異なる内容を定めることは許されない基準を指す。

7 「参酌すべき基準」とは、地方自治体が十分参酌した結果としてであれば、地域の実情に応じて、異なる内容を定めることが許容される基準
を指す。

○ 子ども・子育て支援法において、都道府県は「都道府県子ども・子育て支援事業支援計画」を定めることとされ、その計画の中で、放課後児童クラブ等の地域子ども・子育て支援事業に従事する者の確保及び質の向上のために講ずる措置に関する事項を定めるものとされた。このような点に鑑み、有資格者となるための研修については、原則として都道府県が実施することが適当である。なお、都道府県から委託を受けた者が実施することも可能とすべきである。

○ 研修科目については、「児童の遊びを指導する者」の要件に該当している者であっても、これまでの児童への関わり方や学んできた科目が異なるため、具体的な内容については別途検討が必要である。他の事業でも、科目の一部を免除することができるとされている研修があり[8]、こうした方法も参考にしつつ、研修科目・内容について検討していく必要がある。

○ 有資格者となるための資格要件の1つとしては、上述のとおり「児童の遊びを指導する者」を基本とするものの、「放課後子ども教室」に継続的に従事していた者など、児童と継続的な関わりを持った経験のある者についても、有資格者となるための資格要件の1つに加えることも考えられる。その場合、児童福祉事業の資格として定めるものであることにも留意しつつ、どのような者を認めていくか、引き続き検討が必要である。

○ なお、子ども・子育て支援新制度の施行後、現に事業を行っている放課後児童クラブが着実に質の改善に向けた努力を積み重ねて行けるよう、全体の質の底上げを図りつつも、一定の経過措置等の検討が必要である。

○ また、児童と関わる者はなるべく高い知識と資質を有することが望ましいが、児童が社会性豊かな人間として成長していくためには、様々な経験を持った地域の人材が放課後児童クラブの児童と積極的に関わってもらうことにも意義があるため、必ずしも業務に従事する者全員に資格を求める必要はないと考える。したがって、有資格者でない者も業務に従事することを可能とすることが適当である。

○ ただし、有資格者以外の者についても、放課後児童クラブに従事するに当たって、最低限必要な知識等をもって職務に当たることが望ましいため、新たに作成するガイドライン等で着任時の研修の受講を推奨することが適当である。また、職員の質の向上のために体系的な研修制度を整備していくべきであり、今後、現任研修についても体制を整備していくべきである。これらについては、

実施体制も含めた検討が必要である。

○ なお、放課後児童クラブに従事する有資格者は児童の遊びの指導のみならず児童の生活の指導・支援を行うことに鑑み、その名称については実態に即したものとすることを検討すべきである。また、同様の趣旨から児童福祉施設の設備及び運営に関する基準第38条に定める「児童の遊びを指導する者」の規定についても同様に実態に即したものとすることが考えられる。

(2) 員数【従うべき基準】

○ 現在、放課後児童クラブガイドラインや国庫補助基準では職員の員数は定められていないが、約95%のクラブで複数の職員が配置されている。

○ 放課後児童クラブは、異年齢の児童を同時にかつ継続的に育成・支援する必要があること、怪我や児童同士のいさかいへの対応など安全面での管理が必要であること、多くは職員のみで運営されており管理者等が業務を代替することができないことから、職員は2人以上配置することとし、うち1人以上は有資格者とすることが適当である。

○ また、職員は2人以上配置することを原則とするが、小規模のクラブ(20人未満のクラブ)については、複数配置されていないクラブも多く見られ、(9人以下のクラブの約40%、10人〜19人のクラブの約15%)、小規模のクラブのすべてに専任の職員の複数配置を求めることは困難を伴うことが考えられる。

○ このため、小規模のクラブについては、職員の員数は2人以上の配置を原則としつつ、併設する施設の職員等が兼務可能な場合には、1人でも可とすることが適当である。ただし、この場合の専任の職員は有資格者であることが適当である。

(3) 児童の集団の規模【参酌すべき基準】

○ 現在、放課後児童クラブガイドラインでは、「集団の規模については、おおむね40人程度までとすることが望ましい」、「1放課後児童クラブの規模については、最大70人までとすること」とされている。現状では、児童数が35人までのクラブは8,709か所(40.5%)、36人〜45人のクラブは4,945か所(23.0%)、46人〜55人のクラブは3,341か所(15.6%)、56人以上のクラブは4,487か所(20.9%)となっている[9]。

○ 規模については、児童の情緒面への配慮や安全性の確保の観点から、どの程度の人数規模が望ましいのかという「子どもの視点」が重要であり、児童が相互に関係性を構築したり、1つの集団としてまとまりをもって共に

---

8 例えば、養育里親となるために受講する研修では、児童養護施設等において現に児童を処遇する職員として勤務している者等に対しては、相当と認められる範囲で、科目の一部を免除することができるものとされている(第4回専門委員会資料3、第6回専門委員会資料1)。

9 厚生労働省雇用均等・児童家庭局育成環境課調べ(平成25年5月1日現在)。

生活したり、職員が個々の児童と信頼関係を築いたりするという観点では、おおむね40人までが適当と考えられる。このため、児童の集団の規模はおおむね40人までとすることが適当である。

○ ただし、大規模クラブも少なからず存在している実態や利用児童数が増加傾向にあることに配慮すれば、児童数がおおむね40人を超えるクラブについては、これまで国の方針として取り組んできたとおり複数のクラブに分割して運営することや、分割して運営する方法に依り難い場合には、児童の安全を確保できる体制の下で、地域の実情に応じて1つのクラブの中で複数の児童の集団に分けて対応するよう努めることとし、国としてもおおむね40人規模のクラブへの移行を支援していくことが必要である。

○ 「児童数」の考え方について、放課後児童クラブは、毎日利用する児童と週のうち何日かを利用する児童との双方が考えられる事業であることから、毎日利用する児童（継続して利用することを前提に申込みをした児童）の人数に、一時的に利用する児童（塾や習い事、保護者のパート就労等により週のうち何日かを利用することを前提に申込みをした児童）の平均利用人数を加えた数で捉えることが適当である。

(4) 施設・設備【参酌すべき基準】

① 専用室・専用スペース

○ 現在、放課後児童クラブガイドラインや国庫補助基準では、専用の部屋又は間仕切り等で仕切られた専用スペースを確保することとされている。また、放課後児童クラブガイドラインでは、児童1人当たりおおむね1.65㎡以上の面積を確保することが望ましいとされており、現状では、1.65㎡以上の専用室又は専用スペースを確保しているクラブは約75％（16,160か所）となっている。

○ 放課後児童クラブの専用室・専用スペースは児童の生活の場であるとともに、活動の拠点でもある。児童の活動は様々な場所での活動へ広がっていくものであり、児童の活動の場としては他の様々な場所や施設(例えば、学校施設や児童館、公園等)も利用することが考えられる。このため、専用室・専用スペースは、生活の場としての機能が十分に確保される場所であって、放課後児童クラブの児童が事業の実施時間帯を通じて専用で利用できる部屋又はスペースと捉えることが適当である。

○ 上記の考えに基づき、事業を実施するに当たっての活動拠点である専用室・専用スペースを設ける際の面積については、児童1人当たり1.65㎡以上を確保することを基本とした上で、全体的な質の底上げを図りつつも、現状では、児童1人当たり1.65㎡を満たしていない約25％のクラブが、今後着実に質の改善に向けた努力を積み重ねて行けるよう、現行の放課後児童クラブガイドラインと同様に「児童1人当たりおおむね1.65㎡以上」とすることが適当である。

○ なお、面積要件の算定の基礎となる「児童数」についても、「児童の集団の規模」と同様、毎日利用する児童の人数に、一時的に利用する児童の平均利用人数を加えた数で捉えることが適当である。

○ さらに、児童の生活の場として機能するためには、面積要件のみならず、事業の目的や機能から見た考え方を示すことも必要である。例えば、安全性が確保されていること、児童が自らの生活の場として認識できること、整理整頓・清潔の維持等の基本的な生活の行為ができる環境であることなどが考えられる。

○ また、放課後子ども教室と一体的に事業を実施する場合や児童館で実施する場合など、放課後児童クラブの児童とそれ以外の児童が同じ部屋で過ごす場合も想定されるが、放課後児童クラブが生活の場であるということに鑑みると、専用室・専用スペースは、放課後児童クラブの対象となる児童が生活する上で支障を及ぼさない場所と考えることが適当である。ただし、放課後児童クラブを利用しない児童と共に遊びや生活の時間を過ごすことは、児童の健全な育成を図る観点からむしろ望ましい場合もあることから、各クラブの実情に応じ、そうした専用室・専用スペースの運用も可能とすることが考えられる。

② その他

○ その他の設備としては、現在、放課後児童クラブガイドラインでは、子どもの体調が悪いときなどに休息できる静養スペースを設けることとされており、現状では、静養スペースを設けているクラブは約65％（13,978か所）となっている。また、施設・設備については、衛生及び安全が確保されているとともに、事業に必要な設備・備品を備えることとされている。

○ 放課後児童クラブは、保護者が昼間家庭にいない児童に対して生活の場を提供するものである以上、体調が悪くなったときに休息できる場所は必要であるため、静養スペースを設けることが適当である。なお、静養スペースの設置の方法は、児童の安全、健康、衛生面に配慮しつつ、各クラブの実情に応じたものとすべきである。

○ このほか、児童福祉法の改正により対象児童の範囲が明確化されたことに伴う高学年の受け入れに当たっては、例えば、対象年齢に相応しい遊具、図書等の備品等についても適切に対応することが望ましい。

(5) 開所日数【参酌すべき基準】

○ 現在、放課後児童クラブガイドラインでは、開所日は

「子どもの放課後の時間帯、地域の実情や保護者の就労状況を考慮して設定すること」とされている。また、国庫補助基準では、「放課後児童の就学日数、地域の実情等を考慮し、年間250日以上開所すること」とされている。ただし、ニーズ調査の結果、実態として250日以上開所する必要がないクラブについては、特例として200日以上でも国庫補助の対象とされている。

○　現状では、250日以上開所しているクラブは約95％（20,515か所）、200日以上開所しているクラブはほぼ100％（21,461か所）となっている。

○　開所日数については、地域の実情に応じてその在り方を考えるべきであるが、国が新たに基準を定める際には一定の数値は盛り込むべきであると考える。このため、開所日数は、現状の実態や国庫補助基準等を参考に、おおむね平日の授業日に学校の長期休業日を加えた数である年間250日以上を原則とし、地域の実情や保護者の就労状況等を考慮して、事業を行う者が定めるものとすることが適当である。

(6) 開所時間　【参酌すべき基準】

○　現在、放課後児童クラブガイドラインでは、開所時間は「子どもの放課後の時間帯、地域の実情や保護者の就労状況を考慮して設定すること」とされ、休日の開所時間はこれに加えて「保護者の就労実態等をふまえて8時間以上開所すること」とされている。また、国庫補助基準では、平日の開所時間は「1日平均3時間以上」、休日は「子どもの活動状況や保護者の就労状況等により、原則として1日8時間以上開所すること」とされている。

○　開所時間別のクラブの割合を推計すると、平日については、約75％（16,145か所）のクラブが5時間以上開所しているものの、各クラブの開所時間数にはばらつきがみられる。休日については、ほぼ全てのクラブ（21,021か所）で8時間以上開所している。

○　開所時間も開所日数と同様、国が新たに基準を定める際には一定の数値は盛り込むべきであると考えるため、現状の実態や国庫補助基準等を参考に、平日につき1日3時間以上、休日につき1日8時間以上を原則とし、地域の実情や保護者の就労状況等を考慮して、事業を行う者が定めるものとすることが適当である。

○　開所時間については、いわゆる「小1の壁」の解消に向けて、保育所を利用する家庭が就学後も引き続き仕事と子育てを両立できるよう、今後の政府や企業等における子育てのための短時間勤務制度等の両立支援制度を利用しやすい職場環境の整備やワーク・ライフ・バランス

のための取り組みを図りつつ、子ども・子育て支援新制度の計画作成に当たって市町村が把握する保護者の利用希望も勘案し、各クラブが地域の実情に応じて開所時間を設定することが必要であり、国としても支援していくことが必要である。

　なお、児童の健全育成上の観点にも配慮した開所時間の設定が必要である。

(7) その他の基準　【参酌すべき基準】

○　上記(1)から(6)までの基準のほか、放課後児童クラブの適正な運営を確保し、質の向上を図るため、他の児童福祉事業等で定められている基準の内容等を参考とし、省令上の基準とすべき事項について検討が必要である。

○　本委員会では、「児童福祉施設の設備及び運営に関する基準」の総則（一般原則等）に規定されている事項等を踏まえ、「非常災害対策」、「虐待等の禁止」、「秘密の保持に関すること」、「保護者、小学校等との連携等」、「事故発生時の対応」等について省令上に定めることが適当であると整理した。

○　特に、児童が安全に健やかに過ごすためには、児童への暴力や不公平な取扱いがないよう、児童等の権利擁護や放課後児童クラブの運営における職員の倫理に関する規定を遵守することが重要であり、基準上にも位置付けるべきである。

○　このほか、安全管理、おやつ等によるアレルギー対策等の運用上の留意点等について、今後、新たに作成するガイドライン等で示していくべきと考える。

3．その他の論点

(1)　放課後児童クラブの利用手続について

○　放課後児童クラブの利用手続については、児童福祉法に特段の定めがないため、利用申込先や利用決定機関が市町村となっているところとクラブとなっているところがあり様々である[10]。

○　このような実態を踏まえると、国が一律に利用手続の方法を示すのではなく、これまでどおり、地域の実情に応じて市町村が適切に利用手続を定め、実施することが適当である。

○　一方で、今般の児童福祉法の改正により、放課後児童クラブを含む子育て支援事業について、市町村は、必要な情報の収集を行うこととされ、情報の集約が求められることとなった。したがって、市町村は、各クラブの協力を得て、放課後児童クラブの利用を希望する保護者等に対し、必要な情報を提供することが適当である。

①あっせん・調整等について

---

10　利用の申込みについて、市町村が窓口となっている場合が約4割、各クラブが窓口となっている場合が約6割となっている。利用の決定について、市町村が利用決定している場合が約6割、各クラブが利用決定している場合が約4割となっている（厚生労働省雇用均等・児童家庭局育成環境課調べ。第3回専門委員会資料1）。

○ 上記を踏まえ、市町村はクラブの定員や待機児童の状況等を一元的に把握し、必要に応じ、利用についてのあっせん・調整等を行っていく必要がある[11]。

○ あっせん・調整等を行う場合としては、保護者から求めがあった場合のほか、待機児童が発生した場合に、クラブと市町村とが密接に連携し、その保護者に対し、定員に達していないクラブを紹介する等の方法が考えられる。

○ なお、児童が放課後を過ごす場としては、放課後児童クラブのほか、放課後子ども教室、児童館など多様な居場所があることに留意することが必要である。

②優先利用について

○ 放課後児童クラブの対象は、児童福祉法上、保護者が労働等により昼間家庭にいない児童とされているが、就労等により昼間に保護者のいない家庭の様態は多種多様であり、地域によっては、児童の受け入れに当たって、対象となる児童のうちどの児童から受け入れていくかについて、優先順位を付けて受入れを実施しているところもある。

○ 市町村は放課後児童クラブの提供体制を整備する必要があるものの、利用ニーズの増加に対しては、優先順位を付けて対応することも考えられる。優先的に受け入れるべき児童の考え方としては、子ども・子育て支援新制度における保育の優先利用の考え方や、放課後児童クラブガイドラインの記載を参考に、例えば以下のような対象者が考えられるが、詳細については、各地域における実情等も踏まえた上で、子ども・子育て支援新制度の施行までに整理し、国として例示を示すべきである。

　　　・ひとり親家庭の児童
　　　・生活保護世帯の児童
　　　・生計中心者の失業により就労の必要性が高い家庭の児童
　　　・虐待やDVのおそれがある場合など、社会的養護が必要な児童
　　　・障害のある児童
　　　・低学年の児童など、発達の程度の観点から配慮が必要と考えられる児童　など

(2) 対象年齢の明確化について

○ 児童福祉法の改正により、6年生まで事業の対象範囲であることが明確化されたことも踏まえ、子ども・子育て支援新制度では、市町村は、支援に係る利用希望を把握した上で、事業の量の見込みと提供体制の確保の内容等を盛り込んだ事業計画を策定し、事業等を計画的に実施することで、必要な者が支援を受けられるよう整備を進めていくことが必要である。

○ ただし、児童福祉法上の対象年齢は、「事業の対象範囲」を示すものであり、児童の発達や成長・自立に応じた利用ができるように、個々のクラブにおいてすべて6年生までの受入れを義務化したものではない。また、児童が放課後を過ごす場としては、放課後児童クラブのほか、放課後子ども教室、児童館など多様な居場所があることに留意することも必要である。

(3) 放課後子ども教室、児童館との連携等について

○ 放課後児童クラブ以外にも、放課後子ども教室や児童館など、放課後の児童の居場所を確保するための事業等が行われている。

○ 厚生労働省では、文部科学省と連携して、放課後児童クラブと放課後子ども教室を一体的にあるいは連携して実施する総合的な放課後対策（放課後子どもプラン）を推進している。放課後子ども教室と連携しているクラブは約30％（6,402か所）[12]であり、年々増加している。

○ また、児童厚生施設（児童館・児童センター）で実施しているクラブは約13％（2,742か所）であり、学校で実施しているものの次に多い。児童館ガイドライン（平成23年3月31日厚生労働省雇用均等・児童家庭局長通知）では、児童館で放課後児童クラブを実施する場合の留意点が示されており、児童館に来館する児童と放課後児童クラブに在籍する児童が共に過ごすことができるよう遊びや活動に配慮することなどが示されている。

○ これらの事業等と連携し一体的に実施されている場合でも、放課後児童クラブが「適切な遊び及び生活の場を与えて、その健全な育成を図る」事業であり、就労等により保護者が昼間家庭にいない児童の生活の場であることに鑑みた運用上の配慮が必要である。

○ さらに、「放課後児童クラブ」と「放課後子ども教室」は、共に地域における放課後の児童の居場所であり、所管している厚生労働省と文部科学省、または自治体における所管部局間等で放課後の子どもの時間の在り方について共通した認識を持ち、事業のより密接な連携等を推進することが望まれる。

(4) 放課後児童健全育成事業として行わない類似の事業について

○ 児童福祉法上の「放課後児童健全育成事業」として事業を実施する場合には、児童福祉法に基づく事前の届出を行い事業を実施することとなるが、児童福祉法上の「放

---

11　改正後の児童福祉法では、クラブは市町村が行う情報の収集、あっせん、調整及び要請に対しできる限り協力しなければならないとされている。

12　厚生労働省雇用均等・児童家庭局育成環境課調べ（平成25年5月1日現在）。

課後児童健全育成事業」としては事業を実施しない類似の事業については、児童福祉法上の規制にかかわらず運営することが可能となっている。

○　ただし、放課後児童クラブの利用を希望する保護者が、そのクラブが児童福祉法上の「放課後児童健全育成事業」か、本事業の類似の事業であるかを正確に理解した上で、適切に選択できるようにすることが重要であるため、例えば、市町村において届出対象事業者の一覧を作成し、情報提供する等の運用上の工夫が必要である。

⑸　その他

○　障害のある児童を受け入れている放課後児童クラブ数、受入児童数は年々増加しており、現状、11,050か所（約51％）、25,338人となっている。

○　「障害者の日常生活及び社会生活を総合的に支援するための法律」に掲げる基本理念に沿って、障害のある児童も障害のない児童も日々の生活や遊びを通して共に育ち合うことが大切であるため、障害のある児童が安心して生活できる環境となるよう、障害のある児童の受入体制の充実、強化を図っていくことが必要である。

○　また、放課後児童クラブでは、児童の心身の状態、養育の状態について日々の生活の中から観察し、虐待の早期発見に努めることが必要である。被虐待児や養育困難家庭の児童など特別な支援を必要とし、福祉的な介入が必要と考えられるケースについては、児童相談所や市町村の児童福祉・母子保健担当部署等との連携を図ることが必要である。このため、放課後児童クラブについても要保護児童対策地域協議会の構成員として継続的な関わりが持てるよう、今後検討していくべきである。

おわりに

○　本報告書は、本委員会における議論を基に、省令上の基準として定める事項のほか、新たに作成するガイドライン等で示すべき事項、今後取り組んでいくことが期待される事項について、放課後児童クラブの基準に関連する内容について取りまとめたものである。

○　これらの基準により市町村が放課後児童クラブの質の改善を図るためには適切な財源の確保が必要である。

○　厚生労働省には、本報告書を踏まえた省令の立案や運用面の改善など必要な対応を取ることにより、放課後児童クラブの質の確保と事業内容の向上を求めるものである。

## 「放課後児童クラブの基準に関する 専門委員会」委員名簿

（平成25年12月25日現在）

| | | |
|---|---|---|
| 石崎 いしざき | 昭衛 しょうえい | 新潟県北蒲原郡聖籠町保健福祉課長 |
| 尾木 おぎ | まり | 有限会社エムアンドエムインク子どもの領域研究所所長 |
| ◎柏女 かしわめ | 霊峰 れいほう | 淑徳大学総合福祉学部教授 |
| 川綱 かわつな | 新二 しんじ | 文京区柳町児童館館長 |
| 齋藤 さいとう | 紀子 のりこ | 横浜市こども青少年局青少年部放課後児童育成課長 |
| 笹川 ささがわ | 昭弘 あきひろ | 松戸市子ども部子育て支援課長 |
| 中川 なかがわ | 一良 いちろう | 公益社団法人京都市児童館学童連盟常務理事、健全育成・子育て支援統括監 |
| 野中 のなか | 賢治 けんじ | 鎌倉女子大学非常勤講師 |
| 堀内 ほりうち | 智子 ともこ | 静岡県健康福祉部理事（少子化対策担当） |
| 松村 まつむら | 祥子 さちこ | 放送大学教授 |
| 吉原 よしはら | 健 けん | 社会福祉法人東京聖労院参与（前港区立赤坂子ども中高生プラザ館長） |

（五十音順、敬称略）

【注】◎は委員長

## 「放課後児童クラブの基準に関する 専門委員会」開催経過

| 回数 | 開催年月日 | 議事内容 |
|---|---|---|
| 第1回 | 平成25年5月29日 | ○委員長の選任<br>○今後の進め方について<br>○放課後児童クラブの現状について<br>○フリートーキング |
| 第2回 | 平成25年6月26日 | ○放課後児童クラブの基準について<br>○その他 |
| 第3回 | 平成25年7月24日 | ○放課後児童クラブの基準について<br>○その他 |
| 第4回 | 平成25年9月30日 | ○関係団体からのヒアリング<br>○その他 |
| 第5回 | 平成25年10月23日 | ○放課後児童クラブの基準について（これまでの議論を踏まえた更なる検討）<br>○その他 |
| 第6回 | 平成25年11月11日 | ○放課後児童クラブの基準について（これまでの議論を踏まえた更なる検討）<br>○その他 |
| 第7回 | 平成25年12月11日 | ○報告書（案）について<br>○その他 |

# 放課後児童クラブに従事する者の研修体系の整理
## ～放課後児童クラブの質の向上のための研修企画検討会まとめ～

（平成27年3月24日）

### 研修体系を整理する必要性

○ 平成27年4月に本格施行を予定している子ども・子育て支援新制度の下では、都道府県に放課後児童支援員の認定資格研修の実施が義務化されること等に伴い、これまで都道府県等が実施してきた現任研修の実施方法等の体系的な整理が必要となる。

○ また、社会保障審議会児童部会「放課後児童クラブの基準に関する専門委員会」報告書（平成25年12月25日）においても、子ども・子育て支援新制度の施行までに整理する必要がある事項として、「職員の資質の向上のための体系的な研修制度の在り方、実施体制」が挙げられているところであり、本検討会において、研修体系の整理の方向性について検討を行い、とりまとめに至ったところである。

### 研修体系を整理する上での主な論点

○ 都道府県に、放課後児童支援員の認定資格研修の実施が義務化されることに伴い、事務量の増加等が見込まれるが、子ども・子育て支援新制度における都道府県の役割についてどのように考えるか。

○ 子ども・子育て支援新制度の下では、区市町村が、放課後児童健全育成事業を含む地域子ども・子育て支援事業を総合的かつ計画的に行う責務を有するとされ、事業の実施主体としての位置づけが明確化されたところであるが、指定都市及び中核市以外の区市町村にも、身近な場所で効果的かつ効率的に研修が実施できる体制を整備していくことが望ましいと考えられるが、区市町村の役割についてどのように考えるか。

○ 「放課後児童健全育成事業の設備及び運営に関する基準」において、事業者は、「職員に対し、その資質の向上のための研修の機会を確保しなければならない」とされているが、事業者の役割についてどのように考えるか。

○ 初任者研修、中堅者研修、指導者研修など、放課後児童支援員等の経験年数やスキルに応じた適時適切な研修体系にしていくことが、事業全体の質の向上を図る上でも必要と考えるが、望ましい研修体系についてどのように考えるか。

○ これまで実施してきた現任研修では、職場を離れての研修（OFF-JT）が基本とされてきたが、今後も、放課後児童支援員等の増加が見込まれる中、初任者への職場内での教育訓練（OJT）の実施や自ら学ぶ意欲のある者の自己研鑽のために、または職場環境や時間的な制約からOFF-JTなどに参加できない者への電子的情報技術（eラーニングなど）の活用の可能性についてどのように考えるか。

○ 子育て支援員専門研修（放課後児童コース）との関係についてどのように考えるか。

### 研修体系の整理の方向性

#### 1．都道府県と区市町村の役割について

○ これまで放課後児童クラブに従事する者の資質の向上を図るための研修（現任研修）については、放課後児童指導員等に対して必要な知識及び技術の習得のための研修を都道府県、指定都市及び中核市が実施主体となり、国庫補助制度を活用して実施してきたところである。平成25年度において78都道府県・市が実施し、およそ延べ6万人の放課後児童指導員等が受講している。

○ 平成27年4月に本格施行を予定している子ども・子育て支援新制度の下では、子ども・子育て支援法に基づき、都道府県は放課後児童健全育成事業を含む地域子ども・子育て支援事業に従事する者の確保及び資質の向上のために講ずる措置に関する事項を、子ども・子育て支援事業支援計画に定めなければならないことになっており、国の指針において、「地域の実情に応じて研修の実施方法及び実施回数等を定めた研修計画を作成するとともに、研修受講者の記録の管理等を行うことなどにより、研修を計画的に実施することが必要である」とされているところである。

○ さらに、都道府県には、「放課後児童健全育成事業の設備及び運営に関する基準」（以下「基準」という。）第10条第3項に基づき、同項の各号のいずれかに該当する者が、放課後児童支援員として必要な基本的生活習慣の習得の援助、自立に向けた支援、家庭と連携した生活支援等に必要な知識・技能を習得し、有資格者となるための研修（以下「認定資格研修」という。）を実施することが義務付けられており、認定資格研修の企画・立案、実施に向けた体制の整備及び認定者名簿の作成・管理等の事務量の増加等が見込まれるところである。

○ その認定資格研修は、新たな基準に基づく放課後児童支援員としてのアイデンティティを持ってもらい、その意義や新たな役割、職務内容等を改めて認識してもらうために、現在放課後児童クラブに従事している者にも受講を課しているところであり、これまで都道府県等が実施してきた資質の向上を図るための研修とは性格を異にすると位置づけられているため、平成27年度以降もそれぞれの研修を併行して実施する必要がある。

○ その一方で、指定都市及び中核市を含む区市町村は、子ども・子育て支援新制度の下で、放課後児童健全育成事業を含む地域子ども・子育て支援事業を総合的かつ計画的に行う責務を有するとされ、事業の実施主体としての位置づけが明確化されるとともに、放課後児童健全育成事業を行う民間事業者は事業の開始・廃止時に事前に区市町村に届け出なければならないとされており、区市町村の事業への関与の度合が飛躍的に高まった状況にある。

○ また、区市町村においても、これまで実施形態や規模は異なるものの、救命救急やアレルギー対応など日々の実践に直接役立つ実技講習や事例検討などの実践的な研修を継続的に取り組んできている実態がある。

○ このため、認定資格研修と資質の向上を図るための研修を併行して実施していかなければならない状況において、これまで都道府県が実施してきた資質の向上を図るための研修を、区市町村もその役割を担うことによって、より身近な場所で効果的かつ効率的に研修が実施できる体制が整備されていくことが望ましいと考えられる。

○ その際に、都道府県と区市町村とが研修を実施する上での担うべき主な役割については、以下のとおり整理することができる。

| 都道府県 | 指定都市・中核市・区市町村 |
|---|---|
| ○放課後児童支援員等に対して資質の向上を図るために必要な知識及び技術の習得のための研修を区市町村と連携して実施 | ○放課後児童支援員等に対して資質の向上を図るために、課題や事例を共有するための実務的な研修を都道府県と連携して実施予定 |
| 《担うべき主な役割》 | 《担うべき主な役割》 |
| ○放課後児童クラブの運営や子どもの育成支援に関する事項について、専門的な知識・技術が求められるものや多くの放課後児童クラブで共通の課題になっているテーマを対象 | ○放課後児童クラブの運営や子どもの育成支援に関する事項について、基礎的な知識や事例・技術等の共有を図ることを目的としたテーマを対象（いくつかの区市町村が合同で実施することも可） |
| 《主な具体例》<br>➤ 実践発表会<br>➤ 放課後児童クラブの役割と運営主体の責務<br>➤ 発達障害児など配慮を必要とする子どもへの支援<br>➤ 子どもの発達の理解<br>＊ 高学年の受け入れを想定したより具体的な理論学習<br>➤ 子どもの人権と倫理<br>➤ 個人情報の取り扱いとプライバシー保護<br>➤ 保護者との連携と支援<br>➤ 家庭における養育状況の理解<br>➤ いじめや虐待への対応 など | 《主な具体例》<br>➤ 事例検討（ワークショップ形式）<br>➤ 放課後児童クラブに関する基礎的理解<br>➤ 安全指導と安全管理、危機管理<br>・ 救急措置と救急対応《実技研修》<br>・ 防火、防災、防犯の計画と対応<br>・ 事故、けがの予防と事後対応等<br>・ アレルギーの理解と対応、アナフィラキシーへの対応<br>➤ おやつの工夫と提供時の衛生、安全<br>➤ 放課後児童クラブにおける遊びや製作活動、表現活動<br>➤ 育成支援に関する記録の書き方と工夫 など |
| 《主な対象》<br>➤ 放課後児童支援員<br>➤ 放課後児童クラブの運営主体の責任者 など | 《主な対象》<br>➤ 放課後児童支援員<br>➤ 補助員<br>➤ 放課後児童クラブの運営主体の職員 など |

○ 区市町村には、放課後児童クラブの日常的な活動の中から生じる課題や困難な事例などに適切に対応するためのより実践的な知識や技術等の共有を図るための研修内容が想定され、その内容によっては、いくつかの区市町村が合同で実施するなど、効果的な実施方法を検討していくことが求められる。

○ 都道府県には、より専門的な知識・技術が求められるものや管内の多くの放課後児童クラブで共通の課題になっているものが想定されるが、区市町村と連携して、放課後児童クラブ全体のレベルアップが図られるような体制の整備に努める必要がある。

○ なお、国は、都道府県に対して、研修受講者の記録の管理等を行うことを求めているが、市町村にも同様の管理等を行うことを役割として位置づけるのは現実的に困難であると考えられるため、まずは事業者が職員の研修受講状況を把握して、記録を管理するなどの方法が考えられるが、研修受講の評価システムや管理の仕組みづくりについては、今後の検討課題とする。また、国においては、都道府県及び区市町村が行う研修の実施状況について定期的に把握し、具体的な内容を公表していくことが求められる。

## 2. 事業者の役割について

○ 放課後児童健全育成事業者（以下「事業者」という。）は、その職場内において、内部研修を実施しているところも見受けられるが、具体的な内容の公表が行われていない状況であり、研修の実態が一般的に把握されていないのが現状である。

○ また、放課後児童クラブの運営主体には運営委員会や保護者会が主体となっているものも多く見られるが、その中には、別々の運営主体によって運営されている場合に、職員が自主的に集まって、あるいは保護者の応援を得ながら「指導員会」を組織して、自主研修活動を行っているものもある。こうした活動の内容を区市町村が把握し、自らが実施する研修の内容に取り入れたり、区市町村が指導員会に委託して実施するなどの例も見られるところである。

○ しかしながら、職員が継続して勤務する年数が非常勤では3年程度というデータがある中で、職員の入れ替わりが頻繁な放課後児童クラブにおいては、職場内研修を継続的に充実していくことが困難な状況にあるところも多く見られる。

○ 基準第8条において、事業者の役割を規定しており、第1項では「放課後児童健全育成事業者の職員は、常に自己研鑽に励み、児童の健全な育成を図るために必要な知識及び技能の修得、維持及び向上に努めなければならない」とし、第2項では「放課後児童健全育成事業者は、職員に対し、その資質の向上のための研修の機会を確保しなければならない」とされている。

○ このため、事業者の責務として、職員の資質の向上のための研修機会の確保義務を担わせて、第一義的に事業者の責任の下で、各種の研修に参加させなければならないこととされており、ここには、職場内での教育訓練(OJT)のみならず、職場を離れての研修(OFF-JT)を含めた現任研修の機会を確保することが求められている。

○ また、事業者の職員は、利用者のために、常に自己研鑽・自己啓発に励み、自らの資質の向上に努めることが求められており、事業者には、規模の大小や職員の数など様々な形態が存在することも踏まえ、運営に支障が生じないことを前提として、職員が自発的かつ継続的に研修に参加できるように、研修受講計画を策定し、管理するなどの環境を整備していくとともに、その職員の自己研鑽・自己啓発への時間的、経済的な支援や情報提供も含めて取り組んでいくことが求められる。

○ さらに、事業者の中には、OJTとして、初任者研修・中堅者研修・管理者研修・嘱託・非常勤指導員研修など役割に応じた研修や、外部講師による研修を実施するとともに、それと併行してテーマやレベルに合わせてOFF-JTへの参加を義務付け、計画的に実施している例も見られるところであり、OJTとOFF-JTをうまく組み合わせて、事業が円滑に進むよう、工夫をしていく必要がある。

○ その際、OJTは、仕事に継続的に従事していれば身につくスキルと捉えられることがあるが、スーパービジョンの観点から、指導的立場の存在が非常に重要であり、指導的立場の人材育成にも考慮する必要がある。特に、(放課後児童クラブの)事業者は個別性が高く、事業者単位で人員配置や雇用形態などが異なるため、実施方法について留意が必要である。

○ なお、事業者には、安全や権利擁護などに関しては、職員の個人的なスキルの問題としてだけ捉えるのではなく、事業者全体の責任の問題として捉えることが求められる。

### 3. 望ましい研修体系について

○ 放課後児童クラブに従事する職員の資質の向上を図るためには、個々の職員の経験年数や保有資格、スキルに応じて、きめ細かな研修計画を立てて、計画的に育成していくシステムを構築していくことが必要であるが、現時点においては、国、都道府県、区市町村及び事業者のそれぞれの役割が明確でなく、実施主体によって取組内容にも差異があるため、一定の整理をした上で体系的な研修システムにしていくことが課題となっている。

○ 体系的な研修システムの構築に当たっては、同じ子ども・子育て支援分野で先行的に体系化している保育所の保育士の研修体系が参考となるが、全国保育士会の研修体系を参考として作成した場合の整理が次の表である。

## 「放課後児童クラブに従事する者の研修体系」の整理

| 区　分 | 1. 放課後児童クラブに従事する者として備えるべき資質 | 2. 子どもの育成支援に必要な専門的知識及び技術 | | | 3. 学校・地域との連携 | 4. 運営管理と職場倫理 |
| --- | --- | --- | --- | --- | --- | --- |
| | | (1) 子どもの育成支援 | (2) 障害のある子ども及び特に配慮を必要とする子どもへの対応 | (3) 保護者・家庭との連携 | | |
| 初任者研修【1年～5年未満】 | ➢ 健全な心身 ➢ センス、感性 ➢ 観察力 ➢ 共感性 ➢ 愛情 ➢ 柔軟性 ➢ 倫理観 ➢ 道徳性 ➢ 責任感 ➢ 主体性 ➢ 達成意欲 | ➢ 子どもの発達の特徴 ➢ 子どもの権利擁護、人権の尊重 ➢ 育成支援の内容理解と計画の考え方 ➢ 子どもの遊びや生活の環境の理解 ➢ 仲間づくり ➢ いじめの理解と対応 ➢ 健康・衛生管理 ➢ おやつの必要性及び食育の理解 | ➢ 障害(発達障害を含む)のある子どもの理解と支援 ➢ 障害のある子ども一人ひとりに即した理解と育成支援の工夫 ➢ 特に配慮を必要とする子どもの理解と育成支援の工夫 ➢ 実践事例検討(ケーススタディ) | ➢ 家庭への連絡の必要性の理解と工夫 ➢ 連絡帳の書き方と効果的な活用 ➢ 通信、便りの工夫 ➢ 家庭における養育環境の理解と連携 ➢ 保護者とのコミュニケーションの工夫 ➢ 基礎的な相談援助技術の理解 | ➢ 学校との情報交換等の工夫 ➢ 放課後子ども総合プランの理解 ➢ 放課後子供教室の関係者との連携 ➢ 児童館及び地域組織等との連携 ➢ 自治会・町内会及び主任児童委員等の地域組織の理解 | ➢ 職場のルール及び職場倫理の理解 ➢ 組織における役割や連携の理解 ➢ 個人情報の取扱いとプライバシーの保護 ➢ 安全管理 ➢ 不審者への対応 ➢ 自己研鑽及び研修についての理解 |
| 中堅者研修【5年以上】 | ➢ 行動力 ➢ 情熱 ➢ 協調性 ➢ 創造力 ➢ 自制心 ➢ コミュニケーション ➢ 一定の生活習慣と社会的マナー | ➢ 家庭の状況の把握と養育支援 ➢ 事故やケガの防止と発生時の対応 ➢ 食物アレルギーの理解と対応 ➢ 防火、防災及び防犯の計画と対応 ➢ 育成支援の内容の記録の書き方と工夫 ➢ 実践事例検討(ケーススタディ) など | ➢ 家庭の状況の把握と養育の必要性 ➢ 児童虐待への対応と関係機関との連携 ➢ 地域の障害児童関係の専門機関等の機能及び役割の理解と連携 ➢ 実践事例検討(ケーススタディ)の設定 ➢ 関係機関とのケース検討会議 | ➢ 家庭の状況を理解することの必要性 ➢ 保護者とのコミュニケーションのあり方の理論的理解 ➢ 相談援助技術の理解 ➢ 要望及び苦情への対応の工夫 ➢ 保護者会の工夫 | ➢ 担任教諭や養護教諭等の学校教職員との連携 ➢ 小学校区ごとの協議会との連携の工夫 ➢ 自治会・町内会及び主任児童委員等との連携の工夫 ➢ ボランティア及び実習生の指導 | ➢ 新任職員への助言・指導 ➢ 運営内容及び運営規程の理解 ➢ リスクマネジメントの理解 ➢ 会議の開催及び記録の作成 |
| リーダー(事業責任者を含む)研修 | | ➢ 育成支援の内容の保護者への説明 ➢ 育成支援の目標や計画の作成及び評価 | ➢ 要保護児童対策地域協議会の機能及び役割の理解 | ➢ 保護者組織との連携の工夫 ➢ 要望及び苦情への対応マニュアルの作成、体制の整備 | ➢ 小学校の校長又は教頭等との連携 ➢ 学校支援地域本部の計画の策定及び実施体制 ➢ 事業運営内容の地域の関係機関等への説明 | ➢ 中堅職員への助言・指導 ➢ 法令の遵守(コンプライアンス)の計画の策定及び実施体制 ➢ リスクマネジメントへの対応 ➢ 研修受講計画の策定及び評価 ➢ 運営内容の自己評価・自己点検 |

207

第3部　関係法令・通知

○ 参考とした保育所の保育士の研修体系は、平成20年に改定（古くは、昭和40年に制定）された「保育所保育指針」に基づき行われている保育実践の長年の蓄積から確立されたものであるのに比べ、放課後児童クラブの場合は、本年4月に基準が策定され、この新たな基準に基づく放課後児童クラブガイドラインの見直しが現在進められているところであり、基準や新たな放課後児童クラブ運営指針（案）を踏まえて、研修体系の構築の検討が進められることが必要である。

○ 本検討会まとめとして提示した「放課後児童クラブに従事する者の研修体系」の整理は、あくまでも現時点において考えられる、段階に応じて必要となる研修内容の目安となるもので、今後、都道府県、区市町村及び事業者がそれぞれの役割に応じて研修を実施していく上での参考として活用いただくことを想定している。

### 4. 電子的情報技術（eラーニングなど）の活用の可能性について

○ 事業者の職員は、利用者のために、常に自己研鑽・自己啓発に励み、自らの資質の向上に努めることが求められているが、個々の放課後児童クラブの状況から、人員配置等の関係でOFF-JTにはなかなか参加できない、OJTを実施したくても指導的立場の職員がいないなど、研修参加の環境が必ずしも整っていない所も見受けられるため、DVD等の活用も含めて、IT環境の整備状況に応じた活用方策の検討をまずは進めていくことが求められる。

○ 検討に当たっては、国や民間機関等の調査研究の中で行っていくことが想定されるが、例えば、認定資格研修や子育て支援員専門研修（放課後児童コース）等の研修科目の中で、eラーニングを導入するに当たっての意義や課題を整理し、試行的に通信教材の開発などを進めながら、効果的な実施方法等の検討を進めていくことが考えられる。

### 5. 子育て支援員専門研修（放課後児童コース）との関係について

○ 子育て支援員専門研修（放課後児童コース）（以下「専門研修」という。）を受講した場合には、基準第10条第2項に規定する補助員（放課後児童支援員が行う支援について放課後児童支援員を補助する者）として従事することが想定されるが、専門研修は補助員として従事するに当たっての基礎的な知識等を得るための機会として位置づけられるため、受講しておくことが望ましい。

○ また、子育て支援員研修を受講せずに補助員となった者がいる場合、事業者は、専門研修を新任研修の一つとして位置づけて、活用することも考えられる。

○ なお、補助員が認定資格研修の受講資格を得るまでの間は、区市町村等が実施する初任者研修等に積極的に参加し、スキルアップのための知識及び技術の習得に努めるとともに、事業者も研修の機会を確保してフォローアップを行い、日々の実践を通じた疑問や悩みの解消や問題解決を支援していくことが求められる。

## 放課後児童クラブに従事する者の実施主体別研修体系の整理

| | 国 | 都道府県 | 指定都市・中核市・区市町村 | 事業者 |
|---|---|---|---|---|
| 都道府県認定資格研修 | ○都道府県が実施する認定資格研修に対して、研修科目・時間数や実施方法等を定めたガイドラインを発出するとともに、財政的支援（予算補助）を実施予定<br><br>○都道府県が実施する認定資格研修の講師を対象とする研修の実施を今後検討 | ○放課後児童健全育成事業の設備及び運営に関する基準第10条第3項の各号のいずれかに該当する者が、放課後児童支援員の資格を得るための認定資格研修を実施 | | |
| 現任研修 | ○放課後児童支援員等資質向上研修事業（仮）を実施する都道府県、指定都市、中核市及び区市町村に対して財政的支援（予算補助）を実施予定 | ○放課後児童支援員等に対して資質の向上を図るために必要な知識及び技術の習得のための研修を区市町村と連携して実施（放課後児童支援員等資質向上研修事業（仮）） | ○放課後児童支援員等に対して資質の向上を図るために、課題や事例を共有するための実務的な研修を都道府県と連携して実施予定（放課後児童支援員等資質向上研修事業（仮）） | ●放課後児童支援員等に対して必要な知識及び技術の習得のための初任者研修（OJT）やOFF-JTを実施<br>●放課後児童支援員等が自己研鑽のために自ら学ぶ意欲や実践、講習参加等を支援<br>●都道府県、区市町村との連携 |
| 子育て支援員研修 | ○都道府県又は市町村が実施する子育て支援員の基本研修又は専門研修（放課後児童コース）に対して、研修科目・時間数や実施方法等を定めた実施要綱を発出するとともに、財政的支援（予算補助）を実施予定 | ○放課後児童クラブの補助員を目指す者が受講する子育て支援員の基本研修及び専門研修（放課後児童コース）を実施予定 | ○放課後児童クラブの補助員等を目指す者が受講する子育て支援員の基本研修等を都道府県からの委託等により実施予定 | ●専門研修（放課後児童コース）を受講せずに補助員となった者がいる場合、新任研修の一つとして位置づけ受講を支援 |
| | | ※都道府県は、子ども・子育て支援事業支援計画に、放課後児童健全育成事業等に従事する者の確保及び資質の向上のために講ずる措置に関する事項を定めることになっている | ※市町村は、子ども・子育て支援法第3条第1項において、放課後児童健全育成事業を総合的かつ計画的に行う責務を有すると規定されている | ※事業者は、放課後児童健全育成事業の設備及び運営に関する基準第8条第2項において、職員に対し、その資質の向上のための研修の機会を確保しなければならないと規定されている |

209

# 放課後児童支援員都道府県認定資格研修教材 第3版
## 認定資格研修のポイントと講義概要

2024年3月10日 発行

編　著　放課後児童支援員認定資格研修教材編集委員会
発行者　荘村明彦
発行所　中央法規出版株式会社
　　　　〒 110-0016　東京都台東区台東 3-29-1 中央法規ビル
　　　　TEL 03-6387-3196
　　　　https://www.chuohoki.co.jp/

装幀・本文デザイン　ケイ・アイ・エス
イラスト　　　　　　中山ゆかり
印刷・製本　　　　　株式会社アルキャスト
ISBN　978-4-8243-0004-1